Phébus *libretto*

UN JARDIN A TÉHÉRAN

SHUSHA GUPPY

UN JARDIN A TÉHÉRAN

Une enfance dans la Perse d'avant-hier

Traduit de l'anglais par
ISABELLE CHAPMAN

Phébus *libretto*

Illustration de couverture :
Tabriz, *gol-bol boul*, tapis soie sur soie
d'Azim Zadeghe Tagie Zadeh
Photo : © Roland et Sabrina Michaud
Rapho, Paris

Titre original de l'ouvrage en anglais :
The Blindfold Horse

www.phebus-editions.com

A mes frères, Nassir et Nasser,
à ma sœur, Badri,
à la mémoire de nos parents

Assieds-toi sur le bord du torrent
Et dans les flots tourbillonnants
Contemple la vie éphémère qui s'écoule

HAFIZ DE CHIRAZ

LE CHEVAL AU BANDEAU

C'est l'hiver. Sous l'éclat métallique d'un ciel sans nuages, une ruelle étroite bordée de murs bas en briques, au sol boueux profondément entaillé par les roues des charrettes et grêlé par les sabots des mulets et des ânes; par terre une fine couche de glace craque sous les pas. Des plaques de neige sale persistent çà et là le long des murs. Et tout au bout de la rue, seule touche de couleur vive au milieu de cette toile aux teintes fauves, un rideau bleu indigo cache l'embrasure d'une porte. Il en sort un bruit régulier, comme de lointains coups de marteau, monotone, étouffé, ponctué de grincements plaintifs.

Ceci est mon premier souvenir – je suis âgée de deux ou trois ans. Curieuse, je m'arrête, je soulève craintivement un coin du rideau : une bouffée âcre et épicée envahit la rue. A l'intérieur, se trouve une petite pièce obscure emplie d'une poussière ocre; au milieu, plantée d'une sorte de mât central, une énorme pierre circulaire qui tourne et tourne et tourne encore, tirée par un cheval dont le grand corps émacié pèse sur des jambes grêles et arquées. Il a les yeux bandés d'une étoffe noire. De dessous la pierre qu'il fait tourner suinte une farine jaune moutarde qui se répand dans la rigole tout autour. Pour seul éclairage, un œil de verre dans la voûte du plafond; un rais de lumière en tombe à la verticale, illuminant une colonne de poussière dont les paillettes jaunes dansent au rythme des sabots qui frappent le sol de pierre.

– Allons, mon enfant, il faut se dépêcher.

La voix de ma mère. Elle me prend par la main. Je m'agrippe à la porte, comme hypnotisée, tandis que le cheval au bandeau continue de tourner, tourne ; son joug grince, ses sabots martèlent la pierre, et ses naseaux lancent des jets de fumée dans l'air jaune et glacé – indéfiniment, il tourne en rond.

– Mère, pourquoi a-t-il les yeux bandés ?

– Pour ne pas voir où il est, sinon il aurait le vertige, à force de tourner en rond toute la journée, et il ne se laisserait pas faire. Avec son bandeau, il se croit peut-être en train de traverser un champ en ligne droite. Mais ne t'en fais pas, on le lui enlève le soir et on lui donne de la bonne avoine à manger. Tout bien considéré, il est presque heureux, vraiment…

Les images s'évanouissent.

Mais les voilà qui reviennent, surgissant du fond de ma mémoire sans crier gare – au fil d'une rêverie ou au milieu d'un cauchemar, dans des moments de doute ou d'angoisse, et chaque fois que j'épice un plat au curcuma : l'étique cheval au bandeau, enchaîné à sa roue de moulin et tournant en rond dans le noir, jour après jour, année après année, s'imaginant qu'il est en train de galoper dans une prairie de marguerites, pour un sac d'avoine en fin de journée…

Le cheval au bandeau, mon premier souvenir, *mon semblable, mon frère* * [1]…

1. En français dans le texte, comme tous les mots ou expressions suivis d'un astérisque. (*NdT*)

HADJI MAHMOUD

Autrefois, en Perse, il existait des milliers de ces petits moulins dans les villes et les villages. Longtemps avant la découverte du pétrole, mon arrière-grand-père, Hadji Mahmoud, en possédait un, à deux pas du bazar, à Téhéran. L'huile que l'on y extrayait de toutes sortes de graines servait surtout à alimenter les lampes domestiques, mais elle avait aussi un usage médicinal. Le moulin de mon arrière-grand-père était installé dans une cabane à côté de chez lui, à l'arrière de son magasin, ce qui lui permettait de se rendre facilement dans l'un et dans l'autre. Dans le magasin était étalé un grand tapis, à l'extrémité duquel se dressait une estrade, recouverte de soie et supportant un gros coussin où Hadji Mahmoud se tenait tout le jour, assis en tailleur, pour recevoir ses clients et conduire ses affaires. A l'autre bout, un rideau de brocart dissimulait un petit cabinet où il rangeait ses grands livres de comptes, un livre de prières, un coran et des papiers personnels. Le long des murs, bien en ordre, s'empilaient des récipients d'huile ; les barriques, de plus grande taille, étaient stockées derrière le moulin, avec des étiquettes portant son écriture. Il avait auprès de lui un boulier et, dans la main, un chapelet de perles d'ambre, dont, à chaque instant de solitude, il se servait pour murmurer prières et invocations.

Il était riche et respectable, comme l'indiquait son titre : *hadji*, « celui qui a accompli le saint pèlerinage de La Mecque ». Car la *sharia* impose à tout pèlerin d'être assez riche pour laisser aux siens des provisions pour un an, ainsi qu'un héritage, au cas où la mort le surprendrait en terre lointaine. A l'époque, le voyage, semé d'embûches et de dangers, prenait plusieurs mois. L'ancienne route des pèlerins n'était guère autre chose qu'une suite de sentiers rocailleux; il fallait franchir montagnes et vallées, torrents et gorges profondes, des déserts infestés de reptiles et peuplés de lions, avant d'arriver enfin en Arabie et à la *Kaaba*, la Maison de Dieu. Souvent les caravanes de chameaux, de mulets, de cavaliers et d'hommes à pied tombaient sur des bandits qui les détroussaient, leur enlevant jusqu'à leurs bêtes de somme. Et puis il y avait la maladie, les épidémies de choléra et de vérole, les morsures de serpent et de scorpion, la vieillesse et l'épuisement. Certes, il existait certaines compensations : le pèlerin qui venait à mourir *en route* *, allait droit au Ciel où il était accueilli par l'archange Gabriel en personne; celui-ci le conduisait alors au Paradis où sa place l'attendait au milieu des prophètes, des imams et des justes. Quant aux bienheureux pèlerins qui rentraient chez eux sains et saufs, ceux-là étaient accueillis en héros : ils avaient été sauvés, croyait-on, par leurs prières et leurs sacrifices, et par l'intervention de l'imam à qui ils avaient été adressés.

En général, un honnête marchand devait attendre des années avant d'être assez riche pour pouvoir prétendre au titre de hadji. Hadji Mahmoud lui-même avait dû patienter jusqu'à la cinquantaine. Quand on apprit un beau jour au bazar que la caravane des pèlerins de retour de La Mecque approchait des faubourgs de la ville, la joie fut grande, la liesse générale. On décora le magasin de Hadji Mahmoud de bougeoirs en forme de tulipes et de fontaines de marbre remplies de poissons rouges; de somptueux tapis furent déroulés dans la salle de réception, des coussins de soie et de brocart posés le long des murs en guise d'accoudoirs. On livra chez lui de gigantesques sacs de farine et de riz et des chargements entiers de fruits et de légumes portés par des chameaux; ils étaient destinés aux banquets et aux festins qui devaient célébrer son retour et à la grande distribution qui aurait lieu pour les pauvres. Quand il arriva enfin, il fut accueilli par le sacrifice de deux agneaux – l'un à l'entrée du bazar et l'autre sur le seuil de sa maison. Des jeunes gens le portèrent en triomphe sur leurs épaules dans l'allégresse générale, escorté des autres hadjis et notables du quartier. Ensuite, pendant sept jours d'affilée, un flot continuel de visiteurs se déversa chez lui pour profiter des prodigalités, écouter les histoires et obtenir la bénédiction du hadji.

On disait qu'un homme n'était plus le même après sa visite à la Maison de Dieu, dont la grâce frappait le pèlerin comme l'éclair, capable de rendre le pécheur vertueux, l'avare généreux, l'ignorant savant. En réalité, des métamorphoses de ce genre se produisaient rarement, mais chacun essayait, du moins en apparence, de se conformer à ce que l'on attendait de lui – *noblesse oblige* * – et se conduisait avec plus de *gravitas*. A ce jeu des apparences, Hadji Mahmoud avait mieux réussi que la plupart : il savait se montrer prodigue avec les pauvres, et sa piété comme sa sagesse devinrent célèbres aux quatre coins de la ville. Tant et si bien qu'il finit par entrer dans la légende. Personne ne savait d'où il venait mais, longtemps après sa mort, circulaient encore sur lui des histoires illustrant l'itinéraire exemplaire qui l'avait mené de la pauvreté à la richesse, de l'anonymat à la célébrité.

Je me rappelle une de ces anecdotes que ma tante Ashraf, la petite sœur de mon père, notre inépuisable et captivante conteuse, m'a racontée pendant une longue soirée d'hiver quand j'étais enfant : l'histoire de Dash Jafar.

L'HISTOIRE DE DASH JAFAR

Le bazar consistait en un vaste réseau de ruelles étroites, recouvertes de plafonds voûtés percés de hublots de verre qui laissaient passer la lumière du jour. C'était un enchevêtrement de venelles bordées d'arcades abritant échoppes et éventaires, derrière lesquels s'imbriquaient de vastes entrepôts, des cours de chargement et des ateliers d'artisans. Chaque corps de métier avait son quartier, orfèvres et ferblantiers, chaudronniers et cordonniers, drapiers et marchands de tapis, teinturiers… Pour s'y retrouver, il suffisait de se fier aux bruits et aux odeurs : la cacophonie des coups de marteau des ferblantiers et des chaudronniers, le chuintement de la râpe des cordonniers et du rabot des menuisiers, les odeurs âcres des parfums, des teintures et des épices. De l'aube au crépuscule, le bazar grouillait d'une foule bigarrée, clients, camelots, porteurs et garçons de courses, courtiers, vagabonds et mendiants, qui marchandaient, imploraient, chicanaient en jurant de leur sincérité et de leur honnêteté. Dans un tintement de clochettes, les mulets et les ânes, disparaissant sous leur lourd fardeau, disputaient le passage aux porteurs humains pliés en deux sous les ballots d'étoffe, les sacs de grains, les cuves de teinture ou les tapis. On disait que l'on pouvait acheter n'importe quoi au bazar, « du lait de poule comme la vie d'un homme ».

Le bazar représentait en réalité beaucoup plus qu'un quartier commerçant – il était le cœur même de la cité ; le commerce et l'industrie, la politique et la religion, tout cela variait au gré de la prospérité et des humeurs du bazar. C'étaient les riches marchands, en effet, qui faisaient vivre les mosquées et leurs légions de mollahs ;

leurs impôts remplissaient les caisses de l'État et, sans leur soutien, les politiciens ne restaient pas longtemps au pouvoir.

A l'entrée du bazar se dressait la mosquée du Shah. Chaque vendredi (le « sabbat » musulman), le roi ou son représentant venait y assister à la prière de midi. Et trois fois par jour les hauts minarets bleus résonnaient de la voix du muezzin appelant les fidèles à la prière. Le palais du Shah et la résidence du Grand Vizir se trouvaient à deux pas. Quant aux chefs mollahs, ils vivaient eux aussi dans le voisinage.

Comme un corps sain qui tolère la présence de microbes et d'impuretés sans pour autant succomber à la maladie, le bazar abritait quantité de parasites – vagabonds, escrocs, voleurs, entremetteurs de toutes sortes, chenapans et mendiants. Le personnage le plus important parmi ces improductifs était le *dash*. Chaque boutiquier était obligé de lui verser une somme mensuelle appelée le *baj*, ou tribut, en échange de sa « protection » contre le vandalisme et le vol. Le dash commençait sa carrière dans le *zurkhaneh*, gymnase traditionnel où les jeunes athlètes s'entraînaient à la lutte et à l'haltérophilie, apprenaient à lancer le javelot et se livraient à toutes sortes de gracieux exercices évoquant des démonstrations martiales, au son du tambour et de chants épiques tirés du *Shahnameh* (*le Livre des rois)*, de Firdoussi. Tout cet entraînement se déroulait dans une sorte d'arène creusée dans le sol et entourée de bancs où l'on pouvait venir s'asseoir comme au spectacle. Le dash était celui qui avait battu tous ses adversaires à la lutte et aux haltères ; grâce à sa musculature hypertrophiée, il avait prouvé sa supériorité sur chacun de ses pairs. Il se servait de ses biceps comme Al Capone maniait sa mitraillette : personne n'osait lui refuser le baj, pour la bonne raison que d'un coup de patte, il pouvait envoyer l'effronté au fond de son lit – sinon de sa tombe – laissant son échoppe exposée aux pilleurs. Cela n'empêchait pas le dash d'avoir son propre code de l'honneur : une générosité sans faille avec l'argent qu'il extorquait et qu'il redistribuait aux pauvres. En outre, il veillait à ce que l'on respectât les femmes et les autorités religieuses, en particulier son mollah ou gourou favori. Bref, il calquait sa conduite sur celle du roi, dont les méthodes, tout bien considéré, ne différaient pas tellement des siennes, quoique naturellement à une tout autre échelle, et de façon institutionnelle. S'il se conformait à ces principes et gagnait ainsi le respect de ses pairs et compères, lui était conféré le titre de *louti*, terme qui avait fini par signifier « bandit sympathique ».

A l'époque où Hadji Mahmoud avait son moulin et son magasin au bazar, le chef dash s'appelait Jafar : un jeune homme de haute taille, extrêmement beau garçon, la moustache épaisse et frisée, la barbe courte et fournie. Comme il estimait indigne de lui de faire le guet à l'entrée du bazar et de réclamer lui-même le baj, il envoyait systématiquement un de ses comparses à sa place. Le seul marchand à être dispensé de baj était Hadji Mahmoud, car Jafar s'était pris d'affection pour lui jusqu'à le considérer comme un père. Il lui rendait de fréquentes visites et le consultait sur des questions privées, lui offrant régulièrement son aide, laquelle était toujours poliment repoussée.

Un jour, après une absence de plusieurs mois, Jafar se présenta au magasin de Hadji Mahmoud, le salua, lui baisa la main et s'assit sur le tapis à côté de lui. Hadji Mahmoud remarqua que Jafar n'avait ni sa gaieté ni son assurance coutumières ; il lui semblait préoccupé, presque déprimé. Après lui avoir offert une tasse de thé et des sucreries, il lui demanda ce qui le tracassait. Comme s'il n'attendait que cette question, Jafar lui ouvrit sans hésiter son cœur :

– A dire vrai, Hadji Aga, j'en ai assez de vivre dans la dissipation et le jeu. J'ai vingt-cinq ans, et je n'ai jamais rien fait d'autre que de m'amuser au zurkhaneh ; je me suis donné du bon temps et me suis conformé à ce que les autres attendaient de moi. Moi qui n'ai jamais eu de père et qui vous considère comme le mien, je suis venu vous demander votre avis : comment me sortir de ce mauvais pas ? Je voudrais me repentir de mes fautes et me mettre à mon compte, mais je n'ai pas le sou ; tout ce que j'ai « gagné », je l'ai dilapidé, et de toute façon il est impossible de monter un commerce honnête avec de l'argent mal acquis, parce que Dieu me punirait par la faillite. Votre Excellence serait la dernière à me contredire sur ce point. Alors je ne vois pas d'issue.

Hadji Mahmoud écouta attentivement, puis, après s'être accordé quelques minutes de réflexion, se leva et disparut derrière le rideau de son cabinet, au fond du magasin. Il en émergea peu après avec une petite bourse en soie qu'il tendit à Jafar en disant :

– Cette bourse contient cent souverains d'or. La totalité de mes économies. Mais comme tu sembles en avoir vraiment besoin, prends-les. Abandonne ta vie dissolue et recommence tout à zéro. Quand tu seras riche et prospère, tu me rembourseras, si tu le souhaites.

Dash Jafar ne savait comment le remercier. Il n'en avait pas tant espéré. Certes, il savait que Hadji Mahmoud était un homme sage et généreux, mais il n'avait pas une minute songé qu'il lui offrirait l'épargne de toute une vie. Après ce qu'il fallait de *taarof*, il prit la bourse en soie et s'en fut.

Les années passèrent.

Hadji Mahmoud devint un vieux monsieur aux cheveux gris, mais continua à mener ses affaires. Un jour qu'il était assis sur son estrade dans son magasin, en train d'égrener son chapelet en murmurant ses prières, il vit approcher un barbu de haute taille âgé d'une quarantaine d'années, qui s'arrêta pour le saluer :

– Vous souvenez-vous de moi, Hadji Aga ? Dash Jafar ! A qui vous avez prêté cent souverains d'or il y a bien des années de cela… Je suis venu rembourser ma dette.

Il s'assit, accepta une tasse de thé et des sucreries, et lui conta son aventure : grâce à l'argent que lui avait donné Hadji Mahmoud, il s'était acheté un mulet et quelques articles d'usage courant – accessoires de toilette, bibelots, petits instruments – qu'il savait très prisés dans les campagnes, puis il avait pris le chemin d'un village des environs de Varamin, ville située à quelque cent cinquante kilomètres de Téhéran. Là, il s'était installé dans le bazar pour vendre sa marchandise. Petit à petit, il s'était fait des amis parmi les autres vendeurs et marchands, et avait gagné la confiance du chef de village, le *kadkhoda*, riche marchand de grains et personnage le plus respecté de la communauté.

Un jour, le kadkhoda l'avait invité chez lui et, après le dîner, lui avait confié que, n'ayant pas de fils, il souhaitait l'adopter, lui Jafar, à condition qu'il acceptât d'épouser sa fille alors âgée de quatorze ans, son unique enfant, la perle de ses yeux. Jafar avait entendu dire que la fille du chef était très jolie et modeste – la modestie étant la plus belle qualité chez une jeune fille –, et l'avait même entr'aperçue une fois derrière les tentures, tandis qu'il prenait le thé avec son père. Il accepta donc sans hésiter, en proclamant :

– Si Son Excellence accepte de prendre pour gendre l'esclave qui est devant elle, alors la vie de cet esclave lui appartient.

Deux ans plus tard, le chef mourait en laissant sa fortune à Jafar et à sa famille. Tout d'un coup, Jafar se retrouvait riche et susceptible de prétendre au titre de hadji. Il partit immédiatement pour La Mecque. Enfin, le village le désigna tout naturellement comme le nouveau kadkhoda, fonction qu'il occupait encore. Mais voilà, avec tous ces événements, toutes ces aventures, il avait complètement oublié sa dette envers Hadji Mahmoud, jusqu'à un rêve qu'il avait fait quelques jours auparavant. Dans ce rêve, l'imam Ali [1] lui était apparu en personne, et lui avait rappelé qu'il ne devait pas oublier les cent souverains d'or empruntés : il était grand temps d'honorer sa dette. Jafar s'était réveillé en état de choc, convaincu qu'il n'avait pas affaire à un simple rêve, effet secondaire d'un repas un peu trop copieux, mais bel et bien à une Visitation doublée d'un avertissement, car il sentait encore la présence de l'imam dans la chambre, jusqu'à son parfum de musc qui continua à embaumer l'air longtemps après le départ du saint. Et c'est ainsi qu'il se trouvait là, avec deux cents souverains d'or – la dette de départ plus les intérêts.

Hadji Mahmoud prit la bourse de soie, la vida sur ses genoux et compta les pièces d'or en disant :

– J'accepte la somme que je t'avais prêtée, afin que tu ne te sentes plus mon obligé, puisque rien n'est pire que les dettes pour la liberté de l'esprit, mais je ne puis accepter les intérêts car ce serait de l'usure, et cela va à l'encontre de la loi de Dieu.

Jafar eut beau insister, rien n'y fit, en sorte qu'au bout d'un moment, il baisa la main du vieillard, le remercia chaleureusement et partit « vivre une longue vie de vertu et de prospérité », ajouta ma tante Ashraf pour bien me faire comprendre la moralité de l'histoire.

1. Gendre du Prophète et premier imam du chiisme duodécimain. *(NdT)*

HADJI SEYYED MOHAMMAD

Peu après la visite de Jafar, Hadji Mahmoud mourut de sa belle mort. Son seul fils et seul héritier, Mohammad, n'avait pas la moindre envie de reprendre le commerce familial, préférant poursuivre dans la voie de la connaissance et devenir un théologien, un mollah. Le moulin fut donc vendu et finit par disparaître un beau jour, l'usage du pétrole ayant remplacé celui des huiles végétales pour l'éclairage domestique ; quant aux huiles médicinales, on avait désormais recours à des techniques plus modernes pour leur extraction.

Mohammad avait quitté la maison paternelle à seize ans pour devenir *talabeh* dans la madrasa voisine. A l'époque, il n'y avait pas d'université en Perse, du moins pas dans le sens moderne et occidental du mot ; ceux qui souhaitaient continuer leurs études au-delà de l'école élémentaire devaient entrer dans un de ces établissements, l'équivalent des collèges médiévaux européens.

La madrasa choisie par Mohammad portait le nom de Scheikh Abdullah, en hommage à un maître fameux. Elle était construite à l'ombre d'une grande mosquée du même nom. Les étudiants venaient des quatre coins du pays, attirés par la présence de célèbres professeurs dont le renom était parvenu jusqu'à eux. Ils logeaient dans de minuscules cellules bâties autour d'une cour plantée de platanes centenaires et de cyprès, au milieu de laquelle se trouvait un bassin. Le dôme bleu de la mosquée étendait son ombre protectrice sur ce sanctuaire et, du minaret, retentissait à l'aube, à midi et au crépuscule l'appel à la prière. La plupart des étudiants vivaient grâce à une modeste bourse attribuée par la mosquée ; seule une poignée d'entre eux – dont Mohammad – avait la chance de pouvoir compléter celle-ci par une aide paternelle.

Ils faisaient des études tout à fait classiques : mathématiques, astronomie, philosophie, droit et, surtout, théologie. La majorité d'entre eux s'arrêtaient au bout de quelques années, avec pour bagage des rudiments de théologie, afin de devenir mollahs ou chefs de prières dans les mosquées. Seuls quelques-uns persévéraient, allant de maître en maître, jusqu'à ce qu'ils eussent épuisé leur sujet d'étude. Après une dizaine d'années, Mohammad devint un *mujtahed*, ainsi que l'on désigne les érudits mollahs de haut rang autorisés à interpréter la sharia et le Coran, et à rendre la justice dans les tribunaux religieux. Des années plus tard, lorsque la première université à l'occidentale fut fondée à Téhéran, et d'autres après elles dans les différentes villes du pays, les plus célèbres de ces madrasas survécurent, en particulier à Qom, Machhad, Ispahan et Tabriz, se transformant en écoles de théologie formant exclusivement des mollahs, des chefs de prières et des dignitaires ecclésiastiques.

Une fois devenu mujtahed, quel que fût votre milieu d'origine, vous grimpiez l'échelle sociale jusqu'aux plus hautes sphères de l'aristocratie cléricale. C'était là que s'exerçait le véritable pouvoir car, dans un pays où la grande majorité des gens étaient analphabètes, les mollahs savaient lire et écrire – quand bien même leur science se limitait à cela –, et régnaient de ce fait sans partage sur l'éducation, sur le peuple, dont ils canalisaient les émotions, sur le bazar et sur l'argent qui y circulait.

Au XVIIe siècle, la dynastie des Safavides avait fait du chiisme, jusque-là une secte minoritaire, la religion nationale de la Perse. C'était une manière de se dresser contre leurs voisins, les sultans ottomans, avec qui ils étaient régulièrement en guerre. Le chiisme laisse certes une plus grande marge de manœuvre que le sunnisme (l'islam orthodoxe) au regard de la sharia. Mais les mujtahed gagnèrent un tel pouvoir qu'au XIXe siècle, le shah lui-même se mit à craindre les grands mollahs et à leur obéir, de la même façon qu'au Moyen Age les rois européens tremblaient devant le Pape. On raconte à ce propos l'anecdote suivante : au début du XIXe siècle, Fath Ali Shah, qui régnait sur un empire grand trois fois comme l'Iran d'aujourd'hui, supplia son grand mollah de le dispenser de suivre les prescriptions de jeûne du ramadan, prétextant que cette pratique le mettait de mauvaise humeur, le rendait irascible, d'une sévérité injuste : n'allait-il pas jusqu'à ordonner l'exécution d'innocents, ce qui n'était certainement pas une bonne chose ? Son grand mollah (ayatollah) lui répondit par un bref message où il montrait son mécontentement en s'abstenant de citer la litanie des titres de courtoisie qu'il revenait d'énumérer lorsque l'on s'adressait au shah et dans lequel il disait simplement : « Fath Ali doit jeûner et ne doit pas ordonner l'exécution d'innocents ! » Point à la ligne.

Mohammad, cependant, avait des ambitions plus modestes : en devenant mujtahed, il avait obtenu une mosquée et un poste d'enseignant dans la madrasa où il avait lui-même fait ses études. Élisant domicile non loin de là, il avait entamé une carrière de mollah, d'enseignant et d'érudit.

J'ai une photographie de lui à la quarantaine, en compagnie de son secrétaire, un jeune mollah barbu deux fois plus grand que lui. Il est plutôt petit, corpulent, la barbe noire, les yeux pétillants de malice, avec, sur les lèvres, l'ébauche d'un sourire légèrement sceptique. Il est l'auteur d'un bon nombre de traités sur les subtilités du rituel et les théories des théologiens médiévaux. Dernièrement, j'ai entendu dire que le département oriental d'une université canadienne était en train de faire traduire et de publier ses œuvres. Sans doute prendront-elles la poussière sur les rayonnages d'une bibliothèque jusqu'au jour où un étudiant aura l'idée de s'en servir pour sa thèse.

En vérité, si le pouvoir et la politique l'intéressaient si peu, c'est qu'il avait un net penchant pour l'hédonisme. Au désir de réussite, il préférait sans conteste la recherche des plaisirs – avec une nette prédilection pour les plaisirs de la chair. Il se servit de son intelligence, de son charme et de sa vaste culture pour mener exactement la vie qu'il voulait, dans les limites permises par la religion : une grande demeure luxueuse, de nombreux domestiques, des enfants, et des femmes à ne plus savoir qu'en faire.

Mon père fut son troisième fils.

Mohammad, mon grand-père, allait sur la trentaine lorsqu'il termina ses études à la madrasa et obtint son diplôme de mujtahed.

Au cours de sa dernière année d'études, un riche marchand du bazar l'emmena avec lui en pèlerinage à La Mecque, en contrepartie de quoi Mohammad devait lui servir d'interprète – le marchand ne comprenait pas l'arabe – et de guide dans le dédale des rites religieux. Mohammad devint donc hadji bien avant l'heure, à vingt-huit ans, ce qui ne manqua pas de rehausser encore le prestige de son titre de mujtahed. Comme c'était aussi un *seyyed*, tout le monde l'appela bientôt Hadji Seyyed Mohammad.

Les seyyed étaient très nombreux en Perse, et tous prétendaient descendre du Prophète. Alors que les turbans des simples mollahs étaient blancs, les mollahs seyyed en portaient des noirs pour bien se démarquer. En général, ils étaient incapables de fournir une preuve de leurs origines, l'information s'étant transmise oralement de génération en génération. Cela dit, j'ai en ma possession une généalogie en bonne et due forme de ma famille, qui, en effet, nous rattache par la trente-cinquième génération à l'imam Hussein, petit-fils du Prophète et troisième imam des chiites, de par son mariage avec une princesse persane, fille d'un roi sassanide. Ce que j'en pense ? J'adopterai l'attitude du duc de Wellington le jour où une inconnue l'accosta dans la rue pour lui demander :

– Monsieur Smith, n'est-ce pas ?

Ce à quoi il répondit :

– Madame, si c'est ce que vous croyez, vous croyez n'importe quoi !

Quoi qu'il en soit, nous avons grandi avec l'impression d'être des privilégiés, non seulement en raison de nos origines familiales récentes, mais aussi à cause de cet antique héritage royal et spirituel.

Sur le chemin du retour de La Mecque, Mohammad et son bienfaiteur firent halte à Karbala et à Najaf, aujourd'hui en Irak, les deux villes les plus saintes pour les musulmans chiites, puisque s'y trouvent les tombes de l'imam Ali et de son fils l'imam Hussein (respectivement premier et troisième des douze imams), l'un et l'autre morts en martyrs au VIIe siècle. Là se terminait la mission de compagnon et d'instructeur de Mohammad, et il prit congé de son aîné. Le marchand poursuivit son voyage jusqu'en Perse avec une caravane de pèlerins, mais Mohammad resta à Najaf, pour étudier sous la direction d'un célèbre maître à la madrasa attachée à la sépulture de l'imam.

C'est lors d'une expédition à Karbala, non loin de là, qu'il rencontra et épousa la mère de mon père, Halima, une jeune et ravissante veuve, fervente de l'imam Hussein. Leur rencontre fut le fruit d'un miracle et devint l'un des mythes fondateurs de notre légende familiale.

A l'époque, une veuve, aussi jeune et séduisante fût-elle, avait peu de chance de faire un beau mariage, la virginité étant considérée comme un gage de vertu et le bien le plus convoité par les hommes. Au mieux, pouvait-elle épouser, en secondes noces, un vieillard, ou un invalide, ou encore un homme d'une classe sociale inférieure. Halima, cependant, était tellement réputée pour sa modestie et sa piété, qu'elle avait eu plusieurs prétendants, tous éconduits : elle avait, en effet, décidé de devenir *tareke-donya*, en d'autres termes de renoncer au monde et de se consacrer entièrement à gagner sa place dans l'au-delà, par la prière et la dévotion à l'imam Hussein. Elle et ses deux frères étaient venus de Perse jusqu'à Karbala ; ils avaient appris l'arabe et s'intégraient peu à peu à la communauté locale.

Autour de chaque sépulture, mausolée ou madrasa, vivaient des femmes – veuves, divorcées, femmes abandonnées – dont la spécialité était de pratiquer le concubinage avec les étudiants, les mollahs et les pèlerins. Ces *sigheh* parvenaient à survivre tant bien que mal en se « mariant » pour un temps très bref, qui parfois n'excédait pas une journée. De nos jours, ce serait considéré comme de la prostitution légale mais, dans la religion islamique, on a le sens pratique et l'on tient compte de la nature humaine : la chair étant faible, ce type d'arrangement vaut tout autant qu'un autre. Halima, cependant, n'était ni faible ni intéressée par ce genre de procédé. Tout d'abord, sa fortune la mettait à l'abri du besoin, et ensuite, elle avait indubitablement des penchants spirituels ; plus d'inclination pour la piété que pour les plaisirs charnels – contrairement à son futur époux, oserais-je ajouter, comme nous allons le voir. Dans une société chrétienne, elle serait sans doute devenue bonne sœur, infirmière, ou missionnaire, mais rien de tel n'existait pour une musulmane non mariée totalement soumise aux décisions sinon de son père, du moins de l'homme le plus âgé de sa parenté, et à qui il incombait avant tout de rendre la vie d'un homme agréable et de lui donner des enfants. Halima avait ainsi été mariée à quatorze ans. A quinze ans, elle avait donné naissance à un fils (lequel était rapidement mort des fièvres) avant que son mari fût soudainement emporté à son tour par une mystérieuse maladie. Elle s'était juré de ne jamais se remarier.

Mais, deux ans après l'arrivée de sa famille à Karbala, Halima avait été visitée par un rêve : elle priait sur la sépulture de l'imam, quand, soudain, la grille en argent qui la protégeait s'était ouverte pour laisser le passage au saint, nimbé d'un grand halo et l'air infiniment majestueux. Il lui annonça qu'à son réveil, à l'aube, elle se rendrait comme à son habitude prier devant la sépulture.

– Là, au pied de ma tombe, tu trouveras un jeune mollah, un de mes descendants. Tu le reconnaîtras grâce à son turban noir et à son air serein. Tu dois l'épouser, par amour de moi.

Halima avait protesté, lui assurant qu'elle ne souhaitait qu'une chose : consacrer sa vie à le servir et à servir ses pèlerins. Mais, lui posant son index sur les lèvres, l'imam l'avait contrainte au silence et lui avait dit :

– Ton obéissance sera récompensée, je te donnerai un enfant pas comme les autres.

Là-dessus, il avait disparu.

Halima s'était éveillée au chant du coq, sous un beau ciel gris pâle. Après ses ablutions, elle se rendit à la sépulture pour prier. L'endroit était désert, le flot des pèlerins n'ayant pas encore commencé, à l'exception d'un jeune mollah debout au pied du monument, perdu dans la prière. Elle attendit qu'il eût terminé, puis l'aborda et lui raconta son rêve par le menu, précisant qu'elle était prête à obéir à l'ordre de l'imam et à l'épouser dès qu'il le souhaiterait.

Hadji Seyyed Mohammad, en homme avisé, était capable de déjouer n'importe quel stratagème, mais voilà, il se trouvait que lui aussi avait vu l'imam en rêve la nuit précédente, qui lui avait enjoint d'aller tôt le matin au mausolée rencontrer une jeune et jolie veuve, une de ses ferventes, une femme vertueuse et douce, qu'il devait épouser.

Tante Ashraf, en racontant cette histoire, prenait un malin plaisir à insister sur l'expression « jolie », car, les femmes portant le voile, Mohammad ne pouvait avoir la moindre idée du physique de sa future épouse. C'était en général une marieuse, ou une entremetteuse, un ami ou un proche qui se chargeait de décrire la promise à son prétendant. Il y avait parfois un tel abîme entre les compliments dithyrambiques et la réalité que le pauvre homme tombait évanoui à la vue du laideron qu'on lui avait décrit comme Vénus en personne. C'était donc très attentionné de la part de l'imam Hussein d'avoir voulu rassurer Mohammad sur ce point !

Toujours est-il qu'ils se marièrent et vécurent à Karbala, Najaf et Kazimayn pendant les quelques années où Mohammad étudia auprès de ses maîtres. A l'occasion d'un pèlerinage au tombeau de Kazem, un autre imam, dans une ville du voisinage, mon père vit le jour ; on lui donna le nom du saint. Il était le troisième fils, la famille s'élargissait. Il était temps de rentrer en Perse et de gagner convenablement sa vie. A son retour, Mohammad – désormais Hadji Seyyed Mohammad – obtint une mosquée, un poste d'enseignant dans son ancienne madrasa et s'acheta une maison. Alors commença une vie longue, heureuse, pleinement comblée.

La maison de Hadji Seyyed Mohammad se divisait en deux bâtiments distincts : l'*andaroun*, ou gynécée, dont la porte était interdite à tout adulte de sexe masculin, à l'exception des proches, et le *biroun*, l'appartement des hommes, où se trouvaient les salles d'études et de réceptions – enclave masculine consacrée au travail et à l'accueil des visiteurs et étudiants. Là, dans une atmosphère studieuse et religieuse, Hadji Seyyed Mohammad vivait entouré d'une véritable cour de dévots, d'étudiants et de collègues. Les deux bâtiments étaient reliés par une porte, et leurs jardins communiquaient. Un mur élevé entourait l'édifice afin d'en préserver l'intimité, disposition typique des demeures seigneuriales du XIXe siècle en Perse.

L'andaroun, domaine des enfants et des domestiques, des diseuses de bonne aventure et des magiciennes, des marieuses et des couturières, était un monde en soi. C'est là que se nichait le pouvoir, derrière le nœud des intrigues, des ruses et des ragots ; c'est là que se tramaient les mariages, que se liaient et se déliaient des amitiés passionnées, que se faisait et se défaisait le succès politique. Mais l'andaroun était aussi le sanctuaire des sentiments, le lieu où les femmes développaient et cultivaient leur imagination, à travers la lecture, la poésie, les contes, et l'élaboration de légendes. Elles y apprenaient les arts ménagers, la couture, la broderie, le tricot et autres activités « distinguées ». Elles poussaient la cuisine et la pâtisserie jusqu'à des raffinements inouïs, et leurs rêves étaient cousus des mêmes fils que leurs riches brocarts.

Le biroun d'un aga était une maison ouverte : les visiteurs, les amis et les parents, tous ceux qui sollicitaient une recommandation ou une faveur, pouvaient entrer à n'importe quelle heure du jour et de la nuit. Le samovar, comme un chat pelotonné dans un coin de la vaste cuisine, ronronnait depuis l'aube jusqu'à la nuit noire de façon à ce qu'on pût servir le thé à tout moment, accompagné de sucreries et de biscuits. Le serviteur personnel de l'aga était chargé de recevoir les invités, de leur servir des rafraîchissements et de veiller à ce que les informations circulassent en permanence entre les deux bâtiments, par l'intermédiaire de son épouse, laquelle occupait des fonctions similaires dans l'andaroun. Bref, la structure hiérarchique de la société féodale voulait que chaque foyer se modelât, même très modestement, sur la cour du souverain ; tout homme était bel et bien roi en son royaume.

Tante Ashraf, la petite sœur de mon père, avait à peine un an à la mort de sa mère, Halima. Une fois par semaine, une blanchisseuse venait laver le linge à domicile. Elle travaillait au fond du jardin ou dans l'arrière-cuisine, puis étalait le linge sur le toit plat de la maison pour le faire sécher au soleil. Le toit d'une maison à deux étages s'élevait à une dizaine de mètres au-dessus du sol. Un jour, au crépuscule, alors que les servantes étaient occupées à allumer les lampes à huile avant de les rentrer, Halima suivit la lingère sur le toit afin de mettre au point l'emploi du temps de la semaine. Elle l'aida à ramasser le linge sec avant la tombée du jour, tout en tenant dans ses bras la petite Ashraf. Ses deux plus jeunes fils, âgés respectivement de cinq et huit ans, jouaient dans le jardin quand, tout d'un coup, elle entendit un cri. Elle regarda en bas et vit Kazem, le cadet, enveloppé par les flammes. Sans réfléchir, elle posa le bébé et sauta du toit, ramassa l'enfant, le plongea dans la piscine pour éteindre le feu, et lui sauva la vie. La lingère dévala l'escalier, oubliant complètement le bébé. Ce fut un grand remue-ménage. Le petit garçon, gravement brûlé, se tordait en hurlant de douleur ; les voisins arrivèrent au galop, chacun proposant huiles et onguents, on alerta l'aga qui arriva lui aussi sur-le-champ. Finalement, une fois les brûlures de l'enfant enduites d'un onguent traditionnel à base de plantes et de poudres spéciales mélangées à de l'huile d'olive, on parvint à le calmer et à le mettre au lit. Mais que la petite Ashraf n'eût pas rampé jusqu'au bord du toit pour se précipiter dans le vide, voilà bien encore un autre miracle.

Les garçons avaient trouvé une boîte d'allumettes, chose rare à l'époque, ils avaient joué avec, et la chemise de Kazem avait pris feu. Est-ce à cause du choc de l'accident ou du saut incroyable qu'elle avait fait, toujours est-il que Halima tomba malade et mourut deux jours plus tard. Il y avait déjà, disait-on, un certain temps qu'elle souhaitait mourir, redoutant le jour inéluctable où son mari prendrait une seconde femme, plus jeune, idée qui lui était insupportable. « Alors Dieu l'a prise pour lui épargner le chagrin et la déception », conclut tante Ashraf.

Pendant la veillée du corps, tout le monde oublia la petite Ashraf. Elle fut près de mourir de faim. Par bonheur, une voisine, une veuve d'un certain âge, sainte femme, « inspirée par la providence », décida de venir garder les enfants. S'étant installée pendant cette époque de chaos, elle resta ensuite pour les élever.

Quant à Kazem, mon père, il devait garder à jamais la marque de ses brûlures : son ventre ressemblait à un morceau de parchemin tout racorni, et son humour était toujours légèrement teinté de mélancolie, comme voilé par les souffrances et la perte cruelle endurées dans sa petite enfance.

Le nom de ma grand-mère, Halima, signifie doux, tendre, caressant ; c'était celui de la nourrice du Prophète, et d'après tous ceux qui l'ont connue, « jamais personne n'avait été aussi bien nommé ».

AMINEH – LA DEUXIÈME FEMME

Quelques mois après la mort de sa femme, Hadji Seyyed Mohammad se remaria. Agée de treize ans, sa nouvelle épouse était la fille d'un *mourid*. Elle s'appelait Amineh, ce qui signifie « celle qui est digne de confiance ». Amineh se trouva soudain à la tête d'une grande maisonnée, comprenant quatre enfants, dont l'aîné, à peine moins vieux qu'elle, éprouvait à l'égard de sa belle-mère une vive antipathie. Il se montrait avec elle boudeur et colérique, insensible à son puissant charme.

Amineh ne fut pas longue à se rendre compte qu'il lui fallait apprendre les règles du jeu : elle devait grandir vite ou mourir. Dotée d'un puissant instinct de survie, d'une intelligence habile et calculatrice et d'un talent remarquable pour l'intrigue et la manipulation, elle affronta bientôt les manœuvres politiques et sociales de l'andaroun avec le même machiavélisme que si elle eût été un courtisan florentin. A l'âge de quatorze ans, elle donna le jour à son premier fils, auquel succédèrent assez rapidement un second garçon et deux filles. Elle aurait eu beaucoup plus d'enfants si son mari avait été plus fidèle et n'avait pas distribué ses faveurs aux quatre vents.

Peu après son mariage, Amineh s'aperçut qu'elle ne pourrait jamais à elle seule satisfaire l'insatiable appétit sexuel de son mari. Les tentations étaient nombreuses et variées : non seulement les admiratrices – succombant au charme sensuel et débonnaire du mollah ou tout simplement désireuses de recevoir la bénédiction d'un descendant du Prophète – lui tombaient dans les bras, rêvant de devenir ses sigheh, mais il y avait aussi les propositions émanant de ses disciples, à qui il eût fait une grâce insigne en acceptant de prendre leurs filles comme seconde ou troisième épouse. Ne supportant pas l'idée de partager son autorité dans l'andaroun, Amineh trouva donc une solution de compromis : elle serait désormais le maître d'œuvre et l'organisatrice des aventures extraconjugales de son époux. De la sorte, elle se garantissait contre les rivales et son pouvoir restait incontesté.

Amineh veillait ainsi à ce que parmi les servantes, il y en eût toujours une particulièrement jeune et jolie pour servir l'aga. Dès que la nouvelle servante était engagée, on lui confiait une tasse de thé à la menthe en la priant de la porter dans la chambre de l'aga tard le soir et de lui « masser les jambes ». En qualité de prêtre, Hadji Seyyed Mohammad était habilité à célébrer lui-même son propre mariage et à faire de la fille sa sigheh sur-le-champ. Il lui suffisait de murmurer les quelques mots arabes d'usage, puis d'ajouter en persan : « Êtes-vous d'accord ? »

Ce à quoi la pauvre fille ne pouvait que répondre « oui », par pure politesse, et l'affaire était dans le sac. Le *droit du seigneur* * en habit religieux ! La première fois que la nouvelle servante allait « masser les jambes » de l'aga, Amineh veillait tard dans la nuit pour attendre son retour à l'andaroun : à voir son air hagard et échevelé, ses yeux larmoyants et ses joues rouges, Amineh déclarait : « c'est fait [1]». Dès lors, l'affaire relevait de la routine, et pendant un an Amineh n'avait plus aucun souci à se faire.

Au bout d'un certain temps, son mari montrait quelques signes d'impatience et de mauvaise humeur, il devenait plus avare en compliments, plaisanteries et petits cadeaux : alors Amineh savait que la jeune servante commençait à l'ennuyer. Le moment était venu pour elle de trouver à la répudiée un mari parmi les domestiques, les boutiquiers ou les veufs du quartier, de lui acheter un trousseau, de donner une grande fête en son honneur dans l'andaroun pour elle et ses amis, et de se mettre en quête d'une nouvelle servante pour son époux. Ce procédé convenait à tout le monde, en particulier aux jeunes filles qui se voyaient ainsi assurées d'un mariage convenable et d'un trousseau.

1. Shakespeare, *Macbeth*, II, 1. (*NdT*)

Entre-temps, Amineh ne se laissait pas pour autant aller à l'oisiveté. Elle menait dans l'andaroun une vie mondaine intense et, quoiqu'on en eût jamais la preuve – la chose était impensable –, elle trouvait consolation, disait-on, auprès du jeune médecin de famille, le Dr Amran, un Juif de haute taille et très beau garçon, qui avait fait ses études de médecine en France, portait d'élégants costumes européens et une canne à pommeau d'argent. Il était adoré de ses malades ; les femmes étaient séduites par son physique et ses manières exquises, les hommes par l'exactitude de son diagnostic et l'efficacité de ses traitements.

Le Dr Amran, et par la suite toute sa famille, fut converti à l'islam par mon grand-père et assimilé à la société persane. Mais à l'époque, pour le laisser entrer dans l'andaroun, il avait fallu que Hadji Seyyed Mohammad le mariât avec sa propre fille cadette, un bébé de six mois, pour une heure. D'après la loi islamique, dès lors que le Dr Amran était considéré comme le gendre d'Amineh, il devenait *mahram*, ce qui autorisait Amineh à paraître devant lui sans voile. On avait souvent recours à ce stratagème dans les andaroun, quand il s'agissait de libérer la maîtresse de maison de l'obligation du voile devant un serviteur masculin. Quand j'étais petite fille, j'ai souvent été ainsi « mariée » pour une heure à tel domestique ou laquais qui entrait chez nous, afin de permettre à ma mère de ne pas porter le voile à l'intérieur. C'est ainsi que chaque fois qu'il venait rendre visite à l'aga, le Dr Amran pouvait se rendre dans l'andaroun, pour présenter ses hommages à sa dame, la *khanoum*.

Serviteurs et proches ne furent pas longs à saisir les battements de paupières, les petits sourires imperceptibles, les regards en coulisse échangés entre le beau médecin et la khanoum. Amineh, voilée bien sûr, fut à une ou deux reprises aperçue sortant du cabinet du Dr Amran et reconnue à travers l'entrebâillement de son voile alors qu'elle s'engouffrait dans sa voiture. Mais Amineh s'arrangeait toujours, d'une part, pour faire honte à ses détracteurs, lesquels se comptaient sur les doigts de la main, d'autre part, pour faire taire ses amis, en revanche nombreux et loyaux. Elle allait elle-même informer son mari de la visite qu'elle avait faite chez le médecin en revenant de chez des amis, afin de lui demander une ordonnance ou un conseil à propos des enfants. Et le vieux mollah était bien trop sage et bon enfant pour insister. De toute façon, il eût été mal avisé de lancer la première pierre, n'est-ce pas ?

Amineh vieillissant, ce fut sa fille aînée, tante Etty, qui prit la place de sa mère dans le cœur du Dr Amran. Ses visites épisodiques au cabinet médical lui permirent de supporter un mariage malheureux. Je doute qu'il se soit jamais rien passé entre ces deux femmes et le galant médecin – elles étaient bien trop dévotes et vertueuses. En revanche, vagues et soupirs de désir devaient sûrement imprégner l'air qu'elles respiraient, leur rendant l'existence plus douce.

Hadji Seyyed Mohammad mourut dans son sommeil à l'âge de cent cinq ans : « Il n'était absolument pas malade, il s'est seulement éteint, comme une bougie qui a fini de brûler », disait tante Ashraf. La veille de sa mort, il avait appelé à son chevet sa jeune servante. Celle-ci lui avait apporté une tasse de thé à la menthe et un onguent pour ses genoux, qu'il avait un peu raides les derniers temps. Elle était restée plus tard qu'à l'accoutumée et, quand elle était rentrée à l'andaroun, elle avait déclaré que l'aga avait les jambes lourdes et froides, et qu'elle les avait massées longtemps…

HADJI ALI-BABA

L'année même où Hadji Seyyed Mohammad quittait Téhéran et la madrasa pour La Mecque, un jeune séminariste descendait du nord de la Perse, pour étudier dans un autre grand centre culturel, Ispahan. Capitale de la Perse pendant le règne des Safavides aux XVIe et XVIIe siècles, Ispahan avait connu une expansion exceptionnelle : c'était une des plus belles villes du monde. Les Safavides avaient fait du chiisme la religion nationale et transformé leur capitale, avec ses mosquées et madrasas innombrables, en un grand centre d'études religieuses.

Le jeune talabeh en question se nommait Ali-Baba ; il venait d'une famille de modestes agriculteurs du Mazandaran, sur les bords de la Caspienne. Il avait le teint clair, les pommettes saillantes et les yeux noirs des gens du Nord, d'origine caucasienne. Il était fils unique, pour la bonne raison que les rizières et les canaux qui nourrissaient sa famille favorisaient aussi l'invasion des moustiques et autres parasites, de sorte que tous ses frères et sœurs étaient morts en bas âge – de la malaria, de fièvre rhumatismale ou de tuberculose… Ali-Baba accompagnait son père aux champs mais, l'hiver, il avait fréquenté l'école du village, appris à lire et à écrire, et attrapé le virus des études. A quatorze ans, il avait annoncé qu'il ne souhaitait pas se consacrer à l'agriculture, mais préférait quitter ses parents pour se rendre à Ispahan, étudier avec des maîtres célèbres, dans la madrasa du Shah, dont la réputation avait voyagé jusqu'à ces régions reculées, franchissant la barrière montagneuse et les profonds ravins qui les coupaient du reste du pays.

Les parents d'Ali-Baba avaient été profondément chagrinés à la perspective de perdre leur fils unique, car ils ne se faisaient aucune illusion : les enfants qui quittaient le pays pour se rendre à la ville revenaient rarement et, de toute façon, qu'est-ce qu'un *alem*, un mollah, ferait de quelques arpents de terre ? Ils eurent beau le supplier, le raisonner, rien n'y fit et, au bout de deux ans, ils cédèrent au désir de leur fils. Ils lui achetèrent un turban blanc, un manteau marron et une cape noire – l'uniforme de l'aspirant mollah – et, par un beau matin d'automne, à l'aube, le confièrent au chef d'une caravane en route pour Ispahan.

Mais allait-il seulement arriver jusque-là ? La route traversait des montagnes follement dangereuses : de nombreux voyageurs finissaient précipités au fond de gouffres terrifiants et de gorges enneigées, au bord desquels serpentait le raidillon caillouteux. Sans parler des meutes de loups affamés, des avalanches mortelles et autres périls imprévisibles. Il y eut bien des pleurs, bien des soupirs, bien des prières, puis le père et la mère s'en retournèrent à leurs tâches quotidiennes.

Ali-Baba resta des années à Ispahan, allant de maître en maître, étudiant tous les sujets du cursus traditionnel et se spécialisant dans la sharia et le droit. Puis, bardé de diplômes et de lettres de recommandation, il partit pour Téhéran. Il devait terminer juge de la Haute Cour et professeur de droit, mais cela bien plus tard, sous le règne de Riza Shah. En attendant, comme Hadji Seyyed Mohammad, il avait acheté une maison à deux pas du bazar, entama une brillante carrière, engendra six enfants – trois filles et trois garçons – et devint hadji... Bientôt, la rencontre se fit entre les deux maisons, on sympathisa et, quelques années plus tard, on en vint au mariage : la fille aînée d'Ali-Baba, Azra, était ma mère.

Pendant son séjour à Ispahan, accablé par le mal du pays et la pauvreté, Ali-Baba avait épousé une jeune fille trouvée par un de ses maîtres. Elle s'appelait Aga Begum et avait le teint clair, les cheveux blonds et les yeux gris – toutes qualités fort appréciées dans le Sud. On dit des gens originaires d'Ispahan que ce sont des Juifs convertis ; ce qui est sûr, c'est qu'ils ont en Perse la réputation qu'a ce peuple dans le reste du monde : ils sont intelligents, ont du charme et un solide sens de l'humour, s'expriment avec aisance et « savent ce que c'est que l'argent ». D'innombrables plaisanteries courent à leur sujet, la plupart inventées par les Ispahanis eux-mêmes. Il y en a une qui m'est restée en mémoire : quand un homme meurt, deux anges se rendent à son tombeau dans la nuit qui suit ses funérailles pour le réveiller et lui faire réciter son catéchisme :

– Qui est ton Dieu ?

– Mon Dieu est Allah Tout-Puissant.

– Qui est ton Prophète ?

– Mahomet, son messager.

– Qui est ton imam ?

– Ali, le ministre de Dieu…

Si le mort donne les bonnes réponses, les anges l'accompagnent au Paradis. Si, en revanche, il échoue à l'examen, ils le conduisent en enfer. Un Ispahani meurt et deux anges arrivent donc pour l'interroger. Ne sachant pas son catéchisme, il se débrouille pour cacher son ignorance en répondant à côté :

– Qui est ton Dieu ? questionnent les anges.

– Je le sais, mais je ne le dirai pas !

– Et pourquoi pas ?

– Parce que je suis têtu !

Les anges ont beau insister, rien à faire : l'Ispahani tient bon. Finalement, ils sont obligés de l'abandonner, le laissant trouver tout seul son chemin jusqu'au Ciel. Aujourd'hui, il existe une autre version de cette histoire : un homme meurt, on l'enterre ; les anges viennent l'interroger, et tout se passe bien jusqu'à la question portant sur l'imam, à laquelle il donne la réponse suivante : « Ali, le ministre de Dieu. » Sur quoi, les anges sortent leurs mitraillettes et le criblent de balles, car il aurait dû répondre : « Mon imam est Khomeiny ! »

J'ignore si ma grand-mère était ou non d'origine juive, mais je me souviens de mon père la taquinant à ce sujet. Comme elle riait alors, elle qui était tout le contraire de ce que cela supposait, candide et sans la moindre idée de ce qu'était l'argent. Combien de fois, en effet, ne s'est-elle pas fait rouler par les marchands ou laissé ruiner par les extravagantes largesses qu'elle prodiguait à son entourage !

Lorsque Riza Shah arriva au pouvoir en 1925, il se mit en devoir de moderniser le pays. Il avait en particulier l'intention de mettre en place une véritable administration judiciaire, placée sous le contrôle d'un ministre de la Justice, et comportant des tribunaux, des juges et des avocats. Jusque-là, la justice, tout comme d'ailleurs l'éducation, se trouvait entre les mains des mollahs et de leurs tribunaux religieux. Il confia l'établissement du Code civil de l'Iran moderne à mon grand-père, Hadji Ali-Baba. Pendant les deux années qui suivirent, Ali-Baba dirigea un groupe d'éminents juristes, au nombre desquels on comptait un spécialiste venu de France. Ils produisirent un Code civil, lequel resta à la base du système judiciaire iranien jusqu'à la chute du shah, en 1979.

En fait, le nouveau Code civil était l'enfant spirituel de mon père car, après son mariage avec ma mère, son beau-père avait sollicité son concours pour qu'il veillât à ce que rien dans les nouvelles dispositions légales n'allât à l'encontre de la sharia et ne risquât d'attirer les foudres des grands mollahs de Qom. Autant dire que c'était la quadrature du cercle – « Soit on tranche la main des voleurs et on lapide la femme adultère, soit rien ! » Mais mon père s'en tira je ne sais comment, et le résultat fut jugé acceptable par les grands ayatollahs. Ce Code civil est, paraît-il, l'un des textes de lois les plus remarquables qui aient jamais été écrits, comparable au Code Napoléon des Français pour son intelligence et son exhaustivité. Depuis 1979, on a tenté à plusieurs reprises de le discréditer, sinon de le détruire, afin d'opérer un retour aux tribunaux religieux et à l'application stricte de la sharia, mais heureusement, jusqu'ici, cela n'a pas été possible : l'édifice tient bon et même si, en ces temps postrévolutionnaires, la justice est on ne peut plus sommaire, au moins subsiste-t-il encore une base sur laquelle construire un système judiciaire convenable après le chaos. Le Code civil garde l'esprit de la sharia tout en proposant une justice digne d'une société moderne.

La réputation d'Ali-Baba grandit car, en plus des hautes fonctions qui étaient les siennes, il se distinguait par un comportement plein d'extravagances et d'excentricités. D'une honnêteté scrupuleuse, il ne tolérait pas la moindre entorse à la loi. Il traversait le bazar entouré de ses disciples et couvrait d'injures les marchands dont on lui avait rapporté les iniquités ou la tendance à vendre au prix fort, les menaçant de l'ire du Seigneur. Ses violents accès de colère terrorisaient le bon peuple, mais on ne l'en aimait pas moins pour sa générosité et sa façon de prendre fait et cause pour les autres. Il était capable de pleurer en pleine rue en prêchant la justice et la charité. Certains le jugeaient « fou à lier », d'autres « juste un peu excentrique ! » Sa conduite partait d'un principe bien simple : *noblesse oblige* *. Car, malgré ses origines paysannes et son relatif manque de fortune, il se considérait comme un aristocrate. Seule la connaissance, à ses yeux, autorisait un homme à exercer le pouvoir, surtout dans un pays où les cataclysmes historiques transformaient souvent, et à chaque fois de manière radicale, les structures sociales.

Au bout du compte, les responsabilités dont il s'accablait lui-même eurent raison de lui ; son ulcère à l'estomac tourna au cancer. Il mourut à l'âge de soixante ans. Ma mère le vénéra et le pleura jusqu'à son dernier souffle. Elle disait une prière spéciale pour la paix de son âme chaque veille de sabbat – le jeudi. Elle gardait sur sa cheminée une photographie de lui, prise en 1932 sur les marches de la faculté de droit de la nouvelle université de Téhéran. Il se tenait assis au milieu du premier rang, à côté de son assistant français et entouré d'une quinzaine d'étudiants debout. Il est le seul homme à porter encore le turban et la cape, le costume religieux traditionnel ; tous les autres sont en costume européen, *de rigueur* * à l'époque pour l'ensemble des fonctionnaires et des universitaires. On reconnaît le Français à son bouc et à ses lunettes aux verres sans monture. Ma mère se souvenait de chacun des quinze étudiants, les premiers diplômés en droit de l'université, et elle m'en parlait souvent : ils avaient fait de belles carrières, étaient devenus d'importants hommes politiques ou de brillants juristes – sénateurs, députés, ministres, juges ou avocats. « Et maintenant ils sont tous morts ! » concluait-elle avec un soupir de regret à la pensée de notre fin inévitable et du caractère transitoire de la vie.

Cette photographie, comme tout le reste, disparut pendant les insurrections de 1979, lorsque les maisons furent mises à sac par les « révolutionnaires ».

LA LIGNÉE DE HADJI ALI-BABA

Si la progéniture de Hadji Seyyed Mohammad avait reçu en partage le charme, la finesse, l'aisance qui sied dans le monde et le raffinement, on ne pouvait pas en dire autant de celle d'Ali-Baba, qui ne manquait pourtant pas non plus d'un certain charme : de la candeur, de l'honnêteté et de la générosité à revendre, un tempérament lunatique doublé d'un brin d'excentricité qui confinait souvent à la folie. Le Sud contre le Nord, Balzac contre Dostoïevski !

« Ils sont trop malins pour moi », disait ma mère à propos de certains membres de la famille de mon père, ce qui signifiait qu'elle les trouvait sournois, hypocrites et roublards, opinion qu'elle ne se privait pas de faire partager, quand elle était dans l'une de ses humeurs les moins charitables. « On ne sait jamais ce qu'ils pensent vraiment. Ils disent une chose et en pensent une autre ! »

Lorsque Riza Shah arriva au pouvoir dans les années 20 et qu'il commença à moderniser la Perse, il décréta que tous les citoyens devaient adopter un nom de famille et obtenir un certificat de naissance. Jusque-là, personne n'avait jamais déclaré la naissance de ses enfants, et l'on se contentait d'un prénom, précisé tantôt par la filiation, tantôt par un titre, tantôt encore par sa profession ou le nom de son village d'origine. De même, on donnait sa date de naissance en référence à quelque événement mémorable : « Ahmad est né l'année du tremblement de terre » ; « Mahmoud est arrivé au printemps où une grêle tardive a gâché les fruits », et ainsi de suite. Celui qui avait quitté sa campagne pour se rendre à Machhad, en pèlerinage au tombeau de l'imam Riza, le huitième imam chiite, prenait le nom de *Mashdi*, tandis que celui qui avait été jusqu'à Karbala, sur le tombeau de l'imam Hussein, le troisième imam, devenait *Karbalai* ; quant à celui qui avait amassé assez d'or pour visiter La Mecque, il était – dignité suprême – hadji. Ces titres suivis du prénom suffisaient à identifier ceux qui les portaient. Les femmes, bien entendu, étaient invariablement les filles, les femmes ou les sœurs de quelqu'un dont le prénom suivait les leurs : Fatima « sœur de Ahmad » ou « femme de Mahmoud ». Les filles des familles patriciennes recevaient des titres – ma mère était la « Dignité de la sharia », et mes deux tantes maternelles avaient respectivement pour surnom « Orgueil du Siècle » et « Orgueil des Rois » !

Quand il devint obligatoire d'avoir un nom de famille, la plupart des gens adoptèrent le nom paternel ou celui de leur terre d'origine, à moins qu'ils ne pussent se prévaloir de quelque titre de noblesse. Certains noms de métiers eurent beaucoup de succès, mais les pauvres paysans, eux, avaient bien du mal à se choisir un nom quand on les convoquait à la mairie de la ville la plus proche pour « s'inscrire ». Ils laissaient souvent cette décision au clerc, lequel, souvent à court d'idées, inventait des noms au gré de son imagination et de son humeur. C'est ainsi qu'enfant je me souviens d'avoir entendu des noms fort curieux : M. Vieux, nommé de la sorte parce que le jour où son père avait été voir le notaire du village pour déclarer sa naissance, il avait l'air vieux et fatigué ; ou encore M. Malheureux, à cause de la mine qu'il arborait le jour où il s'était inscrit.

La scène s'était sans doute déroulée de la façon suivante :

Le notaire. – Vous avez choisi votre nom ?

L'homme. – Non, monsieur, ce sera comme Son Excellence voudra.

Le notaire. – Mais vous avez l'air tellement malheureux, dites-moi ce qui ne va pas.

L'homme. – Rien, monsieur.

Le notaire. – Bon. Dans ce cas, vous vous appellerez M. Malheureux.

L'homme. – C'est comme Son Excellence voudra.

Le plus sérieusement du monde, mon grand-père maternel, Hadji Ali-Baba, prit le nom d'Alem, qui signifie savant, érudit, sage. Par ce choix, il revendiquait moins ses qualités personnelles qu'il ne se référait au système de valeurs qu'il avait adopté et dans lequel la connaissance, l'érudition, la sagesse et les lumières, seules sources de noblesse véritable, occupaient le haut de l'échelle. Pendant ce temps, mon grand-père paternel, Hadji Seyyed Mohammad, adoptait le nom de la profession de ses ancêtres, des huiliers, Assar. Ces deux hommes ne se doutaient guère que l'Histoire allait éparpiller leur semence aux quatre coins du globe en l'espace de deux générations, et qu'à la fin du XXe siècle, il y aurait des Assar et des Alem dans les annuaires depuis Vancouver jusqu'à Cape Town.

Lorsque Hadji Ali-Baba mourut à l'âge de soixante ans – avant ma naissance –, le grand édifice social qu'il avait construit par la force de sa personnalité et de sa réussite professionnelle s'écroula comme un château de cartes. On s'aperçut en effet que sa prodigalité avait engendré une montagne de dettes dont les seuls intérêts représentaient le double de son salaire d'universitaire et de juge suprême. Il avait bénéficié d'un crédit illimité auprès de certains marchands du bazar et de prêteurs sur gages (il n'y avait pas encore de banque en Perse à l'époque), qui n'avaient jamais osé rien lui réclamer, de peur de voir se déchaîner sur eux la colère et l'indignation de leur débiteur, et de se voir accuser de méchanceté et d'usure, puisque, après tout, il ne dépensait jamais l'argent pour lui-même mais le distribuait autour de lui : toutes ces tonnes de riz, de légumes secs et de conserves, ces rouleaux d'étoffe, ces sacs de charbon et ces boîtes de paraffine, qui avaient nourri, vêtu et chauffé la moitié des pauvres du quartier, avaient été achetés à crédit pour être opportunément oubliés sur-le-champ : « Si un homme venait lui réclamer de l'argent et se plaindre que ses créanciers lui mettaient le couteau sous la gorge, il était incapable de lui dire non, racontait ma grand-mère. Il empruntait la somme nécessaire, la lui offrait, puis l'incident lui sortait de la tête ! »

A peine Hadji Ali-Baba était-il dans la tombe que la meute de ses créanciers se jetait avec hargne sur ses héritiers, réclamant intérêts et capital dans les délais les plus brefs. Son fils aîné, oncle Alem, alors jeune avocat, emporta le corps de son père à Karbala et l'enterra dans la terre sacrée du sanctuaire de l'imam Hussein, puis il rentra chez lui braver la tempête.

Il fallut tout vendre pour payer les dettes : la vaste demeure, la voiture et les chevaux, les lustres en cristal, les meubles anciens, absolument tout... Il trouva aux plus jeunes domestiques des places dans d'autres maisons et, ne gardant avec lui qu'un couple de vieux serviteurs qui n'eussent pu survivre sans lui, il prit un logement beaucoup plus modeste dans les faubourgs.

Tout bien compté, avec sa mère, sa sœur célibataire, ses deux jeunes frères et la maigre domesticité, oncle Alem était à la tête d'une véritable tribu. Il attaqua sa carrière d'avocat avec toute l'énergie et la détermination que l'on a quand on est jeune et ambitieux, et ne tarda pas à voir reconnues son habileté et sa pugnacité au service des grandes causes. Mais le poids de tant de travail et de responsabilité finirent par lui gâter le caractère; à mesure que les années passaient, il devint de plus en plus irascible et dur, sujet à des accès de profonde dépression et d'hypertension qui allèrent en s'aggravant avec la réussite et le surmenage.

Oncle Alem était fort bel homme. Ses yeux noirs en amande flamboyaient de toutes les ardeurs de la passion, dans un visage aux traits parfaitement réguliers évoquant les frises de Persépolis. Grand, élancé, il s'habillait avec l'élégance d'un dandy. Ses costumes étaient taillés dans les plus fines étoffes anglaises par le meilleur tailleur de la ville, ses chemises et cravates en soie étaient importées d'Europe, ses chaussures confectionnées sur mesure d'après des modèles qu'il créait lui-même. On disait qu'il n'avait jamais perdu de procès, qu'il avait des clients à ne plus savoir qu'en faire et gagnait d'énormes sommes d'argent pour les dilapider – comme son père avant lui – à une vitesse phénoménale. Il tenait table ouverte et, sans jamais regarder à la dépense, faisait servir à ses convives les mets les plus raffinés; il accordait des prêts à tous sans jamais être remboursé; il organisait sous son toit des parties de poker (à l'époque il n'y avait pas de casino en Perse) où il terminait invariablement perdant.

Entre deux procès qui lui rapportaient des ponts d'or, oncle Alem recevait dans son cabinet les clients trop pauvres pour lui payer ses honoraires, si bien qu'il lui arrivait souvent de se trouver à court de liquidités et obligé d'emprunter à des taux élevés, ce qui le rongeait d'inquiétude.

Le défaut principal, et tragique, d'oncle Alem était son tempérament colérique – à la limite parfois de la démence –, qui le rendait violent, capable de frapper, de blesser ou de tuer à demi quiconque se trouvait alors à sa portée. Personne ne comprenait ce qui déclenchait ces crises ; on savait seulement qu'il détestait l'hypocrisie et le mensonge – même le mensonge par omission. Hélas, les Persans négligent souvent de mentionner tel ou tel fait, ou affirment certaines choses dans le seul but de faire plaisir à leur interlocuteur ; certes ces choses peuvent être fausses, mais elles sont en réalité une preuve d'extrême délicatesse, dans la mesure où elles permettent de désamorcer l'hostilité ou de parvenir à un accord. Un simple coup d'œil à l'histoire de la Perse suffit pour comprendre cette ambivalence vis-à-vis de la vérité : des milliers d'années de despotisme, tout à la fois indigène et étranger, ont créé dans le psychisme persan un mécanisme de défense qui consiste entre autres à brouiller les lignes de démarcation entre certains concepts et leurs opposés ! Mais oncle Alem n'avait que faire de toutes ces subtilités levantines ; à ses yeux, ce qu'on lui racontait était soit vrai soit faux et, dans ce dernier cas, une sonnette d'alarme retentissait dans son inconscient : alors il voyait rouge. Paradoxalement, tout le monde, même des gens parfaitement honnêtes par ailleurs, lui mentait, parce qu'on avait peur de lui. C'était un véritable cercle vicieux. Un jour, il se mit dans une telle rage qu'il fut à deux doigts de mettre le feu à la maison et de faire disparaître corps et biens sa famille et lui-même. La tragédie fut évitée à la dernière minute grâce à l'intervention de mon père, le seul homme au monde susceptible d'exorciser les démons de l'oncle Alem et d'apaiser les tourments de son âme.

Après ces crises de violence, oncle Alem était en général gagné par les plus affreux, les plus cuisants remords. Il pleurait à chaudes larmes, demandait pardon, battait sa coulpe et noyait ses victimes sous les compliments et les cadeaux. « A croire que cela ne lui arriverait plus jamais ! se désolait encore son fidèle et patient serviteur après la mort de son maître. Mais non ! Il recommençait tout aussitôt ! » Un incident imprévisible venait mettre le feu aux poudres, et l'instant d'après le Dr Jekyll se transformait en Mr Hyde.

Ce qui ne l'empêchait pas d'être l'objet de l'affection et de l'admiration générales. Ma mère lui était entièrement dévouée : à ses yeux, il ne pouvait pas mal agir – il est vrai qu'elle n'avait jamais été personnellement visée par son courroux. Sa famille, ses domestiques et ses amis, tous l'aimaient autant qu'ils le craignaient. Il est pour moi le premier spécimen de cette catégorie d'êtres humains qu'il m'a été donné de retrouver par la suite un peu partout dans le monde : ceux-là ont tout dans la vie pour être heureux et pourtant ils se montrent profondément insatisfaits, comme si l'existence elle-même était pour eux un fardeau à porter.

Oncle Alem fit construire plusieurs maisons qu'il meubla avec raffinement, mélangeant sans faute de goût, antiquités et tapis persans avec des meubles occidentaux fabriqués sur commande par des artisans locaux à partir de ses propres dessins.

« Quel dommage qu'il ne se soit pas marié ! commentaient ses amis. Tout ce luxe ne profite à aucune femme, à aucun enfant. » Et tout un chacun de lui présenter, qui sa fille, qui sa sœur, qui sa cousine. Les jeunes filles en question étaient souvent secrètement amoureuses de lui, à cause de sa belle apparence et de ses manières si distinguées, mais lui trouvait toujours un bon prétexte pour ne pas se marier. Il préférait entretenir une maîtresse, une divorcée qu'il voyait de temps à autre, au grand dam de ma grand-mère.

Puis, un beau jour, oncle Alem se maria. Son choix étonna, car l'heureuse élue était loin d'être aussi belle que bien d'autres candidates, sans compter qu'elle était « libérée », « moderne ». Elle avait été l'une des premières diplômées de la toute nouvelle école de sages-femmes, et assistait, à la maternité de la faculté de Médecine, l'un des obstétriciens les plus courus du Tout-Téhéran.

« Il n'est pas question que ma femme travaille », avait décrété oncle Alem en lui demandant sa main, et elle avait accepté de renoncer à sa carrière. Elle mit au monde trois fils coup sur coup, et paraissait se contenter de ce rôle d'épouse et de mère. Avec son côté réservé, prosaïque et mesuré, elle se révéla la meilleure des épouses pour cet homme emporté. Elle versait le baume de sa placidité et de sa douceur sur son cœur toujours embrasé. Grâce à elle, peu à peu, ses démons cessèrent presque de le tourmenter, et il mit de l'ordre dans ses affaires. Il aimait ses fils et, à les voir grandir, il goûta paix et bonheur.

En qualité de chef de famille du côté de ma mère, oncle Alem joua un rôle important dans nos vies. Mon père étant de nature réservé et peu sociable, il laissa toutes les décisions pratiques entre les mains de ma mère, laquelle à son tour consultait souvent son frère. Mais oncle Alem eut une mort prématurée, foudroyé par une crise cardiaque. Lorsque l'on diagnostiqua sa « maladie de cœur » – une angine de poitrine –, ses médecins lui conseillèrent de suivre un régime sévère et de mener une vie tranquille, d'arrêter de fumer et surtout de ne jamais, ô grand jamais, se mettre en colère ou dans un de ces états de rage dont il était coutumier. Faisant fi de tous ces sages conseils, il continua de fumer et de faire bonne chère, se comportant comme si de rien n'était. Sauf qu'il ne se mettait plus jamais en colère, si bien que tout le monde se félicitait de constater que ses démons l'avaient définitivement abandonné. Puis, un soir, alors qu'installé devant le poste de télévision il regardait un magazine d'informations, il s'écria soudain : « Des mensonges ! Encore des mensonges ! Rien que des mensonges ! Bande de démagogues ! Espèces d'hypocrites ! Ils mentent comme des arracheurs de dents rien que pour se mettre les électeurs dans la poche ! Pourquoi donc se donnent-ils seulement cette peine, puisque les élections sont truquées et que les listes électorales sortent tout droit des bureaux des ambassades étrangères ? Les scélérats ! Je… »

C'était fini, il était mort. Sa femme essaya désespérément de le réanimer mais, massage cardiaque ou bouche-à-bouche, rien n'y fit, il avait quitté ce monde. Comme il venait de gagner un procès important et n'avait pas eu le temps de dilapider ni de perdre au jeu l'argent qu'il avait gagné, sa femme effectua des investissements avisés afin de pourvoir à l'éducation de ses trois fils. Elle les envoya en Occident, d'abord en pension puis plus tard à l'université. De son côté, elle se remit au travail. Grand-mère et tante Batoul, la sœur de ma mère, qui se faisaient vieilles, vinrent habiter sous notre toit avec mes parents désormais sans enfants, car à cette date nous étions déjà tous partis.

Ma grand-mère ne se remit jamais de la mort de l'oncle Alem.

Elle se laissa gagner par la sénilité. Enfermée dans son chagrin, elle passa désormais ses journées assise sur son tapis de prière, dans un coin du salon de ma mère, occupée à marmonner des prières ou simplement perdue dans ses pensées.

– Que Dieu veuille me pardonner mes péchés et m'emporter avec Lui ! soupirait-elle, impatiente d'en finir.

– Elle pose ses conditions ! plaisantait mon père, davantage à notre adresse qu'à celle de la vieille dame : elle ne les entendait plus, ces taquineries de gendre qui jadis la faisaient pouffer de rire.

Sa vue se détériora tant et si bien qu'à la fin elle était pratiquement aveugle, ce qui lui donnait une expression encore plus lointaine, un regard encore plus absent. Elle avait cependant d'épisodiques instants de lucidité : un jour que j'étais rentrée à la maison pour une courte visite, elle me reconnut brusquement et se mit à me poser une foule de questions sur l'Europe. Je lui racontai qu'à Paris j'habitais un studio et vivais entourée d'amis, plutôt heureuse.

– Où dort donc ta servante si tu n'as qu'une seule pièce ? questionna-t-elle.

– Mais je n'ai pas de servante, grand-mère. Les gens n'en ont plus en Occident, à moins qu'ils ne soient très riches, expliquai-je.

L'espace d'un instant, elle eut l'air perplexe, inquiète, puis, tout d'un coup, son visage se ferma de nouveau : tout cela, semblait-elle dire, était trop compliqué pour elle. Par une nuit d'hiver, la mort vint à elle dans son sommeil, comme une délivrance. Assis au bout de son lit, le visage inondé de larmes, mon oncle Hassan, son plus jeune fils, récita le Coran du premier au dernier verset, afin qu'elle ne manquât de rien pendant son passage d'ici-bas dans l'au-delà. Quand il eut terminé, l'aube pointait. On emporta son corps et, une semaine plus tard, après les longues cérémonies et rituels des funérailles, sa présence s'évanouit et elle prit place dans la ronde de nos souvenirs.

Les sœurs cadettes de ma mère, tante Batoul et tante Zarry – respectivement « Orgueil du Siècle » et « Orgueil des Rois » – avaient été mariées très jeunes, et très mal mariées de surcroît. La plus jeune, Zarry, vive, optimiste, d'une nature foncièrement gaie et enjouée, avait fait contre mauvaise fortune bon cœur et s'était arrangée pour s'organiser une vie de famille agréable, alors que Batoul, pourtant la plus belle et la plus douée des enfants de Hadji Ali-Baba, avait été impitoyablement poursuivie par la malchance. Sa mère et son entourage lui avaient imposé un mari pour lequel, dès qu'elle avait posé les yeux sur lui le soir de leurs noces, elle avait éprouvé une insurmontable répulsion. Tout en lui la dégoûtait. Sa laideur, son air efféminé et malingre, le fait qu'il était sous l'emprise d'une mère terrible et de deux sœurs, deux vieilles filles que l'on surnommait « les deux vieilles crapaudes ». Le soir des noces, il avait bien osé un baiser maladroit, mais le contact de ses lèvres avait provoqué chez elle un haut-le-cœur si violent, qu'elle avait bel et bien vomi dans le pot de chambre en argent posé au chevet du lit. Il n'en avait pas moins réussi, je ne sais comment, à lui faire un enfant. Après quoi, elle refusa net qu'il l'approchât. Ils dormaient dans le même lit « comme frères et sœurs ». Jamais il ne tenta quoi que ce soit, se berçant du vain espoir de la trouver un jour ou l'autre soumise à son désir, et à son destin. Mais ce jour ne devait jamais arriver : la résistance passive de ma tante n'avait rien de prémédité, elle était seulement dictée par son instinct.

« Ma parole, elle est vierge ! » s'était exclamée la sage-femme neuf mois plus tard, quand on l'appela pour mettre au monde une petite fille. Apparemment, le cas n'était pas rare – une vierge tombait facilement enceinte même sans pénétration complète. « Quel choc ! Alors que tout le monde pensait les nouveaux mariés heureux ! »

Quelques semaines après la naissance de l'enfant, Hadji Ali-Baba mourut et tante Batoul rentra chez elle pour les funérailles de son père. Elle ne retourna jamais chez son mari. Elle demanda le divorce, initiative en principe interdite aux femmes, courant le risque que son mari le lui refusât jusqu'à son dernier souffle. Mais l'oncle Alem persuada l'époux de lui rendre sa liberté. Ce dernier ne devait jamais se remarier.

Tante Batoul elle-même me raconta la suite de l'histoire en ces termes :

« Un jour, quelques mois plus tard, on frappa à la porte – c'étaient les deux vieilles crapaudes. Elles étaient venues chercher ma fille pour une visite d'un jour ou deux à son père. Je ne leur ai même pas donné de vêtements, tant j'étais sûre qu'on allait me la rapporter le lendemain. Trois jours s'écoulèrent sans signe du bébé. J'envoyai Nounou avec la voiture pour le ramener. Les deux vieilles crapaudes et leur mère refusèrent de me le rendre, prétendant que, légalement, l'enfant appartenait à son père et que rien ne pouvait les obliger à s'en séparer. Je me mis en colère, pleurai, suppliai, offris de l'argent, mais il n'y eut rien à faire. Elles avaient des cœurs de pierre, et rien n'eût pu les faire céder. Je songeai à porter l'affaire devant les tribunaux, mais cela n'eût servi qu'à m'engager dans un procès sans fin, au bout duquel, de toute façon, elles eussent obtenu gain de cause – la loi était de leur côté. »

Des générations de Persanes ont ainsi supporté des vies détestables, dans les chaînes d'un mariage malheureux, pour ne pas perdre leurs enfants.

« Une fois que les enfants sont là, il ne vous reste plus qu'à souffrir en silence », nous répétait ma mère, à ma sœur et à moi. La modernisation de la société et l'émancipation de la femme n'y changèrent rien : le mariage et le divorce restèrent des années encore régis par des lois favorables aux hommes, par crainte des mollahs, capables de provoquer un soulèvement populaire. C'est seulement en 1966 qu'une « loi de protection de la famille », promulguée par le shah, permit aux femmes, dans certaines circonstances, d'obtenir le divorce sans automatiquement perdre la garde de leurs enfants. Comme il fallait s'y attendre, de toutes les réformes introduites par le shah, c'est celle-ci qui souleva le plus de controverses, car elle remettait directement en cause l'oligarchie patriarcale. Mais le shah se trouvait alors à son apogée, il pouvait se permettre de braver l'opposition.

« Ce sont des rivières de larmes que les femmes ont versées au fil de ces siècles de tyrannie et de mauvais traitements que leur ont fait subir les hommes ! Le moment n'est-il pas venu de rendre leur sort plus juste ? » C'est ainsi que le shah s'était adressé au peuple lors d'une allocution télévisée. Qui eût pu nier cette évidence ? Personne, à l'époque, n'osait faire entendre une voix contraire. Mais qui eût pu prédire alors, que douze années plus tard seulement, ces femmes pour qui il avait soutenu le feu des critiques les plus virulentes, descendraient dans la rue et réclameraient son abdication ! Elles s'en sont ensuite mordu les doigts, mais « ce qui est fait est fait ».

Tante Batoul avait dix-huit ans au moment de son divorce ; je n'étais pas encore née. Des années plus tard, elle reçut une invitation au mariage de sa fille. Après mûre réflexion, elle décida d'y aller et de la couvrir de cadeaux. La fille et la mère se revirent ensuite régulièrement, comme deux amies très proches. Mais le chagrin de la séparation initiale avait marqué d'une manière indélébile l'âme de tante Batoul, et cette blessure se reflétait dans ses grands beaux yeux, ses attitudes languides et son air mélancolique.

Tante Batoul était trop jolie et intelligente pour rester célibataire bien longtemps, mais c'est pourtant bien ce qui arriva : jamais elle ne se remaria. « Le fil de sa vie a été noué par des sorcières », se lamentait ma grand-mère quand elle ne se faisait pas plus précisément accusatrice : « Ces deux vieilles crapaudes lui ont jeté un sort ». Il n'y avait aucun doute là-dessus, elle tenait cette information de Mirza Saleem, la plus sûre et la plus habile des diseuses de bonne aventure de Téhéran. Une sombre histoire de nuits sans lune dans les cimetières, de sang menstruel brûlé dans des crânes, de cadavre de singe enterré dans une tombe vide et autres machinations compliquées, dont je ne me rappelle plus le détail. Grand-mère maudissait les deux vieilles crapaudes à longueur de journée, et appelait sur leurs têtes le feu du Ciel mais, étant donné que leur sort n'était guère meilleur que celui de tante Batoul, il n'était pas facile d'évaluer l'efficacité de ses imprécations.

Plus d'une fois, on crut que « le nœud » au fil de la vie de tante Batoul était sur le point de se défaire de lui-même, qu'elle allait enfin être délivrée de ses sortilèges. Mais, à la dernière minute, il se passait toujours quelque chose qui prolongeait indéfiniment le déplorable *statu quo* : le prétendant se défilait, ou bien c'était elle qui décidait qu'il ne lui plaisait pas, quand un événement fortuit ne venait pas tout simplement empêcher le mariage. Un jour, elle tomba amoureuse d'un bel officier, avec lequel son frère, oncle Alem, s'était lié d'amitié et qui fréquentait la maison. Tout paraissait arrangé, ils allaient se marier et vivre heureux jusqu'à la fin de leurs jours, quand, comme de bien entendu, l'oncle Alem eut une altercation avec le fringant militaire, lequel retira sa proposition. Il voulait certes épouser la jeune femme, fit-il savoir, « mais ne pouvait supporter son cinglé de frère ». Une autre fois, ce fut un aristocrate d'âge mûr, veuf depuis peu, qui, l'ayant aperçue à un mariage, tomba amoureux fou d'elle et lui demanda immédiatement sa main. « Je ne lui trouve aucun défaut. Il est parfait ! déclara oncle Alem, ajoutant : J'ai accepté sa proposition. »

On organisa le mariage en un temps record ; tout le monde était follement excité. Grand-mère ne se tenait plus de joie, tante Batoul rayonnait d'un bonheur sans nuages. Mais deux jours avant le mariage, son fiancé tomba raide mort, foudroyé par une crise cardiaque.

« Tu vois, on n'échappe pas à son destin », fit remarquer tante Ashraf, qui, pour sa part, s'était résignée à son triste sort en toute sérénité, conformément à l'esprit musulman, qui veut que l'on se soumette à la volonté de Dieu. Elle citait le poète :

Lorsque le malheur frappe, le bien se change en mal ;
Un seul désastre en engendre dix autres, puis cent autres encore ;
Le feu ne réchauffe plus, le soleil n'éclaire plus ;
La philosophie se trompe et la logique devient mensonge.

A la mort de son fiancé, tante Batoul abandonna tout espoir ; elle n'en continua pas moins à faire attention à elle, passant des heures devant la glace à se farder, à peigner son abondante chevelure noire et bouclée, à se parer de bijoux. Elle s'achetait des vêtements somptueux et des accessoires venus d'Europe, s'épilait les sourcils et jouait avec de longs fume-cigarettes à la façon des stars de cinéma ; tout cela au seul bénéfice du miroir et de ses rêveries diurnes…

Une fois l'oncle Alem mort et ses trois fils partis pour l'Europe, ma grand-mère et tante Batoul s'installèrent chez nous. Dès lors, notre maison redevint le centre de la famille, le lieu où nous convergions tous des quatre coins du globe dès que nous le pouvions : nulle part ailleurs ne se goûtaient cuisine plus exquise, ambiance plus chaleureuse et animée, amour aussi débordant de tendre sollicitude.

Tante Batoul mourut deux ans après les événements de 1979 : brusquement son cœur généreux refusa de battre – vaincu par l'usure !

Lorsque j'étais adolescente, ma tante, avec sa beauté mélancolique, sa longue et gracieuse silhouette, sa dignité dans la résignation, incarnait à mes yeux l'archétype de la Persane de sa génération et de son milieu social. Je voyais en elle la multitude des vierges violées, des épouses malheureuses, des mères à qui l'on avait arraché leurs enfants, des vieilles filles mortifiées. Elles étaient victimes de lois iniques, de coutumes d'un autre âge, d'une religion pervertie, ces femmes dont la beauté et les dons sombraient entre le Charybde de l'émancipation et le Scylla des valeurs traditionnelles.

A la mort de son père, le plus jeune frère de ma mère, mon oncle Hassan, avait quatorze ans. Cadet de six enfants, fils chéri de son père qui l'avait trop gâté, il en fut fou de chagrin. Inconsolable, il devint peu à peu taciturne, apathique même, sujet à de brusques sautes d'humeur. Oncle Alem, son frère aîné et donc son tuteur, entreprit de lui inculquer l'obéissance et la discipline à coups de fouet. En vain : les mauvais traitements ne firent qu'enfoncer l'enfant plus profondément dans la paranoïa et la psychose, jusqu'au jour où, peu de temps après l'obtention de son baccalauréat au lycée, il disparut. Ma grand-mère se rongea les sangs. Je la revois encore arpentant la maison en se tordant les mains et en marmonnant des prières, implorant le Ciel de protéger son fils. Elle envoya des messagers aux quatre coins du pays, mais il resta sourd à ses appels. Il finit cependant par envoyer un mot annonçant qu'il séjournait à Qom, dans une madrasa, et qu'il était devenu talabeh. Son frère aîné entra dans une rage folle (à cette époque, il était tout à fait mal vu pour un jeune homme de bonne famille de vouloir devenir mollah), mais que pouvait-il y faire ? A la madrasa, oncle Hassan mena l'existence ascétique d'un séminariste, ne faisant que de brèves apparitions à la maison pour voir sa vieille mère : « Il n'a pas toute sa tête », disait-on de lui. Mais cet excentrique doux et inoffensif témoignait un mépris aristocratique pour le qu'en-dira-t-on. Si Grand-mère se faisait du souci pour lui, elle souffrait en silence, prétendant qu'il n'y avait rien d'anormal dans sa conduite. Nous étions toujours ravis de le voir : il était gentil et courtois, plein de bonne volonté à l'égard de ses semblables et généreux jusqu'à l'excès. Il ne devint jamais mollah ; à mon avis, il n'en avait jamais eu l'ambition. S'il avait élu domicile dans une madrasa, c'était davantage pour fuir la dureté et l'humiliation qui étaient son pain quotidien sous le toit familial que pour poursuivre une quelconque carrière ecclésiastique. En Occident, il serait devenu moine franciscain, car c'est ainsi qu'il vécut, jusqu'à son dernier jour.

En vérité, c'était mon oncle Hossein – plus âgé que Hassan et second fils de Hadji Ali-Baba – le mouton noir de la famille. Tous s'accordaient à dire qu'il n'avait rien pour le racheter, qu'il était foncièrement mauvais, qu'il avait une langue de vipère... Par une sorte de mystère, il n'avait hérité d'aucune des qualités de ses parents – il n'était même pas beau –, ne leur prenant que leurs défauts, auxquels s'ajoutaient quelques vilains traits de caractère surgis de « Dieu sait où ». Un être *sui generis*, en quelque sorte ! Inculte, fanatique, violent et vindicatif, hypocrite, méchant, sans une once de charme ni d'humour. Oui, hélas, vous avez deviné : un fondamentaliste *avant la lettre* *! L'incarnation de ce fanatisme obscurantiste qui, après avoir dormi cinquante ans, tel un virus mortel en incubation, devait brusquement exploser en 1979 et dévaster la Perse. Inutile de dire que l'oncle Hossein fut le seul membre de la famille à se réjouir de l'avènement des mollahs réactionnaires, même si, à cette époque, il était trop vieux et trop malade pour avoir le plaisir de prendre part à la conflagration ; la mort l'emporta peu après.

– Le monde n'est que PÉ-CHÉ ! déclamait oncle Hossein d'une voix de stentor dès le seuil de la maison, où il débarquait en général à l'heure des repas et sans avoir été invité.

Il s'empressait ensuite de critiquer chacun pour son manque de zèle religieux et son observance plus que défectueuse de la loi de Dieu :

– J'ai vu des moutons qu'on menait à l'abattoir. Et que faisaient-ils ? Ils copulaient ! Oui, parfaitement, c'est ce qu'ils faisaient ! Ils se montaient les uns sur les autres alors qu'on les poussait en avant, sans se rendre compte que la mort les attendait à quelques secondes de là ! Je vous le dis, les êtres humains ne valent pas mieux que les moutons – ils pèchent, pèchent encore et toujours, jusqu'à leur dernier souffle, comme s'il n'y avait pas de Jugement dernier, pas de Châtiment !...

– Bravo les moutons ! s'exclamait mon frère Nasser en nous adressant un clin d'œil, tandis que nous étouffions des gloussements de rire.

– Écoutez-le, marmonnait Grand-mère dans sa barbe avant de se replonger dans son chapelet.

– Toi ! s'écriait oncle Hossein en nous montrant du doigt, moi ou ma sœur. Tu n'es plus une enfant, le sais-tu ? A neuf ans, une fille devient adulte et doit répondre de ses PÉ-CHÉS. Couvrez-vous la tête quand vous sortez et ne regardez pas les garçons !

Un ennui mortel. Chaque fois que l'oncle Hossein venait s'époumoner chez nous, nous nous éclipsions en silence, un par un, le laissant seul en tête à tête avec ma grand-mère. Cette dernière, perdue dans son propre monde, faisait comme s'il n'était pas là. Mais rien n'arrêtait l'oncle une fois qu'il avait entamé son sermon. Il lui fallait aller jusqu'au bout, avec ou sans public. On faisait tout pour l'éviter ; même les domestiques disparaissaient mystérieusement. Vous vous demandez peut-être pourquoi, dans ces conditions, notre porte lui était ouverte : c'est qu'en Perse, les liens de parenté traditionnels vous interdisent d'exclure un proche au seul motif qu'il vous déplaît ; il faut s'en accommoder, faire des concessions et l'accepter comme un malheur.

Oncle Hossein avait eu une jeunesse sportive, ayant fréquenté le zurkhaneh où il avait pratiqué la lutte et l'haltérophilie, et développé une belle musculature. D'ailleurs, les rares fois où il était de bonne humeur, il nous racontait des histoires de célèbres lutteurs et de *pahlavan* du passé. Il mangeait comme un ogre, et considérait nos modestes appétits d'un œil où l'incrédulité se mêlait de pitié :

– A force de manger chaque jour un peu moins, tu vas bien réussir à perdre l'habitude de manger, me lança-t-il un jour en plaisantant. C'est la seule et unique fois où il eut le mot pour rire. En général, il s'arrangeait plutôt pour gâcher nos réunions de famille ; il se montrait si querelleur et si grossier qu'éclataient parfois de violentes disputes ; alors il s'en allait en pestant et en jurant haut et fort qu'il ne remettrait plus jamais les pieds chez nous. Hélas, il ne tenait jamais parole, et on ne tardait pas à le voir revenir, pour emprunter de l'argent ou nous servir une de ses habituelles leçons de morale.

Comme par hasard, il était marié à une femme adorable, charmante et dévouée, perpétuellement en train de rattraper ses méchancetés par sa courtoisie et sa gentillesse. Nous l'aimions tous beaucoup et supportions mon oncle d'une part pour ne pas lui faire de peine, d'autre part pour l'amour de leur ravissante petite fille, Ange la bien-nommée.

Pendant mon adolescence, je me mis à dévorer la littérature européenne ; il m'apparut vite que la Perse où je vivais ressemblait fort à la Russie du XIXe siècle, telle que la décrivaient les grands auteurs. Non seulement le mode de vie, mais aussi chez les personnages dont on retrouvait chez nous des versions proches : Aliocha, le prince Mychkine, Macha, Natacha, Nina... jusqu'aux minables bureaucrates de Gogol et aux hobereaux de Tchekhov. Plus tard, parmi les activistes de ma génération, j'ai rencontré des Stavroguine, des Bazarov et bien d'autres. Mais nulle part les similitudes n'étaient plus frappantes que dans la famille de ma mère, alors que du côté de mon père, on se fût cru chez Balzac ou Flaubert.

Nous étions beaucoup plus proches de la famille de ma mère que de celle de mon père – à l'exception de tante Ashraf et de quelques-uns de nos innombrables cousins. Mais, pour l'essentiel, la vie sociale de mes parents se déroulait au milieu d'un cercle d'amis, dont certains étaient plus intimes, et sans doute plus chers, que n'importe quel proche parent. Il faut dire qu'en Perse l'amitié – et son corollaire l'hospitalité – se cultive comme un art ancestral ; on lui réserve une place à part.

KAZEM

Un des proverbes favoris de tante Ashraf était : « Le rossignol met au monde sept poussins ; un seul deviendra rossignol, les autres ne seront jamais que des étourneaux. »

Des huit enfants de Hadji Seyyed Mohammad, Kazem, le troisième fils de son premier mariage, se révéla « l'élu », destiné à devenir un penseur, un chercheur, un sage.

Il était né vers la fin du siècle dernier, à Kazimayn, aujourd'hui ville d'Irak. On lui avait donc donné le nom de l'imam dont cette ville abrite la sépulture, haut lieu de pèlerinage chiite qui attirait les fidèles en foule. Peu après sa naissance, la famille rentra en Perse pour s'installer à Téhéran. Il avait quatre ans à la naissance de sa sœur Ashraf, et près de six à la mort de sa mère et au remariage de son père. Sa belle-mère, Amineh, avait seulement treize ans, elle sortait à peine de l'enfance. La providence intervint cependant sous la forme d'une voisine, une veuve d'âge mûr, sans enfant, qui vint s'occuper de l'andaroun et éleva les enfants avec une tendresse attentive, sans en retirer le moindre avantage matériel, *ad gloriam Dei*.

Perdu au milieu d'une vaste maisonnée dirigée par une jeune et rusée belle-mère, Kazem ne tarda pas à comprendre que la clef de sa survie résidait dans sa discrétion et dans son charme. Calme, obéissant, serviable, se méfiant des intrigues, il avait été surnommé « Kazem le doux », et ne tarda pas à devenir le favori d'Amineh.

De l'avis général, Hadji Seyyed Mohammad traitait ses enfants avec une bienveillante indifférence – qu'ils se débrouillent dans l'andaroun, lui vivait sa vie dans le biroun. Il les maria le plus tôt possible – pour s'en débarrasser –, les garçons entre seize et dix-huit ans, les filles entre douze et treize ans. Cela ne manquait pas de perturber leur épanouissement affectif et intellectuel, voire, pour ce qui est des filles, leur croissance physique. Tante Ashraf, par exemple, avait été mariée à douze ans, à un veuf beaucoup plus âgé qu'elle. A vingt-deux ans, elle était déjà veuve, avec deux fils à élever seule. Plutôt que de retourner chez son père comme le voulait la coutume et de supporter l'autorité d'Amineh, elle s'arrangea pour gagner sa vie en donnant des cours, en faisant la lecture du Coran à des gens, en écrivant des lettres et autres tâches de ce genre. Elle avait gardé une silhouette de petite fille de douze ans : elle était si petite qu'elle se fournissait chez les bottiers pour enfants. A cette époque, les gens se déchaussaient avant d'entrer dans une pièce, afin de ne pas salir le tapis sur lequel ils s'asseyaient. Nous savions immédiatement que tante Ashraf était venue nous rendre visite lorsque à notre retour de l'école nous apercevions ses chaussures devant la porte du salon de ma mère : de minuscules chaussures d'enfant, mais un modèle pour dame. Elle-même ressemblait à une petite fille que l'ont eût grimée comme une vieille femme.

Hadji Seyyed Mohammad, ayant noté la soif de connaissances de son fils, l'envoya au *maktab* du quartier, où il apprit vite à lire, à écrire et à compter. Bientôt Kazem gagna lui-même son argent de poche en donnant des leçons à d'autres enfants, et même à des adultes, en écrivant des lettres et en tenant les comptes des boutiquiers du coin. Son unique source de revenus par ailleurs était le malheureux sou qu'il gagnait chaque jour quand, avant l'aube, il chauffait l'eau du bain avec laquelle son père et sa belle-mère faisaient leurs grandes ablutions. Dans le rituel musulman, les ablutions désignent la toilette des mains et du visage, obligatoire avant chaque prière ; les grandes ablutions consistent en l'immersion complète du corps dans l'eau, et se pratiquent impérativement dans certaines circonstances, notamment après un rapport sexuel. Vu que Hadji Seyyed Mohammad était plutôt porté sur la chose, il lui fallait donc se livrer à ses grandes ablutions tous les jours avant la prière de l'aube. En fait, la vie sexuelle d'un homme ou d'une femme était connue de tout le voisinage, par la fréquence de leurs visites au hammam pour ces grandes ablutions. Sinon, une visite par semaine était jugée suffisante pour rester propre. Une jeune mariée allait tous les jours au hammam jusqu'à la naissance de son premier enfant, puis, peu à peu, ses visites s'espaçaient, jusqu'à cesser, aux alentours de la quarantaine, de constituer le baromètre de la vitalité et de la tendresse de son mari.

« Mme X. fréquente encore son mari, savez-vous ! On l'a vue deux fois au hammam la semaine dernière ! » disait une voisine, suscitant immédiatement la jalousie de toutes les femmes qui n'étaient plus de la première jeunesse.

Hadji Seyyed Mohammad ayant des bains privés, c'est Kazem qui était chargé de chauffer l'eau sur un brasero au milieu de la nuit afin de permettre à l'aga et à sa femme de faire leurs grandes ablutions avant la prière :

« Les domestiques, racontait tante Ashraf, étaient debout du lever du soleil jusque tard dans la nuit, et il ne déplaisait pas à Kazem de gagner quelques sous pour acheter des livres et du papier. Mais la tâche était rude. Il ne dormait jamais une nuit complète. Je veillais d'ordinaire avec lui pour lui raconter des histoires et l'empêcher de s'assoupir. Il m'achetait un paquet de graines de pastèque, et je les écossais pour nous deux. Parfois, il posait sa tête sur mes genoux et s'endormait : il fallait que je le secoue de temps à autre pour qu'il attisât le feu. Ce fut le début de sa longue *riazat*. »

Riazat est le terme que l'on emploie pour signifier l'austérité, les difficultés et les souffrances qui accompagnent l'acquisition de la connaissance et de la sagesse, le lot de « ceux qui sont en quête de vérité ». Tous les mystiques, prophètes et saints ont enduré une vie de riazat avant de conquérir la vision – l'œil intérieur – qui voit plus profondément et plus loin que l'autre :

« Le Prophète, *paix soit à son âme et à celle de son peuple*, n'a-t-il pas vécu dans des grottes sans rien d'autre à manger qu'une poignée de dattes avant de recevoir le message du Dieu ? » interrogeait tante Ashraf en levant de son ouvrage ses yeux ronds, noirs comme du jais, et en fronçant son minuscule nez en quête de notre approbation.

« Alors qu'aujourd'hui on vous envoie dans de belles écoles avec de coquets uniformes, vous apprenez des langues étrangères, bref, on vous apporte tout sur un plateau, et vous vous conduisez comme si c'était vous qui faisiez une faveur à vos parents ! » concluait-elle avec un haussement d'épaules qui en disait long sur son indignation devant la déliquescence du monde moderne.

L'amitié qui naquit entre le frère et la sœur durant ces nuits de veille ne se démentit jamais et resta vivace toute leur vie. Sans démonstration d'affection, elle se manifestait dans des détails infimes : tante Ashraf lui apportait un tabac spécial et lui allumait elle-même le *kalyan*, qu'ils partageaient autour d'une tasse de thé après la sieste. Elle cousait de ses blanches mains les sous-vêtements et les chemises de Père, tandis que lui l'aidait financièrement et veillait discrètement sur elle.

A treize ans, Kazem fut reçu au prestigieux Collège polytechnique, inspiré par l'École du même nom à Paris, et fondé par un adepte des Lumières, un grand vizir du XIXe siècle, le premier de nos hommes politiques à avoir pressenti que la Perse devait rattraper le monde moderne si elle voulait survivre en tant que nation indépendante. A Polytechnique, Kazem étudia les mathématiques, la philosophie et l'astronomie. Son diplôme en poche, il se mit à y enseigner – les mathématiques et la théologie – tout en continuant ses propres études de philosophie. Puis un jour survint la rupture avec son père.

Ce fut un jour où Hadji Seyyed Mohammad, ayant eu vent des succès universitaires de son plus jeune fils, le convoqua dans son bureau du biroun. Après s'être laissé baiser la main par Kazem comme le voulait la tradition, il échangea avec lui quelques plaisanteries et le félicita de sa réussite avant d'en venir au fait :

– Maintenant que tu as un poste de professeur et que tu touches un salaire, il est temps que tu te maries et fondes une famille. Il te faut une femme pour s'occuper de toi et te donner des enfants qui seront ta joie.

Kazem devint blême. Il baissa les yeux. La piété filiale lui interdisait de désobéir à son père, mais la perspective de se retrouver, comme ses deux frères aînés, à la tête d'une famille dont il aurait la charge accablante l'horrifiait au-delà des mots :

– Père, je vous remercie de vous soucier du bonheur de votre humble esclave, mais je préfère pour l'instant rester célibataire et continuer à étudier. Je voudrais voyager et séjourner chez d'autres maîtres, dans d'autres régions de notre pays, et même à l'étranger, ce qu'il me sera impossible de faire si j'ai une famille.

Hadji Seyyed Mohammad fronça les sourcils et fit comme s'il n'avait pas entendu.

– Nous vous avons trouvé la jeune fille idéale, une nièce de votre belle-mère, et nous vous donnerons une grande chambre dans l'andaroun ainsi qu'un bureau ici. Ne vous inquiétez pas pour l'argent, je peux compléter ce que vous gagnez…

– Non merci, père, interrompit Kazem, cette fois avec une certaine fermeté dans la voix. Je ne tiens simplement pas à me marier.

Hadji Seyyed Mohammad n'en croyait pas ses oreilles : Kazem le doux, le plus arrangeant, le plus obéissant de ses enfants, osait lui résister ? Il en eut le souffle coupé. Pour s'accorder un moment de réflexion, il donna congé à son fils d'un geste de la main et d'un froncement de sourcils.

Jamais personne ne consultait une jeune fille sur son désir de se marier, mais un jeune homme devait donner son consentement. Tous le donnaient en général, pour certaine nécessité biologique et parce qu'ils n'avaient pas de plus hautes ambitions. En outre, un homme ne désobéissait pas à son père, surtout si ce dernier avait la stature de Hadji Seyyed Mohammad. L'incident fit l'effet d'une bombe ; il ébranla toute la maisonnée.

Pour Kazem, le moment était venu de quitter la maison paternelle. Il fit un baluchon de quelques effets et, emportant ses livres dans une caisse, il élut domicile dans la madrasa la plus proche. Pour arrondir sa maigre bourse, il donna des cours particuliers, économisant tout ce qu'il pouvait pour ses futurs voyages.

A l'époque, les grandes madrasas islamiques fonctionnaient selon un système assez semblable à celui des collèges médiévaux d'Europe, ou même à celui qui prévaut encore aujourd'hui à Oxford et Cambridge en Angleterre, sous la forme du tutorat. Entre tuteur et étudiant se tissaient des liens d'amitié et de confiance, tant et si bien que les relations de maître à élève étaient souvent plus intimes et plus affectueuses que celles qui unissaient les pères à leurs fils. Un étudiant choisissait un maître et, une fois son cursus achevé, ce dernier lui décernait un diplôme, de façon qu'il pût aller étudier avec un autre maître une autre matière, ou une autre spécialité relevant de la même discipline. D'après ses contemporains, Kazem avait toujours été le favori de ses professeurs, « tant il était brillant, appliqué et courtois. Il était à la fois sérieux et drôle, ne se privait jamais de lancer une plaisanterie ou une remarque caustique par laquelle il détendait l'atmosphère, sans jamais pour autant manquer de rigueur ou de respect ».

Un jour, il s'était confié à l'un de ses maîtres et avait évoqué sa querelle avec son père :

– Mon âme est tourmentée, parce que je sais que j'ai commis un grave péché en désobéissant à mon père ; en même temps, je sais qu'il m'était impossible de faire autrement.

Le maître l'avait consolé en lui racontant l'histoire du prophète Jésus, le Bien-Aimé de Dieu, qui avait demandé à ses disciples de laisser leur mère et leur père pour le suivre :

– Rien ne doit entraver le pèlerinage de l'âme vers son but. Un jour ou l'autre, ton père sera fier de toi, car tu le surpasseras en érudition comme en renom. Et un beau jour tes enfants à leur tour te quitteront pour suivre leur propre chemin, qui ne sera pas celui que tu auras choisi pour eux ; tu en souffriras, et l'ordre des choses sera respecté.

Cette histoire, je l'ai entendue alors que je m'apprêtais à repartir pour l'Europe, au terme d'une visite en Perse. Ma mère pleurait et mon père lui avait raconté cette anecdote pour la consoler. Encore, à cette époque, pouvait-on compter sur le téléphone et l'avion…

Quand survint la révolution constitutionnaliste de 1905-1906, le clergé jusqu'alors tout-puissant se divisa en deux camps : les progressistes, qui estimaient inévitable la modernisation du pays selon le modèle occidental et optèrent pour le changement afin de garder les rênes du pouvoir, et les absolutistes, pour qui modernisation rimait avec occidentalisation, rupture du tissu social islamique et mise en marche d'un processus qui aboutirait un jour ou l'autre à les dessaisir du pouvoir. A la tête du parti progressiste ou constitutionnaliste, se trouvaient deux grands ayatollahs, respectivement Behbahani et Ashtiani, cependant que les intégristes s'étaient ralliés à l'ayatollah Kia-Nouri. Ils étaient, les uns et les autres, les pères de ceux qui allaient former l'élite dirigeante des décennies à venir – une génération qui ne compterait plus aucun mollah, formée le plus souvent en Occident. Jusqu'au futur chef du parti communiste Tudeh en personne, qui était le petit-fils de l'ayatollah Kia-Nouri. Et comme, dans la haute société ecclésiastique, les liens de parenté étaient fréquents, la querelle déchira les familles. Les fils se dressèrent contre les pères, les frères contre les frères, tandis que les femmes se trouvaient prises dans le filet des inimitiés. Mon grand-père paternel, Hadji Seyyed Mohammad, était progressiste et constitutionnaliste, ami et collègue de l'ayatollah Behbahani, alors que mon grand-père maternel, Hadji Ali-Baba, s'était rangé dans les rangs des absolutistes et soutenait l'ayatollah Kia-Nouri, dont les trois filles aînées étaient les meilleures amies de ma mère et le restèrent jusqu'à la fin de sa vie.

Un jour que Hadji Seyyed Mohammad rentrait chez lui à pied de la mosquée, accompagné de quelques disciples, un homme lui barra brusquement le chemin et le poignarda. Il fut blessé à la poitrine et à l'épaule avant qu'on réussît à maîtriser le terroriste – un intégriste fanatique. Une foule se rassembla autour de la victime, qui fut ramenée chez elle sur une civière de fortune aux cris de «*Allah Akbar* (Dieu est grand), le maître est un martyre.», etc. Il eut heureusement la vie sauve grâce à la science du Dr Amran, mais resta cloué au lit pendant que dehors la révolution, qui devait finalement voir le triomphe de la faction progressiste et constitutionnaliste, battait son plein. Le temps passa, il guérit de ses blessures, ses ennemis devinrent ses amis et Riza Shah se dressa, tel Napoléon après la Révolution française, pour unir le pays et bâtir l'Iran moderne.

Comme les Anglais avaient soutenu les constitutionnalistes et les Russes leurs adversaires, la Perse appartenait désormais à la zone d'influence britannique, dans la lutte entre les deux grandes puissances; après la Seconde Guerre mondiale, les Américains viendraient supplanter les Anglais.

Entre-temps, Kazem avait fait ses maigres baluchons et était parti avec une caravane pour Tabriz, où il devait suivre l'enseignement d'un maître fameux, qui était aussi le chef des constitutionnalistes de la région. Il s'installa dans la madrasa, puis alla présenter ses lettres d'introduction à son nouveau maître. Entre eux ne tardèrent pas à se nouer des liens d'amitié et de confiance ; Kazem était invité à partager la table du maître, où il rencontrait les notables de la ville et participait aux débats intellectuels et politiques.

Un jour, son maître le convia à déjeuner en tête à tête. Après le repas, il lui confia qu'il avait entendu dire que les Russes prévoyaient d'envahir l'Azerbaïdjan pour soutenir la faction intégriste :

– S'ils font cela, ils m'arrêteront et me tueront sans doute, auquel cas je crains que tu ne sois pris dans la bagarre et que cela tourne mal pour toi. Je pense qu'il est temps que tu partes pour l'Europe, comme tu avais l'intention de le faire. Je t'obtiendrai un passeport et te donnerai de l'argent ; tu n'auras qu'à prendre la caravane qui part pour Tbilissi dans quelques jours. De là tu prendras un train pour la France. Tu rentreras quand les choses se seront calmées.

Kazem remercia son maître, lui assurant qu'il préférait rester auprès de lui et partager son sort, pour le meilleur et pour le pire. Mais le maître ne voulut pas en entendre parler :

– Ta destinée n'est pas la mienne, et tu as le devoir de la suivre. Mais, avant que tu partes, je voudrais te montrer quelque chose.

Il ouvrit la porte d'un placard rempli de livres et de manuscrits, et en sortit une boîte. Elle contenait, enveloppée dans une pièce de velours, une flûte magnifique dont il se mit à jouer. Il y avait une telle musicalité dans la façon dont il interprétait cet air mélancolique, tant de charme et de sensibilité dans le timbre de son instrument que Kazem en eut les larmes aux yeux :

– Tu es stupéfait de me voir jouer de cet instrument ? Jamais je n'ose jouer que dans la plus stricte intimité. Je suis un mujtahed, et l'on m'accuserait de laxisme, voire d'hérésie. Pourtant il faut toujours cultiver les talents dont nous a gratifiés le Seigneur dans sa munificence. Quand tu deviendras un mujtahed, toi aussi tu te heurteras à l'ignorance et à la bigoterie, et il faudra t'appliquer avec beaucoup de prudence à ne pas éveiller l'animosité, tout en accomplissant la volonté de Dieu. Si tu souhaites rester un esprit libre, un derviche (un soufi), mieux vaut que tu évites de devenir mollah. Si tu dois gagner ta vie, alors enseigne. C'est plus honorable. Un mollah vit de la charité du peuple, souvent ignorant et fanatique. Je suis content que ma vie arrive à son terme, mais je voulais te prévenir : des pièges te seront tendus, je te fais confiance pour savoir les éviter. A présent, va, et que Dieu te garde.

Le maître murmura à l'oreille de son disciple des prières de protection, lui fit franchir le seuil de son bureau sous un coran qu'il tint au-dessus de sa tête, et Kazem partit le cœur lourd vers l'inconnu.

Un jour ou deux plus tard, son maître lui fit envoyer par un messager un passeport et une bourse. Kazem quitta la ville avec la caravane de Tbilissi. Peu après, les Russes entraient dans Tabriz, arrêtaient le maître et le pendaient sur la grand-place.

VOYAGES

> Il voyagea. Il connut la mélancolie des paquebots, les froids réveils sous la tente, l'étourdissement des paysages et des ruines, l'amertume des sympathies interrompues. Il revint.
>
> FLAUBERT, *L'Éducation sentimentale*

Dans l'histoire de Kazem, il y a une page blanche, sur laquelle nul témoin n'a posé son regard. Il ne parlait pas volontiers du passé, à moins d'être pressé par nous, ses enfants, ou bien quand il citait une anecdote pour illustrer la conversation ou appuyer une plaisanterie. Nous savions seulement qu'en 1906, il avait traversé la Russie en train jusqu'à Vienne, où il avait séjourné quelques jours avant de prendre le chemin de Paris :

– Vous n'en avez que pour Paris, nous dirait-il bien des années plus tard. Je ne vois vraiment pas pourquoi. Alors que Vienne… voilà qui était une ville superbe !

– Mais il y a de cela cinquante ans, père, lui rappelait-on.

Si l'évocation de Vienne lui était si douce, c'était peut-être à cause d'une jeune élégante rencontrée à bord du train. Ils avaient sympathisé, et sans doute lui avait-elle ensuite fait les honneurs de sa ville, l'emmenant dans ces célèbres cafés fréquentés par les artistes et les intellectuels. De quelle effervescence devait palpiter Vienne alors, qui abritait en son sein tant de génies voués à marquer le XXe siècle de leur empreinte ! Le jeune voyageur solitaire n'était certainement pas resté insensible à cette atmosphère qui enveloppait la ville. Toujours est-il qu'il gardait de Vienne un souvenir merveilleux qui, malgré les années, conservait toute sa fraîcheur.

A Paris, Kazem fit de rapides progrès en français et entreprit des études de philosophie à la Sorbonne. Il se lia d'une amitié houleuse avec Georges Clemenceau, dont il suivait régulièrement les conférences au Collège de France. Mais, contrairement à ses maîtres persans, le grand homme était trop occupé pour le recevoir dans le privé et le prendre sous son aile. Le gros problème en fait était l'argent, comme toujours. Sa famille ne lui envoyait rien, et ce qu'il réussissait à gagner grâce à des leçons particulières suffisait à peine à assurer sa subsistance.

Pendant ce temps, en Perse, la révolution s'était terminée par la victoire des constitutionnalistes. Un parlement – *Majlis* – avait été mis sur pied, et tout rentrait progressivement dans l'ordre. Kazem pensa qu'il pouvait maintenant rentrer pour régler la question de ses finances, peut-être en obtenant une bourse, avant de retourner à Paris pour de bon. Dès son arrivée, il alla droit chez son père, lui baisa la main et lui demanda pardon pour sa désobéissance passée. Il fut reçu comme le fils prodigue : son père n'avait pas été insensible à sa réputation et aux louanges de ses maîtres qui étaient parvenues à ses oreilles. Le rossignol de sa nichée d'étourneaux s'était envolé, il avait chanté dans d'autres clairières, mais des bribes de ses mélodies étaient de temps à autre parvenues jusqu'à la maison paternelle.

Hadji Seyyed Mohammad découvrit combien il était plaisant de discuter librement avec son fils cadet, chose qu'il ne s'était jamais permise avec les autres. Dans sa hâte de se débarrasser d'eux le plus vite possible, il n'avait réussi qu'à étouffer leurs talents naturels. Par bonheur, l'un d'entre eux s'était faufilé à travers les mailles du filet, comme cela arrive parfois : l'Histoire ne démontre-t-elle pas combien la civilisation et le progrès doivent aux « brebis galeuses » ? La liberté se nourrit d'hérésie.

A la veille de repartir pour Paris, Kazem fit un rêve qui bouleversa le cours de sa vie : il rêva que l'imam Ali lui rendait visite et lui disait : « Pourquoi aller à Paris ? Pourquoi ne pas venir à moi et devenir mon disciple ? » Grand homme d'État doublé d'un grand philosophe et d'un grand guerrier, Ali, le saint patron des soufis, occupe une place à part dans le cœur des musulmans, toutes sectes confondues. La madrasa attachée à son mausolée, à Najaf, en Irak, est depuis toujours un prestigieux centre d'études pour la théologie traditionnelle. A cette époque, les érudits les plus réputés y prodiguaient leur enseignement. Kazem se joignit à la première caravane de pèlerins qui partaient pour les villes saintes d'Irak.

Songes et présages occupaient alors une place importante dans la vie des gens, et ma famille ne faisait guère exception à la règle. On s'inspirait de ces prophéties pour se tracer une ligne de conduite ou prendre une décision. Elles apportaient une bouffée d'air frais et d'espoir à ceux qui étouffaient dans le carcan de la bigoterie, et exaltaient le libre arbitre face au déterminisme et à la prédestination ; elles participaient de ces moyens variés que trouvaient les Persans pour supporter une religion fondamentalement étrangère et hostile à leur tempérament.

Plus tard, les gens viendraient consulter mon père sur l'interprétation de leurs rêves. La tradition classe les songes en deux catégories : les vrais et les faux. Les faux rêves sont la conséquence d'une indigestion, des restes d'événements de la journée, tandis que les vrais rêves nous sont des guides dans le labyrinthe de la psyché ; ils sont chargés de sens, doivent inspirer nos conduites. Cette distinction rejoint les théories des rêves, anciennes ou modernes, notamment la plus récente, avancée par certains béhavioristes, et selon laquelle nos rêves ne sont que les déchets rejetés par notre cerveau pendant le sommeil et n'ont pas la moindre signification. Seul un alem – un érudit – possédait la faculté de distinguer entre les vrais rêves et les faux, et de voir ce qui se cachait derrière les barrières de la superstition.

Pendant une dizaine d'années, Kazem voua sa vie à la recherche, dans la madrasa du mausolée de Najaf, où il obtint les plus hautes distinctions. Certes il gagna vite le titre de mujtahed mais, s'il choisit de rester, ce fut parce que cette existence monacale lui permettait de se consacrer pleinement à l'étude de la philosophie. Il devait d'ailleurs être tenu en Perse pour le dernier des grands philosophes de la tradition, dans la lignée qui depuis les Grecs passe par Avicenne et les néoplatoniciens islamiques pour aboutir à leurs héritiers du XIXe siècle.

Dans la madrasa, Kazem menait une existence de riazat : confiné dans une minuscule cellule, il avait en tout et pour tout un matelas et un oreiller, quelques ustensiles de cuisine rudimentaires et ses livres. Il avait de quoi se payer une malheureuse bougie par mois, qu'il allumait à la tombée du jour au moment de consommer son frugal repas. Il dormait tant qu'il faisait noir et s'éveillait à l'aube quand le muezzin lançait son appel à la prière. Il lisait, écrivait, priait ; il enseignait, et sa réputation grandissait ; il était comblé. Ce n'est que des années plus tard, en visitant des monastères en France, que j'ai pris la mesure de ce qu'eût été son bonheur d'être moine, s'il lui avait été donné d'être né en terre chrétienne. Mais les choses étant ce qu'elles étaient, il devint derviche.

Certaines histoires de sa période de riazat nous sont parvenues grâce à tante Ashraf, ou parfois il y faisait de lui-même quelques rares allusions. Un jour que nous étions attablés devant un festin tout à la fois fête pour les yeux et pour les papilles des convives, il déclara :

– Lorsque l'appétit de la jeunesse me tenaillait, il n'y avait rien à manger. A présent que la faim m'a abandonné, la table regorge de mets !

Pourquoi était-il rentré en Perse ? Je ne l'ai jamais su :

– Peut-être pour te mettre au monde, toi ! me lança-t-il un jour en riant alors que j'insistais auprès de lui pour qu'il m'expliquât.

A son retour, la Perse avait bien changé. Les Qadjars déchus, on assistait à la fondation d'une nouvelle dynastie : celle des Pahlavi. Riza Shah, sorti des rangs de l'armée pour devenir d'abord chef d'état-major, puis premier ministre et enfin shah, tenait à présent les rênes du pouvoir. Il avait émergé du chaos postrévolutionnaire, pacifié les tribus insurgées, garanti l'intégrité territoriale, soutiré des concessions aux Anglais et aux Russes, et s'était mis à diriger le pays d'une main de fer. Il voulait débarrasser la Perse du lourd manteau d'immobilisme qui l'étouffait depuis des siècles en édifiant en un temps record une nouvelle société sur le modèle occidental, et en ouvrant à une population illettrée pour sa plus grande part les portes de l'instruction. Il décréta que les Persans ne devaient pas se référer au passé récent, mais à l'époque glorieuse de l'empire perse d'avant l'Islam – le *Shahnameh* de Firdoussi était désormais leur source d'inspiration. Le premier obstacle à écarter était le pouvoir du clergé : qu'ils se soumettent à César et se concentrent sur leurs devoirs religieux. L'habit traditionnel devenant un symbole de réaction, on en vint, à l'exception de quelques réfractaires purs et durs du clergé, à le délaisser. Le voile allait bientôt être aboli, les femmes émancipées, et un grand train de réformes sortir le pays du Moyen

Age pour le faire entrer dans le XXe siècle. Le shah décida que la Perse serait rebaptisée « Iran » – le pays des Iraniens, nom que lui avait d'ailleurs toujours donné ses habitants. La Perse était le nom donné à l'Iran par les Grecs de l'Antiquité et plus tard les autres Européens [1].

Vu ses qualifications, Kazem aurait pu faire une carrière de météore dans la hiérarchie ecclésiastique, et parvenir rapidement au sommet, pour devenir grand ayatollah, d'autant qu'il était un des rares mujtahed à avoir la confiance de Riza Shah, n'étant pas seulement théologien, mais aussi philosophe et *aref* : « C'est un savant doublé d'un sage, il n'est pas comme les autres mollahs, cette bande de charlatans et de parasites », disait de lui, paraît-il, le shah.

Mais Kazem ne s'intéressait pas au pouvoir, pas plus qu'il n'était prêt à accepter les compromis inévitablement attachés à celui-ci. Tout ce qu'il voulait, c'était mener la vie contemplative des soufis et des philosophes. Par bonheur, la fondation de l'université de Téhéran ne se fit pas attendre – la première université à l'occidentale du pays, calquée sur le modèle de la Sorbonne. Elle devint aussitôt le centre d'attraction de toute l'élite de la Perse, y compris de ceux qui étaient déjà diplômés d'une université occidentale. Kazem se vit proposer la chaire de philosophie.

Plus tard, mon père devait être l'un des membres fondateurs d'une autre création de Riza Shah : l'Académie royale, inspirée par l'Académie française. Les académiciens furent chargés, entre autres, de trouver de nouveaux mots pour traduire les concepts, expressions scientifiques et termes technologiques qui venaient enrichir le langage. Pour cela, ils s'inspirèrent essentiellement des

1. Au fil de ce récit, j'ai préféré parler de la Perse plutôt que de l'Iran, à cause d'un certain nombre de connotations linguistiques et culturelles. Nous parlons couramment de la langue persane, de la poésie persane, des tapis persans, des miniatures persanes, de la cuisine persane. Hélas, dans les circonstances actuelles, les images évoquées par l'Iran et les Iraniens sont uniquement négatives. La Perse qui vit encore dans mes souvenirs n'est plus ; il n'empêche qu'elle est plus proche du « Pays du rossignol et de la rose » que de celui du Hezbollah de Téhéran ou de Beyrouth. *(NdA)*

auteurs et des poètes classiques, sauf dans certains cas où, ne trouvant pas le mot juste, ils forgèrent de toutes pièces des mots nouveaux. Ils débarrassèrent en outre la langue persane de tous les termes étrangers inutiles et de toutes les formules arabes introduites par les mollahs dans le seul but d'impressionner et de mystifier leurs ouailles. De nombreuses expressions d'usage courant en persan furent ainsi trouvées par mon père – *im Saadi, Hafiz, Nezami*...

Des dizaines d'années plus tard, lorsqu'il prit sa retraite, sa chaire revint à un éminent philosophe, le Dr Hossein Nasr, auteur de nombreux ouvrages sur la philosophie traditionnelle islamique. On mesure aisément le chemin parcouru en une seule génération, quand on songe que lui n'était pas sorti d'une madrasa mais de Harvard, et qu'il n'écrivait pas ses livres en arabe ou en persan, comme l'avaient fait tous les philosophes depuis des siècles, mais en anglais !

LE MARIAGE

Hadji Seyyed Mohammad et Hadji Ali-Baba : on eût difficilement pu trouver deux hommes plus différents, l'un plein d'intelligence et d'habileté, l'autre pétri de cette simplicité de cœur et d'esprit qui est l'apanage des gens du Nord – la ruse et la sophistication du bazar, opposées à la candeur et à la noblesse naturelle de la terre. Ali-Baba portait le turban blanc des *scheikh* tandis que Mohammad arborait le turban noir des seyyed – les descendants du Prophète.

La fille aînée de Hadji Ali-Baba, Azra, avait dix-sept ans lorsque Kazem rentra en Perse. Elle ne ressemblait à personne : des cheveux blonds, des yeux gris-vert, des pommettes saillantes et un teint très clair, « exactement comme une *farangi* ». En réalité, elle avait plutôt l'air russe, une impression que venaient conforter un tempérament de feu et une émotivité extrême. Ses prétendants étaient légion, mais son père les avait tous repoussés les uns après les autres, car ils n'étaient pas « assez bien pour elle » !

Dès leur première rencontre, il se passa une chose extraordinaire entre les deux hommes : Ali-Baba tomba sous le charme de Kazem. Il n'en finissait pas d'admirer son érudition et d'être tout simplement enchanté par lui.

– J'ai trouvé un mari pour Azra, déclara-t-il en rentrant chez lui le soir même.

L'ennui, c'est que Kazem n'avait aucune intention de se marier. Au contraire, il envisageait de garder le célibat afin de mener une vie d'ascète, de philosophe et de soufi.

– Votre généreux intérêt pour moi m'honore, remercia-t-il lorsque son futur beau-père lui offrit la main de sa fille, mais je ne suis guère en position de me marier, n'ayant ni situation ni fortune.

– Qu'à cela ne tienne ! répliqua le scheikh. Je vous procurerai les deux !

Il n'était pas homme à souffrir la contradiction, et puis son offre était tentante et tombait à point nommé : elle eut raison des dernières réticences de Kazem.

– Ah ! Ce fut le plus beau, ce fut le plus merveilleux mariage de l'année ! se remémorait tante Ashraf.

Enfant, je ne me lassais pas d'entendre le récit des noces de mes parents : combien de fois ai-je prié ma tante de me les raconter !

– Il fallut des mois de préparatifs, avec au bout du compte un trousseau fantastique – des tapis de Kerman et de Kashan de la facture la plus fine, des coffres de maroquin avec des ferrures en or pour ses vêtements et son linge – le tout finement brodé –, des couvertures et des châles de brocart, des verres de Bohême, de la porcelaine française, et un grand samovar de Tula (en Russie). De quoi entièrement meubler une maison, même si, dans un premier temps, ils devaient vivre sous le toit de ton grand-père, Hadji Seyyed Mohammad.

– Et ensuite ?

– Ensuite il y eut le mariage, pendant trois jours et trois nuits. Le premier jour était consacré au *aqd*. A l'aube, on leur apporta le *ghoncheh*. Tu ne sais sans doute pas ce que c'est, car l'usage s'en perd chez vous, les jeunes, mais à l'époque cela faisait partie des festivités. Il s'agissait de deux immenses plateaux, l'un orné de graines de couleur agencées en motifs décoratifs, l'autre présentant un long pain plat, décoré lui aussi de safran et autres couleurs vives : ensemble ils symbolisaient la prospérité et la fertilité. Le ghoncheh était commandé chez des spécialistes du bazar et arrivait accompagné de plats d'argent chargés de gâteaux, biscuits, friandises, fruits arrangés avec art. Les porteurs, plateaux en équilibre sur la tête, défilaient dans les rues suivis d'une ribambelle de gamins faisant grand tapage. Le tout était disposé dans le salon, autour du siège nuptial. Quand tout fut prêt et que les invités furent là, on alla chercher la mariée pour la conduire au milieu de la salle où l'attendait le *souzani* dressé devant son miroir de cérémonie, lequel était flanqué de deux candélabres et d'une lampe en verre, censés assurer au couple une vie heureuse et lumineuse.

» Puis arriva la famille du marié, précédée de Hadji Seyyed Mohammad, de son secrétaire et du mollah chargé de la cérémonie. Ta mère resta assise à lire le Coran pendant que ses jeunes sœurs frottaient deux blocs de sucre au-dessus de sa tête recouverte d'un foulard déployé, le sucre étant censé adoucir son existence. Après quoi, le mollah lut le contrat de mariage debout derrière la porte et demanda pour finir à la mariée si elle accordait son consentement. Lorsqu'elle répondit : « Oui », tout le monde s'écria : « Béni soit le Seigneur », et la fête commença, pour les femmes dans l'andaroun et pour les hommes dans le biroun. Ce n'était pas comme aujourd'hui, où hommes et femmes se réjouissent ensemble, ensemble !

– Et que s'est-il passé, le lendemain ?

– Le lendemain eut lieu la grande fête collective, à laquelle étaient conviés tous les pauvres du quartier. Ils apportaient leur écuelle, qu'on remplissait à ras bord de mets délicieux, de riz, de viande ; ils repartaient partager ce festin avec les leurs et prier pour le bonheur et la santé du couple.

– Et le troisième jour ?

– Ah, le clou du mariage ! Un somptueux dîner pour la famille et les amis proches. De nouveau ce fut un défilé de traiteurs, cuisiniers, marmitons, serveurs. Ils débarquaient avec des voitures entières chargées de gigantesques marmites, casseroles, plats… On faisait la cuisine sur des braseros à charbon, si bien que de noirs panaches de fumée montaient de la maison de Hadji Ali-Baba, striant le firmament bleu turquoise et emplissant l'air de délicieux fumets d'agneau grillé, de ragoûts épicés, de riz au safran. Tout le voisinage, au comble de la liesse, participait à la fête, ce fut un moment extraordinaire !

Le jour du mariage, le hammam était réservé à l'usage exclusif de la famille ; les femmes s'y rendaient le matin et les hommes l'après-midi. Ma mère y avait été conduite, lavée, frictionnée avec de l'eau de rose et fardée de poudre et de rouge. Ensuite, on l'avait vêtue de satin blanc et de dentelles, puis enveloppée dans son tchador noir – le voile ne devant être aboli que plusieurs années plus tard. Son père l'avait couverte d'or et de bijoux, qui lui serviraient à parer à d'éventuels revers de fortune ou à acheter, plus tard, une maison. Des bracelets cliquetaient à ses poignets et à ses bras ; sa gorge disparaissait sous les colliers et les chaînes en or auxquelles on avait accroché des souverains et des demi-souverains ; ses doigts étincelaient de pierreries. Son père commanda un somptueux attelage de quatre chevaux aux écuries royales, sans oublier les valets de pied en uniforme et les laquais d'écurie, ainsi qu'un cortège de voitures plus modestes et de chars à bancs qui devaient transporter les invités en procession jusqu'à la maison du marié.

– Je le vois encore debout sur le seuil de la maison, continuait tante Ashraf, les joues ruisselantes de larmes, jetant des poignées de *noql* et de pièces d'argent à la foule massée le long de la rue. Des gamins se battaient pour les attraper à la volée, jusqu'à ce que le sac fût vide et que le cortège eût tourné le coin de la rue.

La chambre nuptiale avait été préparée avec le trousseau de la mariée. Assise sur un petit tapis de brocart, elle attendait son époux. L'une après l'autre, les invitées venaient l'embrasser et lui dire au revoir en s'exprimant en ces termes : « Que le Seigneur te donne beaucoup de fils... Que ton foyer soit béni... Que l'ombre de Dieu ne t'abandonne jamais... »

Traditionnellement, une parente âgée – en l'occurrence, la vieille nounou – restait à la porte de la chambre nuptiale. A un moment donné, pendant la nuit, la porte s'ouvrait et le marié tendait à la vieille femme un mouchoir taché de sang, preuve de la virginité de son épouse. Si, par malheur, il s'avérait qu'elle n'était pas vierge, alors elle était renvoyée chez son père, le mariage annulé, et la vie de la pauvre fille désormais entachée d'opprobre et de déshonneur. Il arrivait cependant qu'on usât de subterfuges : il courait des histoires de maris galants qui avaient entaillé leurs propres doigts pour en extraire les précieuses gouttes de sang et sauver ainsi l'honneur de leur épouse. Mais on connaissait des histoires de familles qui s'étaient voué une haine tenace pendant des générations à cause du déshonneur d'une jeune fille. Parfois le marié était si nerveux, si intimidé par la présence de cette vieille femme qui gardait la porte et de la famille veillant non loin, qu'il ne parvenait pas à « s'exécuter » ; on imagine dès lors aisément son désarroi et son humiliation le lendemain. Mais, à cette époque déjà, cette coutume était considérée comme barbare par les gens cultivés appartenant aux classes les plus aisées de la société, et mon père, avant d'entrer dans la chambre, avait donc envoyé la nounou se coucher en lui donnant un petit pourboire, certain qu'il était de la vertu de sa femme.

Restée seule après le départ des invitées, Azra s'était mise à prier. Doucement la porte s'ouvrit, livrant passage à son époux. Ma mère ne l'avait jamais vu, bien sûr, sauf une fois brièvement par la fenêtre, alors qu'il venait rendre visite à son père dans le biroun. Elle s'était exclamée : « Oh, comme il est vieux ! » Mais, comme les regards dont on l'avait foudroyée n'étaient guère plus tendres que des flèches empoisonnées, elle n'avait rien osé ajouter. D'ailleurs l'avait-on jamais consultée sur ses goûts en matière de mari ? Pendant la cérémonie du mariage, le mollah avait articulé la formule consacrée : « Acceptez-vous de prendre cet homme pour époux... », et elle avait répondu oui, puisque jamais de mémoire d'homme on n'avait entendu parler d'une mariée répondant non. Pourtant on en avait connu des inflexibles : celles qui refusaient d'épouser un parent qu'elles détestaient ou celles qui en aimaient secrètement un autre. Mais assiégées par la foule hostile des parents et des proches, avec pour seule alternative le déshonneur et le scandale, même les plus déterminées avaient toujours fini par dire oui, pour le regretter tout aussitôt, et parfois jusqu'à leur dernier souffle. Si l'on se donnait la peine de les consulter, c'était uniquement parce que l'islam, par esprit de justice envers les femmes, décrétait qu'il fallait entendre leur consentement ; on entendait donc leur consentement, mais tous les moyens avaient été bons pour l'obtenir.

La suite, c'est ma mère elle-même qui me l'a racontée...

– Ton père est entré et m'a saluée d'un *Salam* (« Bonjour – que la paix soit avec vous »). C'est moi qui eusse dû le dire avant lui, puisque j'étais sa femme, mais j'étais si tendue que je n'arrivais pas à desserrer les dents. Puis il s'est assis à côté de moi sur le tapis, a pris ma main dans la sienne, et l'a embrassée en disant :

– Alors, jeune demoiselle, peut-on savoir ce qui vous amène par ici ?

J'éclatai de rire ; la glace était rompue. Je me suis dit : « Après tout, quelle importance s'il est un peu vieux ? Il est tellement gentil, tellement charmant, je peux essayer de l'aimer... »

En fait, il avait vingt-trois ans de plus qu'elle. Mais cette nuit-là elle tomba sincèrement et ardemment amoureuse de lui, et jamais cet amour ne devait fléchir. Il est mort quelques années avant elle, mais elle a continué à communiquer avec lui dans ses rêves et ses prières : chaque nuit, il venait la voir dans son sommeil, présence toujours aussi tendre, aussi consolatrice, la guidant par-delà la mort comme il l'avait fait tout au long de leur vie commune.

La vieille nounou resta auprès de ma mère quelques semaines encore, pour lui apprendre à bien tenir sa maison et lui apporter son soutien moral, puis elle rentra chez elle, la laissant se débrouiller seule dans l'andaroun.

Un beau jour, ma mère vendit son or et ses bijoux, et mes parents achetèrent leur première maison. A cette époque, hommes et femmes ne vivaient plus séparés, les uns dans le biroun, les autres dans l'andaroun ; il n'y avait plus qu'un seul bâtiment, divisé en deux parties.

– Nous étions tellement heureux, se remémorait souvent ma mère d'une voix nostalgique. Ton père m'aidait à faire la cuisine. J'ai appris sur le tas, avant d'avoir les moyens d'engager une cuisinière, et nous partagions les soins du ménage. Aujourd'hui, vous, les jeunes, trouvez normal que vos maris vous aident, mais en ce temps-là, c'était impensable ! Tout le monde me jalousait, tant il était adorable avec moi. Il m'a appris tout ce que je sais.

Parmi tous les objets précieux que recelait le trousseau de ma mère, le plus beau était le nécessaire à barbe, en écaille et en or filigrané – présent personnel de Hadji Ali-Baba à son gendre –, qui se composait d'un plateau en or, de trois bols également en or s'emboîtant les uns dans les autres, d'un miroir, d'un blaireau et d'un peigne en écaille, tous deux sertis d'or, l'ensemble étant de la facture la plus délicate qui soit. Ma mère se gardait bien de l'exposer, préférant le cacher dans un coffret, enfermé à double tour dans un placard en compagnie d'autres trésors familiaux, d'albums de photos et de quelques menus objets d'une valeur strictement sentimentale. Elle gardait la clef de ce placard dans son sac à main. Elle ne m'a montré ce nécessaire que deux fois, et je me souviens de mon émerveillement, tout enfant que j'étais, devant l'élégance des formes et la finesse de l'ouvrage. De tous les biens familiaux engloutis dans les événements de 1979 – volés, pillés ou vendus pour une bouchée de pain –, c'est la perte de ce nécessaire en écaille et en or qui m'a fait le plus mal : dans ma mémoire, il symbolisait l'union de mes parents.

Lors de ma dernière visite en Perse en 1977, ma mère m'a donné quelques pièces de son trousseau : sa lampe de mariage française, peinte d'angelots tourbillonnant parmi les nuages, une pipe à eau de Bohême dont j'ai fait une lampe et qui avait été spécialement fabriquée pour le roi qadjar Naser al-Din Shah, plus son samovar de Tula. Tout le reste a disparu, ce qui, après tout, est de bien peu d'importance en regard des pertes en vies innocentes qu'ont endurées d'autres familles à cause de la révolution. Je me suis souvent demandée où se trouve maintenant ce nécessaire en écaille et or. Peu après la révolution, paraît-il, des antiquaires japonais seraient venus en Perse pour acheter à bas prix le butin des pilleurs de maisons. Il me plaît donc d'imaginer qu'il se trouve aujourd'hui à l'abri dans un foyer japonais au milieu d'autres ouvrages d'art.

LA SAGE-FEMME AVEUGLE

El mayor delito del hombre es haber nacido [1].

CALDERON DE LA BARCA

« C'était un de ces rudes hivers où la neige ne fond pas avant *Norouz.* » Tante Ashraf était en train d'évoquer un des épisodes de l'histoire familiale qui avait eu lieu quelque dix années plus tôt.

« Il était bien tombé un mètre de neige et, là où les gens avaient balayé leur toit, il se formait de petits monticules blancs dans la rue. Pour sortir de chez nous, il fallait creuser des tunnels. »

En ce temps-là, les toits des maisons persanes étaient plats, soutenus par des charpentes recouvertes de torchis. La pluie y ruisselait, mais la neige s'y collait si bien qu'il fallait vite déblayer avant le gel, de peur que l'humidité ne s'infiltrât dans l'argile pendant le dégel et ne provoquât des fissures, voire l'écroulement pur et simple de la structure. La tempête sitôt terminée, les hommes grimpaient sur les toits, armés de *parou*, et chassaient énergiquement la neige qui retombait dans les jardins et la rue. Après quoi, ils faisaient rouler un *kaltac* sur la glaise mouillée pour en resserrer les pores. Si vous sortiez de chez vous à l'aube, il vous suffisait de lever les yeux pour voir, perchés sur chaque toit, des hommes balayant frénétiquement dans un nuage de poudre blanche, jaspé de toutes les couleurs de l'arc-en-ciel par le soleil levant. Le passage des voitures et des charrettes – et, plus tard, des automobiles – faisait fondre la neige et creusait la rue de profondes ornières boueuses ; la nuit, une fois celles-ci gelées, il devenait dangereux de sortir. Quand on eut

1. « Le plus grand crime de l'homme est d'être venu au monde. » (*La vie est un songe*)

goudronné les chaussées, les choses s'améliorèrent, mais en ce temps-là personne encore n'osait s'aventurer dehors après le coucher du soleil, s'il venait de se produire une tempête de neige.

« Il fallait envoyer un fiacre chercher Zivar, la sage-femme. Mais où en trouver par une nuit pareille ? Nous finîmes par en repérer un sur la place de l'Armée. Il attendait de l'autre côté de la place, silhouette fantomatique, avec son cocher, enveloppé dans une cape noire blanchie par la neige, somnolant sur son siège tandis que ses chevaux piaffaient, leurs naseaux exhalant des jets de vapeur dans l'air glacé. Il nous demanda trois fois le prix habituel pour une si petite course. Dans les rues transformées en véritables patinoires, les malheureux chevaux valsaient tant qu'ils pouvaient, et ne cessaient de se cabrer avec force hennissements sous l'effet de la panique. Nous atteignîmes enfin la porte du Sud et la maison où vivait Zivar avec son fils aîné et la famille de celui-ci. »

Zivar était la sage-femme la plus réputée du moment. Personne ne savait d'où elle venait ni comment elle avait appris son métier, sans doute comme tout un chacun en ce temps-là : en se mettant en apprentissage. Une jeune femme qui voulait devenir accoucheuse entrait au service d'une praticienne qu'elle suivait comme son ombre, l'assistant et l'observant, afin d'apprendre peu à peu les rudiments du métier. Lorsque l'aînée prenait sa retraite ou mourait, la plus jeune héritait de sa clientèle.

Mais aucune sage-femme n'avait jamais acquis la réputation de Zivar, quoique à l'époque dont nous parlons, elle fût déjà vieille et aveugle.

« Malgré tout, continuait ma tante, elle avait tellement d'expérience, qu'elle fonctionnait au toucher. Il lui suffisait de passer la paume sur le ventre d'une femme enceinte pour indiquer avec précision la date, voire l'heure de la naissance. Parfois, lorsque celle-ci paraissait imminente, elle disait : “Ne vous affolez pas, on a encore largement le temps.” Alors que d'autres fois, les douleurs à peine commencées, on l'entendait ordonner : “Vite ! Vite ! De l'eau bouillie et une serviette. Il ne reste que deux minutes.” Mieux encore, on était sûr que, confiés à ses soins, la mère et l'enfant n'avaient rien à craindre. Elle n'avait jamais accouché aucune femme d'un enfant mort-né, et aucune mère livrée à son savoir-faire n'était jamais morte de fièvres postnatales. »

A cette époque, un accouchement relevait du spectacle. Les proches parentes venaient s'asseoir autour de la parturiente pour la soutenir activement dans ses contractions par leurs prières, leurs invocations et leurs encouragements : « Que le Seigneur te délivre de ta douleur… Que l'imam Ali, Commandeur des croyants, t'accorde une descendance… Que la fille du Prophète vole à ton secours… » On engageait des extra pour servir repas et rafraîchissements, les voisins envoyaient leurs domestiques aux nouvelles ; c'était la maison tout entière qui baignait dans une atmosphère de drame.

« Les Persans transforment n'importe quel événement en drame et n'importe quel drame en crise », résumait tante Ashraf dans l'un de ses aphorismes préférés. Pendant ce temps, le père de l'enfant attendait, fou d'inquiétude, à présent dans une pièce voisine, autrefois dans le biroun.

J'ai pour ma part assisté à un accouchement traditionnel dans les années 70, au cours d'un voyage que j'effectuais avec les tribus bakhtiyaris de la Perse méridionale lors de leur migration annuelle depuis les plaines du golfe Persique jusqu'à leurs quartiers d'été dans les pâturages de haute montagne du Zagros près d'Ispahan. Dans un repli des contreforts de l'Alborz, à cent lieues des aménités de la civilisation urbaine, les femmes accouchaient comme elles l'avaient fait depuis des temps immémoriaux, comme ma mère lorsqu'elle m'avait donné le jour.

Une nuit, donc, je fus réveillée par des bruits de pas devant ma tente – quelqu'un se hâtait avec une lanterne, et plusieurs femmes s'agitaient au milieu des murmures. Comme je sortais pour m'enquérir de ce qui se passait, je m'entendis répondre qu'une femme était en train d'accoucher à côté. Puisqu'on me proposait d'assister à la naissance, je m'empressai d'accepter.

Le travail était déjà bien avancé : à croupetons au-dessus d'un tas de cendres au milieu de la tente, la future mère poussait de toutes ses forces, les poings appuyés sur les genoux. Les cendres permettaient à l'enfant de choir doucement sur un coussin antiseptique, qui avait en outre la vertu d'absorber les liquides comme une éponge. La femme poussait, poussait, encouragée par « l'accoucheuse » – en fait une voisine plus âgée – jusqu'à ce que la tête du bébé fît son apparition. Alors l'accoucheuse tendit les mains vers la petite tête et le corps de l'enfant glissa doucement du ventre maternel. Puis vint la délivrance et, en quelques minutes, le cordon ombilical fut tranché, l'ombilic soigneusement pansé avec un bout de vieux chiffon, le bébé enveloppé dans ses langes et mis au sein ; on nettoya les cendres et tout le monde retourna se coucher. Le lendemain, à l'aube, les tribus levaient le camp. Je rencontrai la jeune mère sur une pente escarpée, son bébé en écharpe sur son dos ; elle grimpait avec l'agilité et la gaieté d'une biche. Je lui demandai comment elle se sentait, après l'épreuve de cette nuit :

– Cette histoire ! me répondit-elle. Je n'y pense déjà plus !

Et elle s'éloigna, radieuse, dans une bruissante envolée de jupons chatoyants – un papillon dansant dans le soleil.

Les citadines n'étaient pas si proches de la nature et, pour elles, la mise au monde d'un enfant était une aventure autrement plus hasardeuse. On savait que la mère comme l'enfant n'en réchapperaient peut-être pas, qu'ils risquaient de subir des complications ultérieures. C'était souvent le cas, ce qui expliquait cette atmosphère dramatique et théâtrale.

– Cet enfant n'a pas du tout envie de sortir ! déclara Zivar après avoir passé la main sur le ventre de ma mère. Je dois dire que je le comprends, avec tout ce qui se passe de nos jours et ce temps épouvantable ! Je vais aller faire un petit somme à côté, je reviendrai quand le moment sera venu.

Il était autour de minuit lorsque Zivar reparut, ordonnant qu'on lui apporte de l'eau bouillante et des cendres chaudes ; puis, de ses mains expertes de guérisseuse, elle me facilita l'entrée en ce monde :

– Tu as hurlé à pleins poumons, et on s'est tous dit que tu étais une bien bruyante coquine, mais, après cela, tu as été le bébé le plus calme et le plus heureux du monde !

J'ai l'impression d'avoir passé le reste de ma vie à m'excuser, à me disculper de ce *faux pas* * initial !

Pendant l'accouchement, mon père était resté dans son bureau à prier pour que tout se passe vite et bien. Nounou se rua chez lui pour lui annoncer la bonne nouvelle, et reçut le pourboire d'usage : un souverain d'or. Un peu plus tard, une fois la chambre remise en ordre et ma mère ayant regagné son lit, il vint la voir. Mes parents avaient déjà trois enfants, deux garçons et une fille. A la naissance des garçons, mon père avait félicité ma mère par une citation du *Livre des rois* :

Aux femmes suffit l'art
D'enfanter et d'élever des fils aussi braves que des lions.

Ma sœur, quant à elle, avait été accueillie comme une fleur d'une variété nouvelle, « une si jolie petite fille ». Pour moi, j'étais là, tout simplement.

Mon père eût-il préféré un fils, comme c'était le cas pour la plupart des hommes en ce temps-là ? Je lui ai posé une fois la question : « Ce n'est pas que les garçons valent mieux que les filles, mais les femmes souffrent davantage. On s'inquiète pour leur avenir ; on se demande dans quelles mains elles vont tomber… »

A l'heure de ma naissance, la Perse était une Perse nouvelle, en plein bouleversement. Le voile avait déjà été aboli et les femmes s'étaient émancipées ; elles pouvaient désormais fréquenter l'école et l'université, choisir un métier. Et quand je devins adulte à mon tour, on pouvait considérer comme acquis bien d'autres gages de liberté et d'égalité ; les femmes étaient en droit d'attendre de nouvelles réformes encore en leur faveur, ce qui ne laissait pas de troubler beaucoup de gens, incapables d'évoluer avec leur temps.

« Dieu sait jusqu'où iront les femmes une fois qu'elles commenceront à savourer leur liberté ! » Il ne fallait pas chercher plus loin la cause de la peur de ces gens-là. Personnellement, il est indéniable que j'ai été pour mes parents un souci perpétuel, entre mon adolescence révoltée, mon installation en Europe et mon mariage avec un Anglais. Mon père avait peut-être « vu » tout cela le jour de ma naissance ; peut-être était-ce « écrit sur mon front » ? Ah, cette histoire de front ! On dit que lorsqu'un enfant voit le jour, un ange écrit son destin sur son front à l'encre invisible, et que rien de ce que l'on fera plus tard dans sa vie ne pourra y changer quoi que ce soit.

Certains charlatans diseurs de bonne aventure jouaient sur cette croyance, prétendant pouvoir déchiffrer ce qui était inscrit « sur le front » et le modifier grâce à leurs potions et à leurs talismans. Dans sa philosophie, mon père rejetait le déterminisme et ne croyait guère à ces superstitions ; rien ne pouvait être « écrit » et personne ne pouvait prédire l'avenir puisque ce dernier se tisse au fil des jours. Certes, des facteurs comme l'hérédité ou les circonstances ne sont pas négligeables, mais nous n'en sommes pas moins fondamentalement maîtres de notre destinée. Et puis, bien sûr, il y a toujours la prière, la communion avec le Très-Haut qui décide en dernier recours : éternel dilemme entre le libre arbitre et la volonté de Dieu.

« L'homme est libre et sans excuse » ; « On ne naît pas femme, on le devient »… Vingt ans plus tard, à l'image de beaucoup de mes contemporains en France, je devais considérer l'existentialisme comme la plus attirante des philosophies alors en vogue. Sartre, Camus, Simone de Beauvoir devinrent nos gourous, ils modelèrent notre pensée et influencèrent notre conduite. Avec le temps nous changerions évidemment d'attitude, mais à l'époque nous étions littéralement captivés. L'homme est seul, l'homme est libre ! A nos yeux, ce constat avait beau être implacable car il ne laissait aucune échappatoire, il ne nous en paraissait pas moins porteur d'espoir, dans la mesure où il laissait croire au changement et au progrès, et incitait à agir.

Mais en Perse ce qui était « écrit sur le front » semblait irrévocable. On en trouve une bonne illustration dans une histoire célèbre, dont il existe plusieurs versions. Voici celle de tante Ashraf :

« A Bagdad, au temps du calife Haroun al-Rachid, un homme aperçut l'ange de la Mort dans le bazar. Comme nul ne voit cet ange avant l'heure où il va rendre l'âme, l'individu en question prit conscience de l'imminence de sa propre mort. Il trouva cependant à l'ange un air perplexe, et celui-ci lui fit un signe comme pour dire : "Qu'est-ce que tu fais ici ?" Le malheureux, pris de panique, détala jusqu'au palais du calife en s'écriant :

« – Je vous en prie, Commandeur des croyants, prêtez-moi votre tapis volant que j'échappe aux griffes de l'ange de la Mort. Je viens de le voir au bazar, et il m'a fait signe de le suivre, mais je me suis enfui. Je suis venu implorer votre aide.

« Haroun al-Rachid prit pitié de lui et ordonna à son tapis volant de l'emmener à Samarkand, à plusieurs milliers de kilomètres vers l'est, aux confins de la Perse. Quelques minutes plus tard, l'homme se trouvait transporté là-bas et alla droit au caravansérail, où il prit une chambre. Quand, peu après, le muezzin appela à la prière, il se rendit à la mosquée la plus proche. Là – horreur et stupéfaction ! – se trouvait l'ange de la Mort qui l'attendait à l'entrée. L'ange lui déclara en souriant :

« – Je suis rudement content de te voir ! On m'avait dit de venir te chercher ici à cet instant précis, et quand je t'ai vu au bazar de Bagdad il y a une heure, je me suis demandé si je ne m'étais pas trompé. Comment diantre t'es-tu débrouillé pour être au rendez-vous ? »

Des érudits et des mystiques venaient des quatre coins du globe rendre visite à mon père. Un jour – j'avais un an – il accueillit ainsi un célèbre yogi indien. On attribuait à cet homme d'extraordinaires pouvoirs de voyant et, en effet, il brossa à grands traits l'histoire de chacun des membres de notre famille. Quand vint mon tour, il secoua la tête et déclara :

– Elle ne restera pas longtemps avec vous… Sa vie est ailleurs.

Ma mère éclata d'un rire incrédule :

– Mais bien sûr ! Elle ira épouser un gouverneur de province ou un ambassadeur qui l'emmènera avec lui en voyage…

Le yogi se contenta de sourire. Tout est peut-être effectivement « écrit » après tout !

Peu après ma naissance, la première école de sages-femmes fut fondée par Riza Shah. Les diplômées de cet établissement prirent la place des accoucheuses traditionnelles, du moins dans les classes citadines cultivées. Les maternités se multiplièrent à travers le pays, bénéficiant d'un personnel soignant formé tantôt sur place, tantôt en Occident.

Mon oncle Alem épousa l'une des premières diplômées de cette école de sages-femmes, et c'est le directeur en personne, professeur d'obstétrique et chirurgien de renom, qui s'offrit de mettre au monde son premier enfant, chez elle.

L'enfant se fit attendre, les forceps furent posés quelques secondes trop tard : le bébé était mort-né.

– Ah, où donc est Zivar ! se lamenta ma mère. Elle, avec qui on n'a jamais vu un mort-né !

« Oui, ce sont ces docteurs farangi avec leurs instruments de torture qui tuent les bébés, s'obstinait tante Ashraf. Dieu nous a fait les doigts doux et souples pour aider les enfants à naître ! Si Dieu avait voulu qu'on se serve de mains de fer, il nous les eût faites en fer, nos mains ! »

L'éminent accoucheur devait bien finir par connaître son métier, puisque, bien des années plus tard, c'est lui qui mettrait au monde le prince héritier – le jeune shah aujourd'hui en exil – sain et sauf, appliquant cette fois les forceps avant que l'enfant cessât de respirer !

Mon père inscrivit mon nom et la date de ma naissance sur la dernière page d'un coran enluminé, au-dessous de ceux de mes frères et de ma sœur. Ce coran a été englouti avec le reste des biens familiaux pendant les événements de 1979, lors du pillage de la maison de mon frère. Il était officiellement question de « confiscation de biens mal acquis », mais qu'y avait-il de plus innocemment acquis que ce livre saint ?

Je fus le dernier bébé de Zivar. Elle était vieille et déjà à la retraite – je fus « une faveur ». Sa réputation lui survécut longtemps, embellie par mille histoires de naissances miraculeuses, de spectaculaires retours à la vie, de guérisons mystérieuses. Elle demeure aujourd'hui dans ce royaume nébuleux à la frontière du mythe et de la réalité. On ne s'étonnera pas que son nom – Zivar – signifiât « ornement ».

LA PREMIÈRE MAISON

Après leur mariage, mes parents vécurent sous le toit de mon grand-père, Hadji Seyyed Mohammad, où ma mère avait une chambre dans l'andaroun et mon père un bureau dans le biroun. Mais ma mère était trop franche et bien trop indépendante pour trouver aisément sa place dans la structure complexe de l'appartement des femmes, et elle fut ébahie d'y découvrir tout un tissu d'intrigues et de jalousies, ainsi qu'un subtil jeu de pouvoir dans lequel elle ne pouvait ni ne voulait entrer. Elle garda son chagrin pour elle, jusqu'au soir où, humiliée au cours d'un jeu de société par sa belle-mère, Amineh, elle se retira dans sa chambre pour verser des larmes amères jusqu'à ce que l'épuisement eût raison d'elle. Lorsque son mari rentra un peu plus tard, il remarqua ses paupières gonflées et ses joues noires de kôhl, et l'interrogea. Elle lui raconta.

– Nous allons déménager, dit-il.

Ce n'étaient pas des paroles en l'air.

Le lendemain, ils se mirent en quête d'une maison. Ils en trouvèrent une derrière le bazar. Pour l'acheter, ils vendirent son or et ses bijoux – sauf le nécessaire à toilette en écaille et en or filigrané et sa bague de prière qui n'avait pas grande valeur. C'était une agate verte (la tradition voulait que les bagues de prière soient en agate, une pierre assez dure pour être gravée), sertie d'or et gravée du premier verset du Coran : « Au nom du Dieu clément et miséricordieux. » Elle me l'a donnée la dernière fois que je l'ai vue. Elle est trop grande pour moi ; je ne la porterai jamais, mais elle m'est infiniment précieuse, et dans les rêves que je fais de ma mère, la bague est toujours à son doigt.

La maison qu'ils achetèrent était de taille plutôt modeste, avec une cour au centre de laquelle se trouvait une piscine ronde. Peu après leur emménagement, mes parents eurent un premier enfant qui mourut dans l'année, sans doute de la diphtérie. Le vaccin antivariolique commençait à se répandre dans les classes aisées, mais on n'était pas immunisé contre les autres maladies. La mortalité infantile était par conséquent très élevée ; en revanche, s'ils atteignaient leur septième année, les enfants étaient assurés d'avoir développé un système immunitaire qui les protégerait toute leur vie.

A la mort de leur premier né, mes parents furent inconsolables. Certes, en pieux musulmans, ils se soumirent à la volonté de Dieu : la perte de leur enfant s'inscrivait dans un dessein d'ordre supérieur. Mais l'acceptation ne change rien à la douleur, elle évite seulement la révolte et, tandis que mon père vivait son chagrin dans une profonde soumission à la loi divine, l'âme païenne de ma mère se rebellait devant l'injustice profonde de la condition humaine – elle pleura toutes les larmes de son corps.

Une nuit, elle fit un rêve (encore un !) dans lequel l'imam Ali lui rendait visite :

– Je savais que c'était Lui, à cause de ce halo de lumière dont il était nimbé. Il a tendu Sa main vers moi et m'a touché les yeux en disant : « Ne pleure plus ! Dieu te donnera bientôt un autre fils ; il sera bon et tu en seras fier. » Je me suis réveillée avec la sensation de sa caresse sur mon visage et l'odeur de son parfum qui flottait encore dans l'air, comme s'il venait de quitter la pièce. Un mois plus tard j'étais bel et bien enceinte. Ce fut ton frère Nassir, un beau bébé.

Conformément à la promesse de l'imam, Nassir grandit pour devenir tout ce qu'un fils aîné doit être : intelligent, bon, dévoué. Il fut le seul d'entre nous à rester auprès de nos parents, quand ses missions diplomatiques ne l'obligeaient pas à s'absenter, et il alla jusqu'à risquer sa propre vie, perdant tout ce qu'il avait, en restant en Perse aussi longtemps que possible après les événements de 1979.

Lorsque quelque dix ans plus tard, je vins au monde, moi la dernière de quatre enfants, mes parents avaient décidé de déménager dans une demeure plus grande, située dans un meilleur quartier de la ville. Je ne me rappelle donc pas grand-chose de cette première maison ; seules quelques images sépia flottent devant mes yeux, l'une d'elles relative à la circoncision de mon plus jeune frère, Nasser.

D'après la loi islamique et la loi juive, tous les bébés de sexe masculin doivent être circoncis, en général dans les deux premières semaines de la vie. En ce temps-là, l'homme qui se chargeait de cette opération n'était pas le médecin, mais le barbier du village, celui qui par ailleurs arrachait les dents et effectuait la petite chirurgie (il pouvait à l'occasion crever un furoncle ou opérer un ongle incarné). Dans les villes cependant, et en particulier dans les classes cultivées, on faisait appel à un spécialiste qui, sans être médecin, n'en avait pas moins l'assurance et le professionnalisme de l'expert. Il arrivait avec son sac d'instruments, étalait par terre un tapis de cuir sur lequel il répandait des cendres. Après quoi, il y allongeait l'enfant les membres bien écartés et, d'un coup sec, lui excisait le prépuce. Puis il enroulait le bout de chair, le bandait avec un morceau d'étoffe et saupoudrait la blessure de cendres chaudes afin d'en faciliter la cicatrisation : la médecine populaire ne connaissait en effet, en guise de pénicilline, que la cendre chaude, utilisée comme antiseptique et cicatrisant en toutes circonstances.

Si, pour une raison ou une autre, par exemple une maladie postnatale, la date de la circoncision devait être repoussée, on estimait qu'il valait mieux dans ce cas attendre que l'enfant fût assez vieux pour comprendre de quoi il retournait et accepter en connaissance de cause l'intervention. Le garçon souffrait environ pendant une semaine, puis il fallait un mois jusqu'à la cicatrisation, durant lequel il se promenait avec un pagne en guise de pantalon. Nasser n'avait pas été circoncis nouveau-né, peut-être à cause de la maladie de ma mère. Il avait huit ou neuf ans quand il dut subir l'opération fatidique, et se trouvait déjà trop malin pour accepter de subir de son plein gré quelque chose d'aussi douloureux et désagréable. On eut beau lui dire qu'il ne serait pas un homme tant qu'il n'était pas circoncis, que c'était son devoir de croyant, que cela n'avait rien de compliqué, etc., rien n'y fit. Le jour de la cérémonie, il disparut et demeura introuvable. On dépêcha les domestiques à sa recherche, mais personne ne le dénicha nulle part. Il s'était réfugié chez un ami. Le père de celui-ci l'ayant dénoncé, il fut ramené de force, hurlant et gesticulant. Mon père lui parla et réussit à l'amadouer mais, à la dernière minute, devant la lame qui approchait de sa chair, il se libéra d'une secousse et s'enfuit à toutes jambes. Il fut prestement rattrapé, maintenu de force et, finalement, circoncis. Quelques minutes plus tard, une fois le tapis couvert de cendres replié, la fête commença. Nasser fut comblé de cadeaux et de compliments sur sa nouvelle virilité : il était devenu un homme, et des plus braves !

Ce devait être la première d'une longue série de tribulations qui marqueraient la vie de riazat de Nasser. Le plus intelligent et le plus talentueux de nous quatre – le rossignol de notre nichée d'étourneaux –, il allait endurer je ne sais combien de maladies infantiles ; plus tard, à Paris où il mena une vie de bohème, il devait payer encore un lourd tribut à la pauvreté et à la souffrance avant de voir son talent d'artiste reconnu.

Je le revois encore dans son pagne, maigre et nerveux, courant en tous sens comme du vif-argent, jouant dans la cour, plein d'une énergie qu'il ne pouvait contenir. Puis l'image s'estompe et nous voici dans la nouvelle maison.

NOTRE MAISON

Ô maison, maison, pourquoi m'avez-vous laissé partir !

MILOSZ

Au cours de la première décennie de son règne, après avoir soumis les tribus rebelles et unifié le pays, Riza Shah mit sur pied un programme de modernisation dont l'objectif était de faire de la Perse un État moderne et souverain. Il commença par embellir la capitale, Téhéran. Les rues s'élargirent, la chaussée se revêtit d'asphalte, l'électricité remplaça les lampes à huile et à gaz, les places s'ornèrent de statues, de fontaines, de plates-bandes, bref le visage de la ville se métamorphosa. Une artère proche de la maison fut baptisée l'avenue de l'Électricité, car c'était à cet endroit qu'avait commencé l'électrification de la ville ; pour une raison semblable, ayant été l'une des premières rues équipées, elle s'était auparavant appelée l'avenue des Lampes-à-Gaz. On installa le téléphone et le télégraphe, et la cité commença de s'étendre au-delà des anciennes portes. Les familles les plus aisées émigrèrent vers le nord, au pied des montagnes, où l'air était plus frais et l'eau plus abondante. Les grands mollahs qui s'étaient opposés aux plans de Riza Shah avaient été réduits au silence, et leur quartier général, le bazar, périclita. Ceux des *bazari* qui pouvaient se le permettre déménagèrent à leur tour et se firent construire de belles demeures dans les nouveaux quartiers à la mode, bien plus salubres que les rues moites et poussiéreuses du bazar qu'ils laissèrent aux pauvres et aux parias.

Ma mère, qui n'avait pas tardé à comprendre que de mon père « il n'y avait rien à tirer en dehors des livres », prit la direction de tout ce qui était relatif à la vie pratique. C'était elle qui s'occupait du personnel, traitait avec les ouvriers et les commerçants. Après avoir été escroquée par quelques aigrefins, elle ne fut pas longue à devenir une redoutable négociatrice. Je me souviens de mon embarras chaque fois qu'enfant je l'accompagnais faire les courses. Par exemple, elle commençait par demander le prix d'un coupon de crêpe de Chine.

– Deux livres, répondait le vendeur, ajoutant : mais c'est bien parce que c'est vous, madame, sinon ce serait trois, car en réalité il en vaut bien quatre.

– Deux shillings, laissait alors tomber ma mère d'un ton indigné, en faisant mine de s'éloigner.

Le vendeur, consterné, la rappelait, la suppliant d'être raisonnable, lui jurant par le saint Prophète et les douze imams que l'étoffe lui avait coûté à lui deux francs, et lui demandant si elle aurait le cœur de priver d'un aussi maigre profit toute sa misérable famille.

– Va pour quatre shillings, ripostait ma mère en faisant semblant de céder.

Ils finissaient par s'entendre : elle emportait l'étoffe pour dix shillings le mètre – le quart du prix de départ, le marchand ayant apparemment essuyé une perte considérable.

– N'en crois pas un mot ! me disait-elle plus tard. Ces marchands vous tondraient la laine sur le dos si on les laissait faire. Je les connais !

Cela eût dû m'apprendre à marchander ; mais j'étais trop timide pour m'y essayer, et j'en suis toujours incapable aujourd'hui. Par la suite, on prit l'habitude d'afficher les prix comme en Occident, et le marchandage cessa de se pratiquer dans les boutiques de luxe ; la coutume, cependant, reste encore belle et bien vive dans les marchés et les bazars de tout le Moyen-Orient.

Dès que mes parents prirent la décision d'émigrer vers le nord de Téhéran, ma mère s'en fut en quête d'une nouvelle maison et ne tarda pas à en trouver une, beaucoup plus vaste et belle, derrière le *Majlis*, non loin de la faculté des Lettres où mon père occupait la chaire de philosophie. Le quartier, résidentiel, aéré et boisé, portait le nom d'un noble du XIXe siècle dont le petit palais était devenu l'ambassade de Suisse.

La grand-rue, plantée de platanes, était irriguée par un ruisseau. L'eau, en Perse, a toujours été rare et donc très recherchée : elle apportait la fraîcheur et une végétation luxuriante, ombre protectrice dans la chaleur torride de l'été. En persan, bleu se dit *abi*, littéralement « couleur d'eau ». Sans doute le bleu turquoise translucide qui fait la beauté unique de la céramique persane exprime-t-il l'intensité du désir lié à cet élément vital si rare et si difficilement accessible. Sans doute la précieuse turquoise est-elle indissociable de notre climat, car nulle part ailleurs qu'en Perse la pierre- n'a cette luminosité chaude et intense qui la caractérise ici. Un voyageur anglais (Robert Byron, dans *La Route d'Oxiane)* raconte comment, dans les années 20, alors qu'il luttait contre la soif et l'épuisement au milieu du désert qui forme le cœur de la Perse, il rencontra un homme et son âne transportant une cruche d'eau bleue : à la vue de ce scintillement bleu qui se détachait sur l'arrière-plan presque uniformément fauve, il comprit pourquoi le bleu se dit « abi » en persan – la couleur de l'eau.

Notre nouvelle maison était une bâtisse à deux étages, aux balcons de fer forgé ouvragé et aux murs d'enceinte surmontés de motifs décoratifs en brique. Les pièces étaient spacieuses, avec de hauts plafonds, voûtés au rez-de-chaussée, dans le plus pur style persan, et plats à l'étage, mais ornés de moulures peintes et de chandeliers de cristal. D'épais murs isolaient les pièces et les protégeaient autant des grands froids que des grosses chaleurs. Dans l'une des parties, en retrait du reste du bâtiment, courait le long de la façade une galerie soutenue par de minces colonnes corinthiennes, qui surplombait le vaste jardin dont les immenses arbres tutélaires regardaient par-dessus les murs d'enceinte. Les salons de réception et le bureau de mon père étaient en haut, les chambres en bas et, à l'entresol, près de l'entrée, se trouvait la chambre du serviteur de mon père. Ali, chargé d'ouvrir la porte et d'accueillir les visiteurs.

Le grand mollah de Téhéran vivait non loin dans une maison semblable à la nôtre, ainsi que nombre d'autres notables – diplomates, professeurs d'université, hauts fonctionnaires, un général même et deux princes qadjars – pour la plupart des amis ou des relations de mes parents, qui habitaient les rues avoisinantes.

Quant aux familles moins aisées, elles s'étaient installées dans des logements plus modestes et plus modernes.

Ma mère décora notre maison de superbes tapis, de rideaux en dentelle, d'abat-jour, de chandeliers en cristal, de quelques antiquités et d'une série d'objets d'art destinés au plaisir de l'œil.

Autrefois, comme tous les peuples issus du nomadisme et habitués à transporter leurs biens avec eux, les Perses vivaient dans des maisons vides : on s'asseyait par terre sur des tapis. A l'heure du déjeuner, on étalait une nappe par terre sur laquelle se dressait le couvert pour le repas ; la nuit, on déroulait son matelas pour dormir et, au matin, on rangeait sa literie dans d'énormes coussins que l'on disposait çà et là dans la pièce – ou la tente – en guise d'accoudoirs. Ainsi un même endroit possédait de multiples fonctions, tout à la fois salon, salle à manger et chambre à coucher. Je me suis souvent demandé si ce n'était pas là une utilisation plus judicieuse de l'espace que la nôtre, maintenant qu'il est devenu si rare. Au Japon, j'ai remarqué que beaucoup de familles délaissent l'ameublement occidental et opèrent un retour au mode de vie traditionnel, divisant leur lieu de vie à l'aide de tentures et de nattes. Pour en revenir à notre maison, aussi loin que remontent mes souvenirs, elle était meublée à l'occidentale, avec des tables, des fauteuils et des sofas. Certes tante Ashraf et Grand-mère préféraient s'asseoir par terre en tailleur, ce que je n'ai jamais pu m'habituer à faire.

Depuis sa chambre, point névralgique de notre vie familiale, ma mère dirigeait la maisonnée avec énergie et efficacité, mais au prix parfois de terribles angoisses. Elle me faisait penser à un général largement fourni en troupes mais manquant de munitions : mener un train de *grand seigneur* *, tenir table ouverte et recevoir tous ceux qui se présentaient, le tout sur un maigre salaire d'universitaire, voilà qui tenait déjà du miracle, miracle qu'elle parvenait de surcroît à accomplir sans trop de drame. Mon père, lui, restait dans son bureau, souvent invisible derrière sa montagne de livres, et n'apparaissait qu'à l'heure du repas. Il était notre divinité, puissance tutélaire réconfortante, aimante mais lointaine ; tous nous le vénérions et nous reposions sur lui.

Les enfants grandirent et déménagèrent à l'étage dans des chambres séparées. Ma sœur et moi partagions une grande pièce donnant sur le jardin, tandis que mes frères en occupaient une autre, derrière la galerie. Notre chambre possédait une penderie où nous rangions nos vêtements et les livres que nous ne cessions d'accumuler, auxquels, bien plus tard, viendraient s'ajouter nos disques.

Mes parents vécurent dans cette maison le restant de leurs jours. J'y restai, quant à moi, jusqu'à mon départ pour l'Europe, au moment de l'adolescence. Mais pendant les vingt années qui suivirent, le quartier se transforma : les grandes familles émigrèrent plus au nord encore, vers les riches faubourgs s'étalant au pied des montagnes, tandis que la petite bourgeoisie s'installait à leur place. Les vieilles demeures furent divisées en appartements, ou purement détruites pour être remplacées par de nouvelles constructions, toutes bâties dans le style occidental mais par des architectes formés tantôt en Europe, tantôt aux États-Unis, ce qui donnait un ensemble parfaitement hybride. Au bout du compte, trois maisons seulement restèrent debout – dont la nôtre et celle du grand mollah de Téhéran –, derniers vestiges d'une architecture persane authentique perdus au milieu d'une hideuse prolifération de villas pseudo-californiennes, de grands ensembles ou de petits appartements, tous complètement inadaptés au climat du pays et au mode de vie de ses habitants. Les arbres centenaires furent abattus afin d'étendre les terrains à bâtir ; pour chaque maison détruite, il en repoussait plusieurs, et les vertes frondaisons qu'on apercevait par-dessus les murs du jardin disparurent. C'était pour une large part une conséquence de ce phénomène qui n'est pas propre à la Perse : la surpopulation.

Après 1979, notre maison fut occupée par « des locataires en possession des lieux », parents pour la plupart de ceux de nos domestiques qui avaient rejoint le train de la soi-disant « révolution ». Finalement, après la mort de ma mère, un an plus tard, elle fut vendue pour une bouchée de pain, et aussitôt rasée. Je me suis laissé dire que plusieurs de ces cages à lapins sans âme ont été construites sur ses fondations.

Cette maison merveilleuse est pour moi le lieu même de la mémoire. Elle représentait un point d'ancrage pour notre vaste tribu et tous les amis qui gravitaient autour. Eussions-nous eu un livre d'or pendant mes années d'enfance, on y lirait tous les grands noms de la Perse de l'époque : premiers ministres, parlementaires, académiciens, grands chefs militaires, étudiants ou sans grade anonymes venus rendre visite à mon père, pour lui exposer leurs difficultés et lui demander conseil et assistance. Ils repartaient toujours plus heureux et plus riches qu'ils n'étaient arrivés. Mon père mettait son savoir, sa sagesse et son statut au service de tous ceux qui en avaient besoin.

Mais nous ne tenions pas de livre d'or, et il ne nous reste plus que nos souvenirs.

LE JARDIN

> J'avais promis, en entrant dans
> Le jardin des roses, de cueillir une brassée
> De pétales pour mes amis.
> Mais une fois à l'intérieur, le parfum
> De la rose noya si bien mes sens, que
> J'en oubliai ma promesse.
>
> SAADI

Ce que la maison avait de plus beau, et ce qui avait conquis le cœur de ma mère lorsqu'elle l'avait visitée pour la première fois, c'était son vaste et magnifique jardin. Une piscine rectangulaire en ornait le milieu, tandis qu'un second bassin plus petit et de forme circulaire avait été creusé à l'écart, sous la galerie. S'épanouissant autour de la piscine, le gazon déroulait son herbe verte jusqu'à des plates-bandes de fleurs bordées de buis taillé et d'une profusion de roses grimpantes de toutes les teintes imaginables. Des pins et de hauts platanes étendaient sur cette végétation leurs grandes ombres mouvantes aux dessins toujours changeants. Au printemps, les roses et les rameaux veloutés des églantiers en fleur écumaient sur les buis, s'enroulaient autour des troncs, éclaboussaient les massifs dans un somptueux abandon, comme des danseurs drapés de voiles diaphanes sans cesse en mouvement. Ils parfumaient l'air de leurs subtiles exhalaisons et abritaient des centaines d'abeilles, de papillons, d'oiseaux. Une allée de dalles circulait autour du jardin et de la maison, s'élargissant devant celle-ci pour qu'on puisse y disposer des tapis au début du printemps – on s'y tenait pour goûter pleinement l'air parfumé, la beauté des roses et la chaude caresse du soleil.

Au-delà du jardin, se trouvait le verger, où cerisiers, pruniers et pommiers se dressaient au milieu d'un tapis de menthe, de ciboulette, de persil et d'autres herbes aromatiques. Devant la fenêtre de la cuisine, une antique vigne tordait son tronc noueux autour d'un pin et étendait son feuillage au-dessus d'une treille. Au printemps et en été, on cuisinait souvent à l'ombre de cette vigne qui, à l'automne, donnait les raisins muscats les plus sucrés qui soient. Afin de les protéger des oiseaux et de leur permettre de mûrir tranquilles, ma sœur et moi enveloppions les grappes vertes dans des sachets en papier journal que nous fabriquions nous-mêmes.

Un peu partout sur le gazon étaient savamment disposés de grands pots en terre dans lesquels était planté du jasmin ainsi que des plus petits contenant des gardénias ; en été, leur parfum inondait tout le jardin. Le jasmin donnait chaque jour de nouvelles fleurs dont la brise matinale éparpillait sur l'herbe les pétales, semblables à de minuscules nœuds blancs sur le vert d'une robe en velours. Tous les matins, mon père en déposait quelques-uns dans une assiette bleue qu'il portait à ma mère, à la table du petit déjeuner, où la vapeur du samovar rehaussait encore leur parfum. Ma sœur et moi en tressions des guirlandes que nous portions au cou ou posions sur nos cheveux.

Ma mère, dont les talents étaient restés inexploités, devint une artiste du quotidien. Elle fut ainsi la créatrice de notre jardin. Elle fit construire une serre dans un coin, près du petit bassin, afin de protéger gardénias et géraniums des rigueurs de l'hiver. Elle choisissait les plantes et les fleurs au printemps, les bulbes en automne, et le jardinier exécutait ses ordres. C'était un des jardiniers de l'université, ses tarifs étaient modiques et il s'entendait à merveille avec elle. Ils partageaient le même amour des plantes et de tout ce qui pousse, et lui n'était jamais effrayé par ses exigences. De quoi résultait ce mélange d'ordre et d'anarchie dû à la subtilité d'une main habituée à apprivoiser la nature – main sans laquelle il ne saurait être de jardin accompli.

Dans la plupart des langues européennes, les mots servant à désigner le « jardin » et le « paradis » appartiennent à la même famille que le vieux vocable persan *paradaiza*, signifiant « l'enclos du Seigneur ». En Perse, où la saison des pluies est très courte et l'eau un élément rare, la création d'un jardin signifiait traditionnellement celle d'un paradis personnel, du reflet ici-bas des jardins d'Éden. Cela exprimait l'aspiration de l'âme vers la paix et la beauté éternelles. Les tapis persans, avec leurs oiseaux et leurs plantes stylisés, étaient à l'origine une représentation du paradis ; jusqu'au tapis volant des contes de fées qui était associé au désir d'un retour à la pureté originelle.

Le jardinier persan était censé produire une atmosphère de *safa*, mot qui signifie « sérénité » mais évoque également la fraîcheur, l'apaisement, la beauté. Le jardin persan traditionnel, lieu d'élection du rossignol et de la rose, célébré par les poètes et les écrivains à travers les siècles, était l'expression d'un génie national dont les autres manifestations étaient la fabrication des tapis, la peinture de miniatures, l'écriture de poèmes. Hélas, rares sont les grands jardins d'antan qui subsistent encore aujourd'hui. Plus fragiles que les vers ou la peinture, ils n'ont pas survécu aux soubresauts de notre histoire. Et pourtant, chacun aspire comme avant à créer dans la mesure de ses moyens sa paradaiza personnelle.

En été, notre jardin était arrosé chaque jour en fin d'après-midi, lorsque le soleil quittait le sol et que la brise rafraîchissait l'air brûlant. La précieuse eau jaillissait d'un réservoir situé sous la pelouse ; on s'en servait avec parcimonie pour nourrir les plantes, éclabousser le gazon et les dalles. Le jardinier remplissait ses deux arrosoirs dans la piscine, laquelle communiquait avec le réservoir par l'intermédiaire d'une pompe manuelle. Pour l'aider et pour nous amuser, il nous arrivait, avec nos amis et nos cousins, de pomper l'eau, cent coups chacun. En ce temps-là, la ville n'avait pas de système d'approvisionnement souterrain, et l'eau s'écoulait directement des montagnes par des canaux ouverts en pleine rue, des *joub*, descendant le long des rues. Les gens détournaient une partie de l'eau pour leur usage domestique en creusant des conduites d'accès à ces canaux. Lorsque les joub étaient à sec, les canaux se remplissaient de détritus, si bien que, lorsque l'eau était de retour, il fallait la laisser couler un certain temps avant qu'elle redevînt claire. C'est la nuit qu'on remplissait les réservoirs, au moment où l'eau était la plus propre.

Une fois par jour, « le porteur d'eau » nous livrait notre eau potable, provenant d'une source de montagne située non loin de la ville. Il arrivait avec une énorme citerne montée sur une charrette à cheval et équipée d'un robinet, et remplissait nos cruches en terre à goulot étroit. Certaines personnes prétendaient qu'il n'allait jamais à la source, mais remplissait sa citerne au réservoir de la ville. Ma ville. Ma mère n'ajoutait pas foi à ces racontars. D'ailleurs nous n'avons jamais attrapé la typhoïde ni aucune autre des maladies infectieuses qui sévissaient à l'époque.

Dans l'ensemble, le partage de l'eau s'effectuait de façon très civilisée ; personne ne tirait plus qu'il n'en avait besoin pour arroser son jardin, remplir sa piscine et son réservoir. Mais il était notoire que, dans les quartiers moins favorisés ou à la campagne, l'eau suscitait maintes querelles parmi ceux pour qui elle était un enjeu vital. On rapportait même des cas de meurtre.

Dans l'eau des joub proliféraient toutes sortes de microbes, et régulièrement se propageaient d'horribles épidémies – typhoïde, diphtérie, dysenterie… Puis, dans les années 50, lorsque l'argent du pétrole se mit à couler à flots, le gouvernement se lança dans la construction d'un système de canalisations souterraines qui devait apporter jusqu'en ville l'eau pure des sources de montagne. Personne ne croyait un tel exploit possible – les promesses du gouvernement étant à l'époque un sujet de plaisanteries et de caricatures sans fin –, et « canalisation » devint bientôt un euphémisme servant à désigner le mensonge et les fausses promesses :

« Voyons, ce n'est qu'une histoire de canalisation ! » disait-on ; ou bien : « Ne croyez surtout pas Untel, il ne raconte que des canalisations ! » Pourtant, ces canalisations finirent par être bel et bien construites ; du jour au lendemain chaque maison posséda son robinet d'où coulait, à volonté, une délicieuse eau pure venue de la montagne.

Les piscines profondes et les réservoirs s'avérant désormais inutiles, notre pompe fut démontée et l'on combla la piscine pour la transformer en bassin à poissons rouges, à peine profond d'un mètre. Le réservoir n'ayant plus de raison d'être, on s'en débarrassa aussi. L'arrosage du jardin se fit au moyen d'un tuyau et de tourniquets qui emperlaient le gazon d'une rosée permanente. Mais à cette époque, j'avais déjà quitté le pays.

Nous passions tellement de temps dans ce jardin qu'il est le cadre de mes plus beaux souvenirs. Sur mon tricycle – une nouveauté d'importation – je pédalais inlassablement sur les dalles des allées ; je jouais avec les chatons sous les grappes de la treille quand je ne rêvassais pas derrière les buis ; j'inventais des pays exotiques et des créatures étranges pour distraire ma sœur et nos amis. Nous gambadions, courions, jouions à la marelle et aux billes – nous étions l'insouciance même.

Des hautes fenêtres de ma chambre, j'observais la parade des saisons telle qu'elle se reflétait dans notre jardin. En hiver, une épaisse couche de neige tapissait les arbres et les buis ; la plupart des oiseaux étaient partis, laissant le champ libre aux corbeaux dont les nids se cachaient dans les hautes branches des pins et des platanes. Parfois, le jardin lui-même s'évanouissait sous le lourd manteau de neige qui l'avait recouvert pendant la nuit. Nous confectionnions des « icebergs » en mélangeant dans des bols de la poudreuse avec des essences de fruits ou de la mélasse ; nous faisions des batailles de boules de neige et donnions à manger aux rares moineaux qui venaient picorer dans le verger au moment du dégel.

Le printemps arrivait avec Norouz – le Nouvel An. Le sol se couvrait de perce-neige et de crocus, les hirondelles remontaient du Sud pour retrouver leurs nids sous l'auvent. Les plates-bandes se couvraient de narcisses au parfum capiteux, de flamboyantes tulipes, d'iris, d'asphodèles. Une fois par semaine, l'eau arrivait pour remplir les petits canaux d'irrigation au pied des bordures de buis ; les arbres palpitaient du chant des oiseaux – moineaux, rouges-gorges, grives. A la fin du printemps, quand s'annonçait l'été, nous recevions parfois la visite du rossignol : soudain, au milieu des jacasseries des oiseaux babillards, s'élevait dans les airs un doux trille. Ma mère posait alors son doigt sur ses lèvres pour demander le silence ; nous écoutions comme dans un enchantement jusqu'à la fin du chant, avant de reprendre lentement le fil de la conversation. Mais le printemps est très bref en Perse, quelques semaines tout au plus : « Comme la jeunesse, à peine commences-tu d'en jouir que déjà elle s'en est allée », aimait à citer tante Ashraf.

En été, au crépuscule, on dressait dans le jardin des estrades que l'on recouvrait de tapis et de coussins, afin de passer la nuit dehors. Nous avions toujours des invités à dîner, et les repas se prolongeaient tard ; nous nous gavions de fruits et de sorbets avant de descendre les moustiquaires sur nos estrades et y dérouler nos matelas, pour dormir. Au mois de juin, avant notre départ pour la campagne, il faisait tellement chaud dans le jardin que nous étions obligés de monter nous coucher sur le toit, où régnait toujours une fraîcheur agréable. A mille deux cents mètres, la voûte céleste semblait à un jet de pierre et, au clair des étoiles, on voyait presque comme en plein jour. Nous restions assis à bavarder, ou écoutions les histoires de Nounou. En imagination, j'empilais plusieurs échelles pour atteindre la voie lactée et la suivre jusqu'au bout de l'univers.

Dans la journée, on restait à l'intérieur, tous stores baissés et ventilateurs électriques en marche. Du temps où la piscine existait encore, il y avait souvent une petite séance de natation avant le déjeuner. Mon père avait appris à nager à mes frères, et ma sœur s'était entraînée toute seule à barboter comme un petit chien ; quant à moi, l'eau me terrifiait et je préférais les regarder du bord. La noyade en piscine était alors une cause extrêmement répandue de mortalité infantile. Le scénario était toujours le même, à quelques variantes près : la famille au complet s'endormait après le déjeuner ; mais voilà que bientôt l'enfant se réveillait et, trouvant le temps long, s'en allait jouer avec les poissons rouges ; au bout d'un moment, il tombait à l'eau et se noyait. Pour éviter un drame de ce genre, ma mère m'avait instillé une peur affreuse de l'eau. En fait, son stratagème a si bien réussi que je ne suis jamais parvenue à surmonter cette peur, même si des années plus tard je me suis forcée à apprendre à nager.

L'automne était tout aussi bref, avec ses vents de poussière, ses terribles orages, ses trombes d'eau. Brusquement, les arbres perdaient leurs feuilles, les hirondelles s'envolaient vers le sud, le jardinier rentrait les géraniums et les gardénias en pots. Il balayait les feuilles mortes, plantait les bulbes et couvrait la piscine de planches pour la protéger des attaques du gel. Au lieu de venir tous les jours, il ne passait plus que deux fois par semaine. Le jardin avait l'air triste et nu, les moineaux picoraient ce qu'ils pouvaient. Il y régnait une atmosphère mélancolique avant la longue plongée dans le froid de l'hiver.

Un jour d'automne, je devais avoir onze ou douze ans, il se produisit un incident qui, avec le recul, revêt une dimension métaphorique : mon oncle Alem, le frère aîné de ma mère, était venu nous rendre visite. Au cours de la conversation, il nous fit la suggestion suivante : nous devrions remodeler le jardin, supprimer quelques arbres et les bordures de buis, pour agrandir l'espace.

– Cela le rendrait moins touffu, plus ouvert, comme un jardin à la française, résuma-t-il.

En fait, il avait vu des photographies de ce que les Français appellent un « jardin municipal », avec plates-bandes et pelouses géométriques, et c'est à cela qu'il faisait allusion. Mon père, pourtant l'une des rares personnes à oser tenir tête à Riza Shah, n'eut jamais eu l'audace de s'opposer à ma mère ! Il partait en effet du principe que, pour la sauvegarde de la paix et de l'harmonie, il fallait se montrer inflexible sur certains principes essentiels, mais souple et conciliant en revanche sur les choses de moindre importance. Pour cette raison, il n'intervenait jamais dans le déroulement de notre vie quotidienne, laissant carte blanche à ma mère. Pourtant il savait parfaitement que ce projet mènerait au désastre : cinquante années avaient été nécessaires pour faire de ces buis ce qu'ils étaient, un siècle pour donner des arbres de cette taille… Il se contenta de marmonner quelques conseils de prudence, mais comme tout le monde faisait la sourde oreille, il n'insista pas. Quant à ma mère, si elle avait des doutes, elle les fit taire par amour pour son frère qu'elle adorait et à qui elle était incapable de dire non.

Des ouvriers ne tardèrent pas à débarquer, armés de scies et de haches, et les arbres tombèrent, y compris tous les arbres fruitiers du verger. Bientôt ne restèrent plus debout au milieu de la désolation, semblables à des sentinelles sur un champ de bataille, que quelques pins et arbres ornementaux. Après quoi, les ouvriers déracinèrent les buis, les buissons de roses, les églantiers. Au lieu d'avoir l'air plus grand et plus dégagé, le jardin paraissait au contraire rétréci, dénudé, vulnérable, comme un corps dépouillé de ses vêtements. Ma mère regretta immédiatement sa décision, mais elle préféra se taire ; mon père hocha diplomatiquement la tête, sans souffler mot. Quant à mon oncle Alem, il prit un air penaud. Par un acte de pur vandalisme, on avait d'un seul coup détruit ce que la nature avait mis cinquante ans à produire : comme une balle perdue qui fauche une jeune vie. Et cela dans les meilleures intentions du monde, au nom de la « modernité ». Ma mère se mit immédiatement au travail, avec l'aide du jardinier, dans le fol espoir de réparer les dégâts. Les anciennes bordures et les rosiers avaient disparu, mais elle fit planter du gazon, des plates-bandes, de nouveaux rosiers, des arbres ornementaux. De sorte qu'au fil des années, chaque fois que je rentrais à la maison, le jardin avait meilleure mine ; il était plus gai, plus luxuriant, mais jamais il ne retrouva sa splendeur passée. On avait l'impression de regarder un visage aimé qu'un accident eût défiguré. Des années plus tard, j'ai retrouvé dans les jardins anglais, où la nature sauvage, dans son abandon plein de poésie, se mêle savamment aux plans les plus sophistiqués, comme un écho de notre vieux jardin persan.

La destruction de ce jardin est à mes yeux une métaphore des méfaits de l'occidentalisation effrénée, celle-là même dont les bienfaits m'ont permis, d'un autre côté, d'être assise là, aujourd'hui, à cette table, et de vous raconter mon histoire. Si la pression de la culture étrangère n'avait été si forte qu'elle obscurcissait son propre jugement, comment mon oncle aurait-il pu juger le « jardin municipal » à la française supérieur à un jardin persan semblable à ceux qui ont inspiré nos poètes et nos mystiques depuis des siècles ?

Au cours de ma vie, j'ai vu des jardins autrement plus somptueux, et cent fois plus beaux, surtout en Angleterre. Pourtant, mon jardin en Perse reste unique à mes yeux : le paradis perdu de l'enfance. Aujourd'hui, je ne possède qu'un bout de terrasse, mais il semble que j'aie hérité au moins en partie des pouces verts de ma mère, car mes jasmins, mes roses et mes gardénias sont éblouissants de beauté et, quand viennent à fleurir le chèvrefeuille et les géraniums, je retrouve les parfums et les couleurs d'autrefois – ce sont mes *petites madeleines* * à moi…

Parfois, les soirs d'été, je reste assise seule au milieu de mes plantes à savourer la douceur de l'air et regarder la lune se lever sur Londres. Et je me souviens du vieux jardin, de la piscine bleue, du pin qui se balançait et des grands platanes. J'entends presque le délicieux trille du rossignol, l'oiseau magique dont les visites étaient si rares, et qui un jour est parti pour ne jamais revenir, comme je suis partie moi aussi.

LA DOMESTICITÉ

Lorsque nous avons emménagé dans la nouvelle maison, la famille avait atteint sa taille définitive : mes parents, leurs quatre enfants, plus le même nombre de domestiques à demeure, mon père estimant, en effet, que chaque nouvelle naissance appelait une aide supplémentaire pour soulager ma mère. Mais le terme « domestique » est en l'occurrence inapproprié et péjoratif pour ce qui concerne ces gens qui faisaient véritablement partie de la famille et occupaient une telle place dans nos vies qu'il m'est impossible d'évoquer les images du passé sans penser à eux. Ils nous aimaient et nous les aimions; ils faisaient leur travail, nous le nôtre; il n'y avait entre nous aucun conflit d'intérêts, ce qui n'empêchait évidemment ni les disputes ni les scènes.

Nounou, qui devint notre cuisinière une fois que nous fûmes grands, était une veuve originaire du Demavend, la haute vallée où nous passions nos vacances d'été. Elle portait le costume traditionnel : une robe à fleurs sur un pantalon bouffant et un foulard blanc attaché sous le menton. Quand elle sortait, événement rare, elle enfilait un léger tchador. Elle avait le teint rose et les yeux vifs des montagnardes, un doux sourire et une nature angélique. Elle était simple et dévouée, en émerveillement permanent devant l'ingéniosité de Dieu et la beauté du monde : une abeille, une fleur, la chair sucrée d'un melon, tout lui tirait des « Oh ! » et des « Ah ! ».

En été, lorsque les rosiers étaient en fleur, Nounou faisait le tour du jardin pour les admirer et humer leur parfum en rendant hommage au Seigneur et à Sa munificence. Elle s'arrêtait toujours devant la même variété de fleur, rose et capiteuse, appelée « la rose de Mohammad » dont étaient extraites l'essence et l'eau de rose. Elle plongeait le nez dans la fleur la plus somptueuse, inspirait profondément sa puissante odeur, puis expirait en articulant cette pieuse invocation : « Bénis soient le Prophète et les croyants ! » A cet instant précis, une abeille, cachée sous un pétale, venait lui piquer le bout du nez. Ses cris résonnaient dans tout le jardin, suivis d'un formidable remue-ménage. Quelqu'un essayait de faire sortir le poison en lui pressant sur le nez, initiative qui ne faisait que déclencher un nouveau chapelet de cris, et un regain d'agitation. Pendant une bonne semaine, le nez de Nounou gardait la taille et la couleur d'une petite betterave dont la peau aurait eu le granulé poreux d'un nez de buveur de gin impénitent.

– C'est tous les ans la même chose, Nounou. Pourquoi recommences-tu ? lui demandions-nous.

– Vous ne vous étonnez donc pas de la merveilleuse intelligence de Dieu ? Il a donné son parfum à la rose pour attirer l'abeille qui fabriquera le miel. Vous mangez du miel à votre petit déjeuner, mais vous refusez de rendre hommage à Celui qui l'a fait !

Elle oubliait vite l'incident et, l'été suivant, transportée par la flamboyante luxuriance du jardin des roses et ses enivrants effluves, elle répétait le même scénario.

Ali était le valet de chambre de mon père, et son factotum. Chaque fois que Nounou s'absentait ou tombait malade, il prenait sa place aux fourneaux. Il était originaire d'un village d'Azerbaïdjan réputé pour ses grenades, et parlait le persan avec un fort accent turc. Nous le taquinions à ce sujet, en exagérant ses impropriétés de langage et sa mauvaise prononciation. Il avait le tempérament colérique et le cœur tendre ; autoritaire et loyal, il menait son petit monde avec efficacité, même si c'était en bougonnant. Un jour, il finit par se marier, et par nous quitter, nous amenant alors un de ses cousins originaire du même village qu'il forma à remplir ses fonctions. Par un heureux hasard, celui-ci s'appelait aussi Ali, et c'est ainsi qu'au fil des ans se succédèrent chez nous plusieurs Ali (quand ils avaient un autre nom, nous les rebaptisions). Petits paysans mal dégrossis à leur arrivée, ils repartaient quelques années plus tard ayant acquis le savoir-faire et les bonnes manières exigées d'un employé de maison.

Ozzie, la fille de Nounou, était notre bonne à tout faire. Jolie, timide et un peu simplette, elle fut toute sa vie poursuivie par la malchance. Son premier mariage, avec l'un de ses cousins, se solda par un divorce : sa belle-mère se rappela brusquement que son fils et Ozzie avaient été allaités par la même nourrice, ce qui faisait qu'ils étaient frère et sœur. Leur mariage était donc incestueux, contraire à la sharia. C'est en tout cas ce qu'avait décrété le mollah du village, spécimen particulièrement bigot, et rien de ce qu'avaient pu alléguer mon père et les autres mujtahed n'avait pu ébranler sa décision. Ozzie avait été renvoyée chez elle. Mais, sans sa virginité, et sans trousseau, ses chances de trouver un autre époux étaient extrêmement minces. Nounou pleura, « se rongea les sangs », leva les bras au ciel dans l'attitude de la supplication. Un beau jour, Dieu répondit à ses prières : Ozzie se remaria. Son nouveau mari était boulanger, et « très gentil avec elle », mais la pauvre petite avait été brisée, sa santé aussi. Elle avait toujours quelque chose qui n'allait pas, si bien que Nounou finit par nous quitter pour aller s'occuper d'elle.

Zahra était ma nounou particulière, destinée à devenir plus tard notre gouvernante à tous. Elle venait des bords de la Caspienne, et on la disait vaguement parente de mon grand-père maternel, Hadji Scheikh Ali-Baba. Elle était orpheline, ayant perdu son père avant sa naissance et sa mère à l'âge de dix ans. Lorsque celle-ci s'était rendu compte que le mal dont elle souffrait était mortel, elle avait emmené Zahra à Téhéran pour la confier à ma mère avant de rentrer mourir au village. Au début, Zahra avait été folle de douleur devant « l'abandon » maternel mais, peu à peu, elle s'était résignée à son sort et s'était attachée à nous. A ma naissance, elle m'avait aussitôt adoptée, me prodiguant affection et soins. Elle me portait attachée dans son dos quand elle faisait les corvées du ménage, me berçait et m'embrassait, me lavait, m'habillait et jouait avec moi. La nuit, elle me racontait d'interminables histoires – de djinns et de revenants, de princes et de princesses, de dragons et d'oiseaux fabuleux. C'est elle qui la première m'a parlé du *Simurgh*, le souverain clairvoyant du royaume des oiseaux qui habitait au sommet du mont Kaf et que le grand poète soufi Attar décrit dans sa *Conférence des oiseaux*. Il y avait dans ses récits d'autres créatures, beaucoup plus sinistres ; les *palis*, par exemple, hideux nains chauves qui léchaient les pieds des voyageurs du désert et s'en gavaient jusqu'à ce que mort s'ensuivît pour la malheureuse victime. Il y avait aussi le *bakhtak*, un grand humanoïde à l'allure d'ours, qui rampait vers vous pendant votre sommeil, s'asseyait sur votre poitrine, et vous étouffait… avant de vous dévorer ! Je buvais littéralement ses paroles, et j'en arrivais à voir se dresser devant moi ces horribles et sanguinaires créatures ; la nuit, je me réveillais parfois en sursaut, terrifiée par la présence du bakhtak dans ma chambre, prêt à me sauter sur la poitrine et à m'étouffer. Je me mettais à hurler et Zahra accourait :

– Je ne te raconterai plus d'histoires si tu es assez bête pour pleurer !

Mais, une fois la lumière allumée, et elle assise à côté de moi, la tentation était trop forte…

Zahra me parlait souvent des bords de la Caspienne, de la douceur du climat, des orangeraies, des grandes forêts qui tapissaient les flancs des montagnes, et surtout de la mer, dont l'immensité me paraissait si mystérieuse. Elle me raconta aussi l'histoire de sa mère :

– A la mort de mon père, ma mère a vendu notre bout de terre ; l'été, elle louait ses bras à la ferme, et l'hiver, elle vivait de colportage. Elle achetait des ustensiles de ménage au marché de la ville, puis allait les vendre de village en village. Elle parcourait des dizaines de kilomètres à pied chaque jour, continuant même parfois à marcher la nuit, me portant suspendue dans son dos, une grosse canne à la main et deux paniers pleins accrochés à ses épaules. Dans le pays, on l'appelait « la Lionne » à cause de son courage et de sa force. En ce temps-là, le pays était entièrement recouvert d'une forêt touffue regorgeant d'animaux sauvages – des léopards, des panthères, des ours, des sangliers, des serpents… Mais « la

Lionne » n'avait pas peur de couper à travers bois, même la nuit quand les animaux sortaient de leur antre. Une nuit, elle tomba nez à nez avec une panthère noire ; les ténèbres étaient totales, seuls deux énormes yeux verts scintillaient comme des émeraudes. Elle s'immobilisa et regarda la bête droit dans les yeux. Au bout de quelques minutes qui lui parurent une éternité, la panthère lui tourna le dos et s'enfuit…

J'adorais Zahra, et l'idée qu'elle était orpheline, seule au monde, m'affligeait. Sa dévotion et sa loyauté furent pour moi un modèle tel qu'il s'en trouve rarement et auquel il est difficile de renoncer. Elle épousa un de nos Ali, lequel mourut quelques mois plus tard accidentellement, alors qu'elle était enceinte. Après la naissance de sa fille, elle se remaria, « pour la petite », et donna le jour à deux fils. Elle ne tarda pas à être de nouveau veuve. Mais, sans se laisser abattre, elle décida de suivre une formation d'infirmière et, grâce à ce métier, put donner à ses enfants une bonne éducation, attendant qu'ils fussent installés dans la vie pour prendre sa retraite.

Outre ces quatre personnes à demeure, nous faisions de temps à autre appel à des extra. Ils venaient nous donner un coup de main pour le nettoyage de printemps, ou au moment des festivités de Norouz, ou encore lorsque nous donnions de grands dîners. Aucun d'eux ne venait chez nous uniquement pour l'argent : ils disaient toujours que c'était un honneur de travailler pour mon père, et certains allaient jusqu'à refuser des travaux mieux payés pour pouvoir le faire. Plus tard, après mon départ de Perse, le boom du pétrole et l'industrialisation devaient donner naissance à une nombreuse et riche classe moyenne, pour qui la pénurie d'employés de maison se révéla un casse-tête permanent – et un sujet de conversation des plus ennuyeux – qu'on finit par résoudre en important du personnel des Philippines, d'Afghanistan et du Pakistan, salarié à prix d'or. Ma mère eut de plus en plus de difficultés à trouver de la domesticité, car elle était obligée d'embaucher cette « nouvelle race » d'employés, « des gens qui travaillaient pour l'argent ! » Ce sont les proches de ces gens-là qui allaient souvent devenir par la suite ces fameux « locataires en possession des lieux », après la révolution de 1979. Un seul d'entre eux put être persuadé de quitter les lieux sous la menace que ses prières ne seraient pas acceptées s'il les disait en terre usurpée. Les autres eurent moins de scrupules : ils voyaient dans la révolution un feu vert au pillage. Mais n'est-ce pas profondément le sens de toutes nos révolutions des temps modernes : le pouvoir et les biens changent de mains, le mal change de camp ?

ALI SE MARIE

Lorsque Ali avait débarqué chez nous de son village d'Azerbaïdjan où l'on parlait turc, il savait à peine quelques mots de persan. Il ignorait tout de la vie citadine et, comme quatre-vingt-dix pour cent de la population, ne savait ni lire ni écrire. A ma naissance, il était devenu un fin cuisinier – formé par ma mère – un valet de chambre stylé, et c'est lui pratiquement qui dirigeait la maisonnée. Dans le cadre de sa campagne d'alphabétisation, Riza Shah avait décrété que toutes les écoles devaient se transformer le soir en centres d'enseignement pour adultes. Ali, comme d'innombrables jeunes gens, profita de l'occasion.

A l'époque où j'entrais à l'école, Ali avait une vingtaine d'années et un caractère qui ne cessait d'empirer. Irascible, il se mettait dans des colères noires à la moindre provocation. Il attrapait tout le monde, y compris ma mère qui, à l'entendre, jetait l'argent par les fenêtres avec toutes ses réceptions et lui faisait perdre son temps !

– Vous savez ce qui ne va pas chez lui ? dit un jour à brûle-pourpoint tante Ashraf à ma mère. Il a besoin d'une femme. Il est trop timide bien sûr pour en parler, mais ses sautes d'humeur en disent assez.

Ma tante proposa d'en discuter avec lui, et Ali admit sans hésiter – puisqu'elle avait mis le sujet sur le tapis – qu'il avait effectivement envie de se marier !

Le bruit courut rapidement qu'Ali cherchait une épouse, et plusieurs jeunes filles furent proposées à ma mère par la voie habituelle – commerçants du quartier, personnel du hammam, marieuses…

Comme Ali n'avait pas de famille en ville, ma mère se chargea de sélectionner les candidates et de s'occuper des arrangements nécessaires. Elle vit plusieurs jeunes filles, et finit par en choisir une de seize ans dont le père était commerçant. Au nom d'Ali, elle fit donc sa demande aux parents. Elle avait envoyé à la famille un message annonçant sa visite et avait prié ma tante Ashraf de l'accompagner. Les émissaires d'Ali reçurent un accueil aussi courtois que cordial et, après avoir échangé les civilités d'usage, la jeune fille fut introduite pour un ultime coup d'œil. Ma mère assura qu'Ali était un homme plein de bonté, honnête et travailleur, quoique plutôt autoritaire et têtu, ce qui « n'était pas surprenant de la part d'un Turc ! »

Manifestement, les parents de la jeune fille étaient ravis de se débarrasser d'elle à si bon compte – Ali eût-il été Jack l'Éventreur en personne, ils n'en eussent pas moins accepté la proposition ! Leur fille avait déjà seize ans, d'une beauté plus que discutable... quelle calamité si elle leur restait sur les bras ! Rien n'était plus prisé chez une jeune fille qu'un teint de pêche – plus la peau était blanche, plus sa beauté était exquise. Or la promise d'Ali avait le teint extraordinairement foncé, d'où l'impatience de ses parents de la voir mariée. Bien des années plus tard, lorsque les bains de soleil et le bronzage furent à la mode, le fait d'avoir le teint mat cessa d'être un handicap : si les Suédois et les Allemands se rôtissaient au soleil pour obtenir la peau brune que Dieu avait donnée à la plupart des jeunes Persanes, c'est donc que ce n'était pas si affreux.

– A quoi ressemble-t-elle ? interrogea Ali, curieux, lorsqu'il vit rentrer ma mère et ma tante.

– Elle est très modeste, aucun doute là-dessus : elle n'a pas soufflé un mot ! Elle n'a même pas levé les yeux vers nous – pas une fois !

– C'est bon signe ! Qui veut d'une femme qui parle ? Elle irait peut-être répondre ! s'exclama Ali, ajoutant d'une voix timide : Est-ce qu'elle est jolie ?

– Il me semble... avança prudemment ma mère. Elle est un peu brune, mais je suppose que son teint s'éclaircira quand elle se sera un peu étoffée... De toute façon, je les ai prévenus que tu avais un caractère de cochon, ils ne pourront pas prétendre plus tard avoir été roulés ! J'espère que le mariage va t'adoucir, Ali ; tu es une tête de mule, un véritable tyran !

La chambre d'Ali se trouvait à l'entresol, près de la porte d'entrée, de façon qu'il pût surveiller les allées et venues, et entendre les appels de mon père. Pour son mariage, la pièce fut agrémentée d'un nouveau tapis, auquel vint s'ajouter le modeste trousseau de la jeune mariée, de la literie, un coffre, un petit samovar et quelques bibelots… Ma mère donna une réception où furent conviés la famille et les amis. Nous étions tous très excités ; quant à Ali, il ne se tenait plus de joie. Il tint à surveiller lui-même la préparation du repas et, quand tout fut prêt, il s'en alla chez le barbier puis au hammam. Il mit son nouveau costume, s'arrosa d'eau de rose et noua une cravate autour de son cou. La fête pouvait commencer.

– Comme te voilà beau ! le taquina tante Ashraf. Dommage que ton caractère ne s'accorde pas avec ton élégance ! Mais j'espère que cela changera demain !…

La mariée portait une robe de satin rose, des bas de soie et une étole en mousseline de soie, offerts par ma mère. Elle se tenait assise, immobile, le menton posé sur la poitrine, sans jamais lever les yeux ni prononcer une parole. Elle ne toucha pas à son assiette pendant le repas et versa seulement quelques larmes symboliques lorsque sa famille vint l'embrasser pour lui dire au revoir.

Au matin, Ali annonça à ma mère qu'il n'aimait pas sa femme et n'avait aucune intention de la garder :

– Je n'en veux pas ! Renvoyez-la, s'il vous plaît !

– Qu'est-ce que ça veut dire ? s'exclama ma mère, ahurie. Que s'est-il passé ? Qu'est-ce qui ne va pas chez elle ?

– Elle est noire comme une Abyssinienne ! Et couverte de boutons. Ai-je dit que je voulais une négresse ? Vous m'aviez dit qu'elle avait le teint un peu sombre, mais elle est noire comme l'ébène ! maugréa-t-il d'un ton amer.

Ma mère fut prise de panique. Qu'allait-elle faire maintenant ? Elle alla voir la jeune mariée qui, recroquevillée dans un coin de sa chambre, les genoux sous le menton, tremblait comme un petit oiseau tombé du nid et pleurnichait doucement.

– Je ne veux pas rentrer ! Je suis sa femme, et on ne peut pas revenir là-dessus. Je veux rester ici, avec vous, madame !

– Bon, au moins tu as une langue ! Je commençais à croire qu'on te l'avait coupée !

Ma mère s'efforçait de dédramatiser la situation. Elle consola la jeune fille, lui promettant que, quoi qu'il arrivât, il ne lui serait fait aucun mal. Mais la jeune fille savait parfaitement que si elle était renvoyée chez ses parents, la honte retomberait non seulement sur elle mais sur toute sa famille, et jamais elle ne trouverait plus de mari. Ma mère en ayant aussi conscience, retourna voir Ali et essaya de le raisonner, lui disant que c'était un grave péché de briser le cœur d'une jeune fille et de détruire ses espoirs, qu'elle l'avait épousé en toute bonne foi, et qu'elle ne serait plus aussi laide une fois que ses boutons auraient disparu grâce à la vie conjugale – elle voulait parler des relations sexuelles – etc.

– Je ne veux pas d'elle ! Je ne l'ai pas touchée, on ne peut donc pas dire que le mal est fait, protesta Ali, inflexible, signifiant par là qu'elle était encore vierge et pouvait se trouver un autre mari.

En désespoir de cause, ma mère appela mon père à la rescousse, et Ali fut convoqué dans son bureau. Il y passa vingt minutes, en tête-à-tête avec mon père, au bout desquelles il sortit persuadé de faire un essai d'une semaine. Si après cela, il trouvait toujours sa femme aussi repoussante, on trouverait un moyen de les séparer honorablement.

L'incident était clos. Ce qui se passa dans la chambre nuptiale la nuit suivante relève des mystères de l'amour. Qu'il suffise de dire qu'Ali ne parla plus jamais de renvoyer sa femme, et que neuf mois plus tard, elle donnait naissance à une petite fille. A mesure que le temps passait, Ali devint plus calme et plus doux, cependant que sa femme gagnait en assurance et en autorité, se révélant une maîtresse femme-née. Elle ne tarda pas à le mener par le bout du nez ; désormais, c'était Ali qui n'ouvrait plus la bouche, tandis qu'elle se transformait en un véritable moulin à paroles et le faisait marcher au doigt et à la baguette.

A la naissance de leur second enfant, il devint évident qu'Ali avait besoin d'un autre emploi. Mon père l'envoya chez un de ses amis, alors ministre de la Justice, avec une lettre de recommandation. Ali fut nommé coursier : il fut chargé de distribuer les assignations et les convocations du tribunal.

Ali et sa femme formaient un couple uni ; ils eurent sept ou huit enfants – j'ai perdu le compte après le cinquième.

« Dieu n'est pas menuisier, et pourtant Il n'a pas son pareil pour assembler deux bouts de bois ». Ma tante Ashraf aimait à citer ce proverbe au sujet des mariages harmonieux. Il s'appliquait certes à celui d'Ali et de sa femme.

Ils venaient souvent nous voir, amenant chaque fois avec eux des enfants différents. Parfois, Ali venait seul, pour donner un coup de main à la maison. Il était toujours là quand je rentrais de l'étranger. Il reprenait son ancien rôle dès qu'il avait franchi le seuil de la maison, répondant à la porte, servant le thé, donnant des ordres aux domestiques. Il nous apportait les choux à la crème et les glaces que nous aimions quand nous étions petits, qu'il achetait chez les mêmes commerçants.

Il y a longtemps que je n'ai pas revu Ali, mais je sais qu'il pense à nous et qu'il demande de nos nouvelles dès qu'il rencontre quelqu'un ayant récemment séjourné en Occident.

LA RUE

De derrière les hauts murs d'enceinte de la maison nous parvenaient des bruits et des odeurs qui nous racontaient l'animation intense et variée de la rue. Depuis l'aube jusqu'au soir, tout un petit monde de marchands de quatre-saisons et de camelots chantaient les louanges de leurs marchandises dans une prose poétique et imagée, pleine de fioritures, annonçant l'arrivée des premiers fruits et légumes de la saison. Notre maison se trouvant à un croisement, nous les entendions arriver de loin par la route, puis ils tournaient le coin de la rue et longeaient notre jardin vers la grand-rue ou au *bazarcheh*. Les gens ouvraient leur porte pour les héler et, après force marchandage, leur achetaient un peu de ce qu'ils avaient à offrir. Certains d'entre eux dressaient boutique pour la journée en dépliant de simples tréteaux en bois, sur lesquels ils posaient un plateau rond qui leur servait de présentoir. Au coucher du soleil, ils allumaient une lampe à paraffine et restaient là jusqu'au retour des derniers habitants, quand les rues devenaient désertes. Alors seulement ils repliaient leurs tréteaux, juchaient leurs plateaux sur leurs têtes et s'en allaient.

Toute la journée, on entendait le flot ininterrompu de leurs exhortations : « Faites-vous plaisir avec un grand verre de grenade couleur de rubis ! » ; « Faites-vous un foie tout propre avec mes belles mûres bien juteuses ! » ; « Faites-vous des muscles d'acier avec mes bonnes brochettes de foie et de rognons grillés ! » ; « Un sang pur avec mes bonnes mûres qui fondent sous la langue ! », etc.

En hiver, ils colportaient des citrons et des oranges, du poisson frais de la Caspienne. Pour une raison ou pour une autre, la majorité des vendeurs étaient des Azerbaïdjanais de langue turque. Ils transportaient leurs oranges et leurs délicieux citrons dans des sacs en tapisserie, accrochés en bandoulière ou autour de leur cou. Les familles qui avaient des domestiques n'avaient pas besoin de s'adresser aux marchands ambulants, mais ils étaient très utiles pour assurer les livraisons aux ménagères dépourvues d'aide. Ali se rendait régulièrement au marché principal, non loin de la porte du Sud, où il achetait en quantité fruits et légumes de saison que nous stockions dans un coin frais de la cave. Il lui arrivait cependant, quand nous étions à court entre deux expéditions, en général parce que nous avions reçu plus de monde que prévu, d'appeler l'un de ces marchands ambulants pour regarnir le garde-manger. Avec eux, il parlait turc, marchandait dur et n'acceptait d'acheter que lorsqu'il était sûr d'avoir fait une bonne affaire.

En ce temps-là, il y avait une saison pour les fruits et les légumes : les oranges et les citrons disparaissaient à la fin de l'hiver, et ma mère tenait à ce qu'on en profitât tant qu'il y en avait : « Vous n'attraperez jamais de rhume si vous mangez des oranges et des citrons tous les jours », nous disait-elle, tout en veillant à ce que nous en ayons toujours en réserve. (C'est d'ailleurs grâce à une déclaration du même ordre que, trente ans plus tard, Linus Pauling devait recevoir le prix Nobel !) Ma mère mettait en bouteilles des litres et des litres de citrons de Shiraz pressés – ce sont de petits citrons à la peau fine et très juteux – en perspective des citronnades de l'été ; les peaux d'oranges, nettoyées, découpées en fines lamelles, servaient d'ingrédient culinaire ; de la marmelade, du chutney et de la compote d'oranges étaient mis en conserve.

Le poisson en provenance de la Caspienne était surtout du bar, vendu soit frais soit fumé. Il n'était pas rare qu'il gèle dans le sac du poissonnier tandis que ce dernier arpentait les rues toute la journée. Coupé en tranches, mariné dans du jus de citron avant d'être grillé, le bar était servi avec un pilaf spécial aux aromates. C'était un des plats du Nouvel An, car il symbolisait la fertilité en mer comme sur la terre.

Notre bref printemps n'avait pas montré le bout de son nez, que surgissait le vendeur d'herbes aromatiques avec son cri : « Herbes sauvages… herbes des bois !… » Il proposait en effet des espèces sauvages de persil, de coriandre, de ciboulette, d'oignons, d'ail, et bien d'autres herbes dont nous ne savions pas le nom mais que les paysans connaissaient pour leurs qualités culinaires et médicinales. Dès la fonte des neiges, alors que perçaient à peine les campanules et les violettes, les paysannes s'enfonçaient dans les bois pour ramasser les champignons et les herbes que leurs maris se chargeaient ensuite d'aller vendre à la ville. Il fallait des heures à Zahra et Ozzie pour trier, nettoyer, laver, couper finement les montagnes d'herbes aromatiques qui entraient dans la préparation du pilaf ou du ragoût. Nous entendions le bruit scandé des hachettes aux lames effilées et, oubliant un peu nos jeux, nous nous surprenions à saliver à la perspective des délices gastronomiques qui nous attendaient.

L'été, notre long et magnifique été, était *par excellence* * la saison des marchands ambulants. Il était annoncé par l'arrivée des premières reines-claudes et des amandes fraîches. Nous n'étions pas autorisés à en acheter dans la rue, à cause des microbes. Il était en effet à la mode de laver les fruits et la salade dans de l'eau au permanganate, comme si les microbes, à l'image d'une armée de mortels ennemis, avaient soudain envahi le pays, ou du moins la conscience de la classe cultivée. Pourtant, n'ayant cure de cette interdiction, nous ne nous privions pas d'acheter des fruits sur le chemin de l'école, quitte à payer notre gourmandise par un bon mal de ventre.

Outre les primeurs, les marchands ambulants apportaient, l'été, jusqu'aux seuils de nos maisons des glaces, des jouets et des ustensiles de ménage. Bon nombre d'entre eux avaient des ânes, lourdement chargés de melons et de pastèques, d'aubergines et de courgettes, de casseroles et de vaisselle. Par le soupirail de la pièce fraîche aménagée dans la cave pour nous servir de refuge pendant les heures torrides du midi, nous les regardions passer, suivis de leur maître. Un matin de bonne heure, nous avons entendu frapper à la porte. Là, sur le seuil, se dressait un chameau chargé de melons et de pastèques.

Les chameaux avaient alors disparu de la ville, remplacés d'abord par des charrettes à chevaux, puis par des camionnettes. Nous étions donc stupéfaits de voir un de ces animaux d'aussi près. Ma mère avait passé commande auprès d'un grossiste, lequel avait utilisé pour nous livrer cet antique mode de transport. Nous étions fascinés, mais Nounou nous conseilla de ne pas approcher :

– Vous n'avez jamais entendu l'expression « aussi rancunier qu'un chameau » ? C'est dire que le chameau a meilleure mémoire que toutes les autres bêtes, et qu'il vous garde rancune pour toujours ! Une fois qu'il vous a vus, si par malheur vous lui faites le moindre mal ou même si vous le taquinez, il ne vous pardonnera jamais et un jour, quelque part, il vous donnera le coup de pied de la mort !

Nous sommes donc restés prudemment à l'écart pendant qu'on faisait s'agenouiller le chameau pour le décharger. Soulagé de son fardeau, il se mit à ruminer tranquillement, sans se préoccuper de nous ni des gamins qui l'encerclaient. Mais chaque tressaillement de la paisible bête, chacun de ses coups d'œil étaient interprétés par nous comme le signe qu'il voulait graver nos visages dans sa mémoire pour prendre sa revanche plus tard :

– Ni le chameau ni aucun animal ne connaît la rancune, elle n'est bonne que pour les êtres humains, assurait pourtant tante Ashraf, qui ne manquait jamais une occasion d'exprimer la profonde méfiance qu'elle éprouvait à l'égard de ses semblables.

Du chameau, notre attention ne tarda pas à être détournée vers son chargement : les plus petites des pastèques pouvaient en effet servir de ballon, un ballon comestible une fois tombé à terre et ouvert en deux par le choc. Les plus grosses, à tout le moins de la taille d'un ballon de football, étaient remisées et consommées au fur et à mesure. Par la suite, l'explosion démographique ayant mis un frein à ces excès, nous devions évoquer cette époque d'abondance avec nostalgie : « Tu te souviens quand on jouait au ballon avec les melons ? On en a mangé des dizaines comme ça ! »... A croire que des siècles s'étaient écoulés. Il y avait dans le bazarcheh une boutique vendant exclusivement ces melons ; c'était en fait une vaste pièce ouverte sur la rue, où s'empilaient du sol au plafond plusieurs variétés de melons, de toutes les formes et tailles imaginables. Cette boutique restait ouverte jusqu'à minuit, bien après les autres et, lorsqu'il nous arrivait de rentrer chez nous à une heure avancée de la nuit, on pouvait apercevoir le marchand sommeillant sur un banc à l'arrière de son échoppe, enveloppé dans son manteau, au milieu des pyramides de globes verts et dorés. Une lampe à paraffine, suspendue à un crochet du plafond, répandait sur cette scène onirique une lueur fantomatique. Si d'aventure, marquant une halte, nous osions le réveiller d'un salam, il sautait d'un bond agile sur ses pieds et nous offrait sa meilleure marchandise. Il inspectait les montagnes de fruits d'un air de fin connaisseur, en choisissait un gros et déclarait : « Celui-ci vous fondra dans la bouche comme du sucre, madame ». Car les melons n'étaient pas toujours aussi sucrés et croquants qu'on l'eût voulu, mais certaines personnes avaient plus de nez que d'autres. Manifestement, celui de ce marchand était excellent.

Pour les grandes réceptions, ma mère, accompagnée d'Ali, se rendait dans un marché au nord de la ville et achetait à prix fort les plus beaux fruits : des pêches blanches goûteuses, des abricots moelleux, des raisins de tous cépages – le « rubis » à petits grains rouges serrés autour de la tige ; le « muscat » couleur topaze ; le « vert » sans pépins… Elle les arrangeait dans une grande coupe au centre de la table, comme une corne d'abondance dans un tableau ancien – une *nature vivante* * !

On pouvait même acheter des poulets dans la rue. L'élevage en batterie n'existait pas encore et la volaille était un mets de luxe qu'on ne s'autorisait qu'en certaines occasions. « Mes poulets ! Mes jeunes coqs !… Mes poules ! Mes poulets !… Mes oiseaux de paradis ! » chantait le marchand.

Un jour, alors que j'étais encore enfant, je suivis Ali jusqu'à la porte et je l'observai marchander deux poulets. Une douzaine de volatiles se débattaient dans un long panier, leurs pattes grêles attachées ensemble comme du petit bois. L'homme les sortit de leur prison, masse caquetante, ailes battant l'air inutilement, pour les poser à terre. Avec de curieux grognements, les oiseaux jetèrent en biais des regards méfiants à Ali, qui se penchait pour les examiner :

– Celui-ci est beaucoup trop maigre, ce blanc-là m'a l'air un peu mieux, commentait-il sans écouter les protestations du marchand qui prenait Dieu et le Prophète à témoin de sa sincérité et de son honnêteté.

Au bout du compte, Ali acheta la poule blanche et le coq à la queue multicolore. Il les emporta tous les deux au fond du verger, leur coinça les pattes avec son pied et, d'un geste rapide, leur trancha le cou à l'aide d'un couteau de cuisine. La lame étincela au soleil, le sang gicla, mais les oiseaux continuèrent un moment à gesticuler et à battre furieusement des ailes avant de retomber, inertes.

Je n'avais encore jamais assisté à pareille scène d'immolation, ni d'ailleurs associé les plats succulents que l'on me servait à pareille boucherie : je fus horrifiée ! En sanglotant, je fis pleuvoir sur les jambes d'Ali des coups de mes petits poings, lui ordonnant d'arrêter immédiatement ! Il se contenta de rire.

– Nous verrons bien qui va manger du poulet ce soir ! dit-il avec un rire moqueur avant d'emporter les volatiles à la cuisine pour qu'on les plumât.

Je courus vers ma mère, hurlant tout à la fois de pitié et de rage ; elle gronda Ali pour avoir « fait peur à l'enfant ». Ce soir-là, les deux poulets, cuits dans une sauce exquise, se retrouvèrent sur la table du dîner. Il ne me vint pas à l'esprit de ne pas manger ma part, mais Ali n'allait pas me laisser m'en tirer aussi facilement :

– Alors, la petite dame pleure encore ses poulets ? me taquina-t-il.

Et tout le monde se mit à rire.

J'admire les végétariens qui s'abstiennent de manger de la viande par compassion pour les animaux mais, personnellement, je n'ai jamais réussi à passer de la théorie à la pratique.

Lorsque j'ai quitté la Perse, les premières volailles d'élevage intensif avaient déjà fait leur apparition sur le marché. Un fermier ayant ouvert une boutique dans la grand-rue de notre quartier, nous lui achetâmes un poulet, pour le goûter :

– On dirait du coton ! déclara ma mère en guise de verdict. Mieux vaut de l'authentique plus rarement que cette chose infecte tous les jours !

J'essaye de suivre ce conseil le plus souvent possible – et pas seulement en ce qui concerne les poulets…

Avec la chaleur, surgissait le vendeur de glaces. Dans tout le Moyen-Orient, depuis la Grèce jusqu'en Inde, vous trouvez une glace très particulière faite de mastic et d'eau de rose. Le premier lui prête une élasticité semblable à celle du caramel mou, l'autre un délicat arôme.

Pour un sou, vous achetiez une gaufrette fourrée à la crème. Mais cela nous était interdit parce que, le lait n'étant pas pasteurisé correctement, nous risquions d'attraper le charbon, une maladie douloureuse et parfois mortelle transmise par le mouton. Il y avait non loin de chez nous, près du bazar, un marchand de glaces réputé, et de temps en temps, on envoyait Ali nous en acheter. Pour fabriquer ces glaces, on versait les ingrédients dans un cylindre de métal que l'on faisait tourner dans une barrique remplie de glaçons jusqu'à ce que le liquide se solidifie.

Plus tard, les glaces « à la machine » envahirent salons de thé et pâtisseries des nouveaux quartiers riches ; un café extrêmement chic s'ouvrit sur la place du Parlement et, à notre retour de l'école, il nous arrivait d'y faire halte avec une bande d'amis pour prendre une glace. Peu à peu, la glace traditionnelle devint une rareté, comme le *sherbet*, cette boisson divine à base de jus de fruits battus avec de l'eau glacée. Un jour, lors d'un de mes séjours, je m'installai au café et commandai un verre de sherbet à la cerise. Le garçon me toisa comme si j'étais tombée de la planète Mars :

– Nous n'en avons pas, madame, laissa-t-il tomber d'un ton indigné. Coca-Cola, Pepsi, Seven-up, tout ce que vous voulez…

Je lui ai répondu que je venais d'Europe et que je n'avais pas fait tout ce chemin pour boire du Coca-Cola à Téhéran !

Il me regarda d'un air ahuri : « Il y a des gens drôlement vieux jeu ! » semblait-il se dire. C'eût pourtant été une bonne idée pour un homme ayant l'esprit d'entreprise : mettre en bouteille le sherbet traditionnel, l'exporter vers les pays voisins et, pourquoi pas, au-delà. Curieusement, ce n'est jamais venu à l'esprit de personne en Iran ! Pourtant, aujourd'hui, on trouve bien du sherbet en bouteille en Grèce ou en Turquie, et tous les marchés du monde vendent des jus de fruits.

On savait toujours quand le marchand de jouets était là au son de son *vaq-vaq-sahib* (warf-warf-maître), un minuscule concertina confectionné au moyen d'un morceau de papier blanc tendu entre deux disques en terre cuite et qui faisait un bruit semblable au jappement d'un petit chien. Tous les gamins sortaient acheter quelque chose pour trois sous ou regarder la démonstration des jouets. Notre marchand avait des sifflets en terre, des moulins à vent, des serpentins… Il s'arrêtait à chaque carrefour jusqu'à ce que sa boîte fût vide. La rue retentissait alors des jappements de son vaq-vaq-sahib et resplendissait des couleurs chatoyantes de ses moulins.

De tous les camelots, le plus populaire était cependant l'homme au *shahre-farang* (littéralement « la ville d'Europe »). Il poussait sa grosse boîte noire sur une brouette en criant :

– Venez voir le shahre-farang ! Voyagez avec moi au pays des farangi et admirez ses merveilles !… *Farang*, signifiant à l'origine « la France », était en fait un terme générique pour désigner l'Europe en général. Les contacts culturels de la Perse avec l'Occident pendant le XIXe siècle ayant commencé par la France, « farangi » désignait donc toute personne venant d'Europe, et même, par la suite, d'Amérique.

Les enfants surgissaient de tous les coins pour offrir leurs sous à l'homme au shahre-farang.

– Attention ! Seulement quatre à la fois !

Les quatre premiers spectateurs miniatures s'accroupissaient et collaient leurs yeux aux petites fenêtres qui s'ouvraient à l'intérieur sur le monde magique, plaçant leurs mains en hublot pour mieux écarter la lumière et la réalité. L'homme mettait alors sa machine en marche en tournant une manivelle à l'arrière de la boîte, et une merveilleuse tapisserie se déployait : Versailles, les Tuileries, Buckingham Palace, le château de Windsor… Des paons se pavanaient dans des jardins splendides, des cygnes glissaient sur des lacs moirés, de jeunes amoureux, tous princes et princesses évidemment, resplendissants dans leurs beaux atours, se promenaient main dans la main dans un décor de bois et de charmilles. Et, pendant ce temps, le forain psalmodiait le commentaire d'une voix hypnotique. Mais, alors que vous vous trouviez complètement transporté dans le monde magique et exotique qu'il faisait vivre sous vos yeux, l'image se figeait :

– Fin de la séance ! disait-il, cruel. Aux suivants !

Cela avait duré à peine une seconde ! Mais le germe de la curiosité et du désir avait été planté : je ne rêvais que de voir ces endroits magnifiques, si exotiques ; je voulais rencontrer ces gens bizarres qui vivaient au-delà des sept montagnes et des sept mers. Ce fut le premier aiguillon qui devait m'inciter à partir en quête d'un endroit où, peut-être un jour, mon âme se sentirait chez elle. C'est de tels désirs que l'exil est fait. *Le bonheur est ailleurs* *... Le shahre-farang avait allumé une flamme que rien, sinon le temps et l'expérience, ne pourrait empêcher de brûler.

L'automne était la saison des coings et des grenades. Les coings jaunes et durs, recouverts d'un duvet doux comme la soie, servaient à faire de succulents ragoûts de viande ou de volaille, ainsi que de la confiture et de la gelée. Mais le plaisir suprême de la saison était la divine grenade, le « fruit des dieux », disait-on à cause de sa beauté et de ses propriétés thérapeutiques. De sa peau on tirait une teinture tenace dont on se servait pour la laine destinée à la fabrication de tapis et d'étoffes, son jus avait la réputation de « digérer la bile » et de guérir les maladies de foie, sans parler de l'aspect si séduisant de ce fruit. Ali venait d'une région de grenades et, quand chaque automne il retournait en vacances chez lui, il rentrait toujours avec une tonne de fruits de la variété la plus exquise – d'énormes balles d'un rouge éclatant truffées de pépins semblables à du rubis liquide. Vous pressiez doucement la peau pour faire éclater les pépins à l'intérieur, puis, d'une petite incision du bout des dents, vous en suciez le jus – de l'ambroisie ! Le plus souvent Nounou les épépinait pour nous les servir dans un bol, ou dans de grands verres de jus. A l'automne, on vendait du jus de grenade à tous les coins de rue, et les passants s'arrêtaient pour en boire un verre en chemin avant de retourner à leurs occupations.

La rue était encore le domaine d'une multitude de saisonniers et d'hommes de peine : coupeurs de bois, bûcherons, laveurs de charbon, videurs de piscines, matelassiers... En ce temps-là, il n'y avait pas de cuisinières, ni à gaz ni électrique – on cuisinait sur des braseros et des feux de bois. Le bois était livré en grosses bûches qu'il fallait débiter en morceaux plus petits et plus maniables, ce dont se chargeaient les coupeurs de bois; le charbon nous était livré en vrac et devait être nettoyé de ses impuretés avant d'être stocké; quant aux piscines, il fallait les vider puis les remplir d'eau claire avant de les recouvrir de planches en prévision de la froidure de l'hiver.

Le chauffage central lui non plus n'avait pas encore fait son apparition. Traditionnellement on se chauffait au moyen d'un *korsi* : une table basse recouverte de couvertures et de courtepointes sous laquelle se consumait lentement un brasero, dont les braises étaient recouvertes d'une épaisse couche de cendres afin de mieux répartir la diffusion de la chaleur et d'éviter les incendies. Le korsi ressemblait au brasero espagnol et marchait de la même façon : on s'asseyait sur des matelas tout autour, les mains et les pieds sous les couvertures, le dos appuyé à des coussins. La nuit, on s'allongeait tout simplement de chaque côté pour dormir, tandis qu'à l'heure des repas le dessus du korsi faisait office de table. Par la suite, les korsi disparurent de la maison et furent remplacés par des poêles à mazout, à l'exception du petit que mon père garda dans son bureau jusqu'à sa mort. Bien plus tard, le chauffage central fit son apparition dans le pays, mais la grande majorité des gens jusqu'à ce jour continuent d'utiliser le korsi traditionnel, qui a l'avantage d'être tout à la fois bon marché, sain et convivial.

Un certain soir d'hiver, nous étions assis autour du korsi dans la chambre de ma mère, en train de dîner, en compagnie de ma tante Ashraf et de deux cousines. Il faisait exceptionnellement froid cette nuit-là; un peu plus tôt, une brise glacée avait annoncé la neige, et celle-ci tombait à présent en silence, fines paillettes soyeuses comme de la poussière blanche, recouvrant la terre d'un manteau qui s'épaississait à vue d'œil. Depuis la tombée du jour, personne ne s'était plus aventuré dehors, et les rues étaient aussi désertes que si le couvre-feu avait été décrété. Soudain, nous entendîmes une voix plaintive, semblable au cri de souffrance d'un loup vagabond solitaire : « Nous vidons votre piscine !… Nous vidons votre piscine ! »

Les piscines avaient été purgées depuis des semaines déjà, et leur eau était aussi gelée que sur la banquise. Le cri de cet homme ne pouvait être qu'un appel au secours… La conversation s'arrêta net; mon père appela Ali et lui demanda d'aller porter de la nourriture et quelques sous au pauvre malheureux dont le chant mélancolique cessa sur-le-champ. Le dîner reprit, mais quelque chose s'était produit qui en avait brisé le charme ; tous, nous songions que, sans la grâce de Dieu, nous eussions pu nous trouver nous aussi enfoncés jusqu'aux genoux dans la neige, en train de mendier du pain et un abri de fortune.

Ce genre de pauvreté finit par disparaître, du moins dans les villes, avec la prospérité que connut le pays grâce aux richesses du pétrole et au nouvel esprit d'entreprise mais, à cette époque encore, les mendiants faisaient partie du paysage, et chacun s'efforçait de les aider.

A la fin de l'hiver, une fois les korsi rangés, on envoyait chercher le matelassier. Il s'asseyait dans une chambre du fond où il restait à travailler toute la journée. Il défaisait les courtepointes et les matelas, enlevait la ouate fatiguée transformée en grumeaux plats, puis la battait pour lui redonner son bouffant neigeux et aérien. Après quoi il remplissait de nouveau la toile et refaisait les coutures, inventant au gré de son imagination les arabesques et les motifs géométriques qui décoraient les courtepointes. Il se servait d'un instrument qui avait la forme d'une harpe, mais à une seule corde, et d'une spatule en bois avec laquelle il frappait la corde contre le coton pour défaire point par point les anciennes coutures. Cela faisait un bruit rythmé, presque musical, et nous restions là, assis, à le regarder travailler, comme hypnotisés.

Un jour, alors que la neige avait fondu et que commençaient les préparatifs de Norouz, un diseur de bonne aventure vint à passer dans la rue : « Nous prédisons l'avenir !... Nous faisons votre horoscope !... Nous voyons dans le futur ! » Ma mère était sortie faire les courses de Norouz et, comme toutes les jeunes filles à marier, Zahra et Ozzie brûlaient de savoir ce que le destin leur réservait pour la nouvelle année. Elles appelèrent le devin. Il s'assit dans l'entrée et sortit de sa poche un astrolabe et deux ensembles de perles de géomancie, chacune gravée de mots arabes et de motifs abstraits. Il lança les perles sur l'astrolabe et sembla se concentrer un moment :

– Je vois que cette nouvelle année vous réserve des changements... un bref voyage – peut-être un pèlerinage... Plusieurs jeunes prétendants vous poursuivent de leurs assiduités, mais il n'y en a qu'un seul de sincère…

Nounou lui donnait sans le vouloir des bribes d'information, alimentant la source de ses prédictions anodines. Les deux jeunes filles burent avidement ses paroles, le remercièrent chaleureusement quand il eut terminé et lui offrirent une tasse de thé.

– J'ai quelque chose à ajouter, si vous voulez bien me donner deux *karan* (quelques sous) de plus.

Mais les jeunes filles en savaient assez ; il n'était pas question pour elles de donner un centime de plus.

Les rues de notre ville restaient avant tout le terrain de jeu des pauvres. Comme il n'y avait ni jardin public, ni terrain de sport, ni maternelles, les familles qui ne possédaient qu'un bout de cour envoyaient leurs enfants jouer dehors dès qu'ils savaient marcher. C'était un univers entièrement masculin, car les filles restaient à la maison auprès de leur mère, véritables femmes miniatures, avec leur petit tchador et leurs poupées de chiffon. Les garçons en revanche vivaient pratiquement dans la rue, sauf quand ils allaient à l'école ou dormaient. Ils tendaient une corde entre deux troncs d'arbres et jouaient au volley-ball, ou bien posaient des boîtes en carton aux deux extrémités de la rue pour improviser un terrain de football ; ils faisaient du vélo, de la lutte, de la boxe, sous l'œil admiratif de gamins plus petits ou plus chétifs. Parfois, leur ballon s'envolait par-dessus le mur et venait atterrir dans notre jardin ; quelques secondes plus tard, on entendait frapper à la porte. Ali répondait alors en grommelant et leur rendait le ballon en rouspétant. On ne comptait plus les carreaux brisés en mille morceaux par des ballons égarés.

Quant à nous, nous avions la chance d'avoir un grand jardin, de vastes chambres et de nombreux compagnons de jeu. Pourtant, l'ennui nous pesait souvent en ces jours d'avant la télévision. Plus tard, au moment de l'adolescence, nous avons découvert les livres et la musique, les soirées dansantes et les bals, sans parler des rêveries romantiques et des confidences que l'on s'échangeait en grand secret ; alors plus personne n'eut le temps ni de s'ennuyer ni de méditer sur la lenteur de la vie.

LES VOISINS

Notre quartier ressemblait à une typique ville persane en miniature. Il avait sa grand-rue et son bazarcheh, sa boulangerie, sa boucherie, son épicerie, son marchand de primeurs et un traiteur qui vendait des betteraves et de la bouillie chaude en hiver, des glaces et des boissons fraîches en été, et des *kebab* d'un bout à l'autre de l'année. A l'entrée du bazarcheh, il y avait une petite mosquée ainsi qu'un hammam, situé quelques mètres plus loin. On y trouvait même un caravansérail – vaste cour sur laquelle donnaient des chambres offrant un logement provisoire aux gens de la campagne venus chercher du travail à la ville. Car la ruée vers la ville avait déjà commencé, bien avant le boom pétrolier des années 60-70, époque où elle se précipita et prit des proportions catastrophiques. Le caravansérail était une sorte de bourse du travail pour les journaliers et tous les ouvriers sans qualification, hommes et femmes confondus. Beaucoup de locataires en partaient assez vite pour emménager dans des logements plus spacieux et définitifs non loin de leur lieu de travail, d'autres restaient là pendant des années, croyant toujours que la fortune était au coin de la rue.

La population de notre quartier couvrait tout le spectre social du pays : les commerçants qui vivaient au-dessus ou au fond de leur échoppe, les ouvriers qui habitaient le caravansérail ou se partageaient un logement, les fonctionnaires et les enseignants dans leurs petites maisons modernes, les familles patriciennes dans leurs grandes demeures anciennes aux vastes jardins. Cette hétérogénéité n'empêchait pas les gens de se sentir avant tout membres d'une même communauté, où chacun tenait sa place dans une structure qui transcendait les classes sociales. Ce ne fut que bien plus tard que le boom pétrolier et les nouvelles industries donnèrent naissance à une riche bourgeoisie et à une nouvelle classe dirigeante qui se mit à construire de superbes villas dans les nouveaux faubourgs résidentiels installés sur les hauteurs, au nord de la ville : ghettos de riches et de puissants ayant perdu tout contact avec ce qui faisait la vie des gens ordinaires, ce sont ces quartiers, dans lesquels la notion de communauté ne signifiait plus rien, qui étaient voués à devenir le théâtre des premières scènes de pillage et de carnage, en 1979.

Parmi nos voisins les plus proches, plusieurs étaient des amis de mes parents : deux princes qadjars, un ou deux professeurs d'université, un ministre, quelques hauts fonctionnaires et diplomates, un général, etc. Dans les décennies qui suivirent, tous ceux-là devaient déménager, si bien qu'il n'allait plus rester à la fin que trois maisons debout, dont la nôtre. Elle faisait le coin, à l'intersection de deux rues. Dans l'angle opposé se dressait une énorme bâtisse avec un très long jardin, où vivaient le professeur Bahram et sa femme. Les Bahram venaient de Kerman, une ville du Sud-Est réputée pour la beauté de ses tapis, dont de somptueux spécimens ornaient leur demeure ; ils parlaient avec le délicieux accent de leur région. Comme beaucoup d'universitaires, le professeur Bahram avait d'abord été mollah. Il avait fait ses études dans une madrasa, où il s'était spécialisé dans la grammaire et la littérature arabes ; il portait alors le costume traditionnel – la cape et le turban. Mais en 1930, lorsque Riza Shah avait décrété les vêtements occidentaux – costume trois-pièces, cravate et feutre – *de rigueur* * pour tous les employés du gouvernement, y compris les universitaires, le professeur Bahram s'était défroqué comme tout le monde. Seul mon père avait bénéficié d'une dispense spéciale du shah et gardé son costume.

Chaque matin, à huit heures tapantes, on entendait s'ouvrir puis se refermer la porte d'entrée du professeur Bahram ; un regard par la fenêtre vous le montrait partant pour l'université, petite et frêle silhouette vêtue de sombre, coiffée d'un feutre et, en hiver, emmitouflée dans un manteau noir. Il portait des lunettes cerclées d'écaille et, sur son bras, une canne élégante à pommeau d'ivoire. Il marchait vite, à petits pas rapides, sans jamais lever les yeux du sol. De temps à autre, il levait la main à son chapeau pour répondre au salut d'un passant.

Les Bahram avaient trois fils, à l'époque tous trois étudiants en France et qui ne rentreraient en Perse que plusieurs années plus tard. Ils manquaient cruellement à Mme Bahram qui ne savait parler d'autre chose et répétait à l'envi qu'ils étaient les plus beaux et les plus intelligents, qu'ils réussissaient brillamment et qu'ils étaient destinés à d'éminentes carrières.

– Dans le monde moderne où nous vivons, les enfants ne peuvent plus être éduqués comme avant, soupirait-elle. De nos jours, si vous n'êtes pas diplômé d'une université occidentale, vous n'avez aucune chance d'aller nulle part dans le monde.

Lorsque le retour de leurs fils approcha, les Bahram firent abattre des arbres au fond de leur jardin pour construire une petite maison moderne avec l'idée que leur fils aîné y habiterait. Ils auraient mieux fait de garder leurs arbres, car leurs jeunes loups de fils épousèrent tous les trois des héritières et s'en allèrent vivre au nord de la ville dès qu'ils le purent. Mme Bahram eût souhaité voir l'un d'eux épouser ma sœur, mais quand elle découvrit que, contrairement aux apparences, celle-ci n'avait pas de dot, elle abandonna cette idée et s'arrangea pour trouver d'autres jeunes filles plus favorisées.

J'aimais bien la vieille Mme Bahram ; elle confectionnait de succulents gâteaux *kermani* qu'elle m'offrait à chacune de mes visites. Pendant les vacances scolaires, je frappais parfois à sa porte et entrais écouter les histoires qu'elle racontait sur la vie de ses fils en Europe. Elle me donnait des descriptions détaillées de Paris, comme si elle y avait été, exagérant la magnificence de ses agréments pour en faire un pays enchanté. Ses récits enflammaient mon imagination et je rêvais de Paris comme de la Terre promise. Je me voyais déjà assise sur un banc du jardin du Luxembourg, comme Cosette dans *les Misérables*, ou me promenant sur les quais de la Seine en compagnie d'un beau jeune homme. Je devais avoir dans les dix ou onze ans alors, et je n'avais pas plus de chance d'aller à Paris que de m'envoler pour la Lune, mais cela n'empêche guère les rêves.

Un jour, Mme Bahram fit l'acquisition d'un ravissant petit chiot blanc, baptisé Flocon car, lorsqu'il courait en rond dans le jardin en jappant furieusement comme s'il avait une meute de loups à ses trousses, il ressemblait véritablement à une boule de neige.

Posséder un chien était chose inhabituelle; certes les Bahram avaient adopté les mœurs modernes en envoyant leurs fils en Europe, mais cela ne les empêchait pas d'être des musulmans pratiquants, et les chiens sont considérés comme *najis* dans l'islam, et ne sont tolérés qu'en qualité de chiens de garde ou chiens de berger, jamais comme animaux de compagnie. L'idée d'avoir un chien simplement par plaisir était une idée occidentale mais qui, les années passant, ne tarda pas à devenir une manière symbolique de s'émanciper des anciens interdits.

En Perse, dans les chansons et les contes populaires, « le meilleur ami de l'homme » n'est pas son chien mais son cheval, dont la loyauté et l'affection s'expriment dans les histoires des héros guerriers et des saints, même si parfois il est dit le contraire, comme dans ce chant folklorique traditionnel du Sud :

On dit que le meilleur ami de l'homme est son cheval,
Mais moi je dis que c'est son fusil,
Car que ferait un cavalier sans son fusil?
J'avais un fusil à canon d'argent que j'ai vendu
Pour acheter une robe de brocart doré à ma bien-aimée
Mais elle l'a refusée, et maintenant j'ai perdu mon fusil
Et j'ai perdu mon cœur…

Flocon avait de bonnes dents, il en fit goûter la morsure au facteur et au boueux dont il fallut acheter le silence avec de gros pourboires. Après ces incidents, il resta enchaîné à sa niche et ne put courir que la nuit, et encore, à condition qu'aucun visiteur ne fût attendu. Mais la religion avait bon dos, et Mme Bahram s'entêtait à prétendre que Flocon était bel et bien un chien de garde, et un bon avec ça – il n'y avait qu'à interroger le facteur et le boueux si on ne la croyait pas ! L'interdit religieux qui masquait en fait un souci prophylactique – la peur de la rage et d'autres maladies transmissibles à l'homme – n'autorisait pas pour autant à se montrer cruel envers les animaux. Dans la réalité cependant, c'est bien ainsi qu'il était souvent interprété. Les rues étaient pleines de chiens errants en quête d'un peu de nourriture. On les voyait qui fouillaient dans les poubelles ; ils attaquaient les chats vagabonds et se battaient entre eux – poussés davantage par la faim que par la méchanceté –, et on les retrouvait souvent morts dans les terrains vagues, charognes couvertes de mouches et d'insectes. Il leur arrivait parfois de suivre un passant à distance respectueuse ; ils l'accompagnaient jusque chez lui, dans l'espoir qu'il leur jetât quelque chose à manger et leur offrît un abri pour dormir, mais on leur fermait toujours la porte au nez. Ils étaient les souffre-douleur de tous ces gamins des rues, bien plus nombreux qu'eux, et dont le sort était à peine plus enviable. Les gens, en général, les chassaient à coups de pierres, leur brisant parfois la patte. On entendait alors un hurlement déchirant suivi de lamentables jappements, tandis que la pauvre bête s'enfuyait sur trois pattes ; elle boiterait ainsi pendant des jours, tenant en l'air son membre fracturé comme un index pointé vers la cruauté humaine. Les choses devaient lentement changer au fil des ans. Les chiens errants disparurent ou furent ramassés par la municipalité lorsque la ville s'enrichit – au moins dans les quartiers résidentiels – et un certain nombre de personnes adoptèrent des bâtards pour en faire des animaux domestiques.

Flocon faisait l'objet de toutes les attentions ; régulièrement baigné et peigné, il arborait un ruban rouge autour du cou, détails qui réveillaient immanquablement la veine philosophique de tante Ashraf :

– Même les animaux se divisent en deux catégories : ceux qui ont de la chance et ceux qui n'en ont pas. Regardez Flocon, il mange de la viande de qualité supérieure, il vit dans un maison bien propre, où il a sa niche faite sur mesure ; au contraire, regardez n'importe quel chien errant, né sur un tas d'ordures, affamé, voué à recevoir des coups de pied chaque jour de sa vie, obligé de payer chaque morceau de nourriture par des misères et des humiliations sans fin… Oui, même pour les animaux, tout est écrit ici…

Ma tante passait alors son index sur son front pour montrer l'endroit exact où se lisait la fatale inscription.

En face des Bahram habitait la famille de M. Javadi, propriétaire terrien fort réputé comme poète. Il avait trois filles, toutes jolies et intelligentes, surtout l'aînée, Jaleh, qui avait quelques années de plus que moi mais fréquentait la même école, de sorte que nous étions devenues amies. Peu après l'arrivée des Javadi dans le quartier, Jaleh m'invita chez elle à prendre le thé pour que je fasse la connaissance de ses parents. Sa mère était une femme de haute taille, très belle, à la chevelure ondulante d'un brun acajou et aux magnifiques yeux tristes. Son père semblait prématurément vieilli : excessivement maigre, il avait le dos voûté, la peau très sombre, les joues creuses et les yeux cernés d'une ombre bleutée. Mais ce qui me frappa le plus, ce furent ses lèvres, toutes noires, et son sourire qui découvrait une dentition jaune et malsaine. Cela étant, cet être émacié, maladif, s'habillait élégamment et avait des manières exquises ; il parlait d'une voix nasillarde et légèrement tremblée.

Dans la maison flottait une odeur étrange – mélange de miel, de charbon et de chair grillée – tout à la fois douce et écœurante. Peu après le thé, M. Javadi disparut, et bientôt l'odeur redoubla d'intensité.

– Allons jouer chez toi maintenant, suggéra Jaleh.

Sans attendre ma réponse, elle me poussa dehors. Quelque chose n'allait pas, je le sentais, mais je ne savais pas quoi.

Le secret pourtant finit par s'éventer : l'odeur étrange était celle de l'opium, et si M. Javadi était si maigre et parlait du nez, c'était à cause de sa « mauvaise habitude ». En arrivant, Mme Javadi avait espéré dissimuler la chose aux voisins, mais tout le monde fut bientôt au courant. Un jour, elle rendit visite à ma mère, dans l'espoir de s'en faire une amie ; elle ne tarda pas alors à nous raconter toute l'histoire : son mari avait hérité d'un vaste domaine dans le Nord, des rizières, des orangeraies, des forêts. C'était un jeune poète, beau et riche, courtisé par toutes les jeunes filles – ou plutôt par leurs parents –, ce qui ne l'empêchait pas d'avoir déjà choisi la sienne.

– J'avais dix-sept ans, lui en avait vingt et un. Dans les premiers temps, tout allait très bien, sauf qu'il sortait souvent le soir et rentrait l'air fatigué et ensommeillé. Un jour, je trouvai une boîte d'opium dans sa poche et la lui montrai – il fut bien obligé d'avouer qu'il était opiomane. Mais j'étais déjà enceinte, il n'y avait plus rien à faire.

Elle avait pleuré, crié, menacé de se suicider ; elle avait même été jusqu'à rentrer chez ses parents, mais il l'avait persuadée de revenir auprès de lui, lui promettant qu'il allait arrêter. Il ne l'avait jamais fait. Finalement, elle lui avait dit :

– Très bien. Tu n'as plus besoin de sortir, tu peux fumer à la maison.

J'ai découvert plus tard que c'était là le scénario classique : on fume en secret, puis on est découvert, et la famille finit par se résigner. Les opiomanes du peuple terminaient dans d'infâmes bouges à opium ; ceux qui étaient riches s'en remettaient entièrement à leur famille et ne vivaient que pour fumer. A l'époque où ils vinrent s'installer dans notre quartier, M. Javadi en était presque à « un bâton » par jour, ce qui est beaucoup si l'on considère qu'une pipe ne contient qu'un minuscule morceau d'opium, de la taille d'un demi-ongle. Il sortait le matin et exceptionnellement en début de soirée, mais le reste de son temps, il le passait étendu sur un matelas, adossé à des coussins, à fumer. Les visiteurs s'asseyaient en rond autour de lui et ses enfants allaient et venaient dans la pièce sans s'occuper de lui.

Il découpait un bout de son bâton d'opium en forme de cigarette, l'enfonçait dans le petit réceptacle en porcelaine de sa pipe à travers un petit trou, puis attrapait une braise dans le brasero à l'aide de pinces en cuivre, la maintenait au-dessus de l'opium et soufflait. La braise rougeoyait et l'opium se mettait à grésiller. Il absorbait la fumée en longues inhalations sifflantes. Lorsque le morceau d'opium était consumé, il frottait la braise sur les parois du bol afin d'en éliminer les débris, passait une épingle en cuivre dans le trou et recommençait l'opération. Au bout d'un moment, il s'étendait, fermait les yeux et se laissait envahir par les effets de la drogue. S'il y avait d'autres fumeurs parmi ses invités, il leur passait la pipe. Une fois qu'ils « planaient » tous, ils se récitaient leurs poèmes et buvaient du vin accompagnés des délicieux *mezes* de Mme Javadi.

Depuis des années, M. Javadi ne vivait plus que pour l'opium et la poésie. Sa femme s'occupait de son domaine, ou plutôt de ce qu'il en restait, et ils vivaient de leurs rentes. Un jour, je racontai à ma mère que j'avais vu M. Javadi et ses invités fumer de l'opium et boire du vin. Elle fut tellement horrifiée à l'idée que j'aie pu assister à une scène pareille, qu'elle m'interdit formellement de retourner chez eux. Mais Jaleh et moi rentrions de l'école ensemble, et elle venait parfois jouer à la maison ou faire ses devoirs avec moi, cependant que Mme Javadi rendait régulièrement visite à ma mère « pour lui ouvrir son cœur et soulager son âme ».

M. Javadi vécut jusqu'à un bel âge, aussi asséché qu'un hareng saur. Il laissa à la postérité deux recueils de bonne poésie lyrique dans le plus pur style classique. Jaleh devait à son tour devenir poète et femme de lettres, et épouser un homme lui aussi écrivain. J'ai fini par les perdre de vue, mais cette première expérience des ravages de la drogue a fait naître en moi une répulsion qui dure encore pour toute forme de dépendance, pour tout ce qui, en réalité, entrave la liberté et la souveraineté humaines. J'ai vu comment l'opium avait détruit la volonté de M. Javadi, comment il l'avait transformé en esclave de sa pipe. C'était un bon poète, un homme de cœur et un père affectueux, mais il avait perdu la maîtrise de sa vie. C'était un tel naufrage que j'étais résolue à ne jamais laisser pareille chose m'arriver.

De tous nos voisins, les Ramy étaient nos plus intimes. Leur fils, Jamsheed, était un ami de mes frères et leur fille, Shireen, partageait les jeux de ma sœur qui avait le même âge qu'elle. Les Ramy habitaient une petite maison de guingois dans une rue parallèle à la nôtre, et seul un grand mur séparait notre jardin de leur cour. En été, chacun chez soi, nous nous interpellions en sifflant, ce qui était le signal convenu pour nous retrouver et jouer ensemble. Jamsheed avait un flûteau dont il ne se servait pas trop mal ; souvent, la frontière qui nous séparait laissait passer quelques notes plaintives de son maigre répertoire : cela signifiait que les enfants étaient seuls et voulaient qu'on les invitât.

Les Ramy avaient connu des revers de fortune, d'où l'exiguïté de leur logis et la modestie de leur train de vie. Leur père, le vieux

M. Ramy, avait appartenu à la cour d'Ahmad Shah, dernier roi qadjar, qui s'était exilé en France après avoir abdiqué en 1924 pour céder la place à Riza Shah, fondateur de la nouvelle dynastie des Pahlavi et de l'Iran moderne.

Comme la plupart des courtisans de *l'ancien régime* *, M. Ramy ne savait strictement rien faire qui pût lui permettre d'embrasser une quelconque profession. Il avait été « Son Excellence, l'Honorable Maître des Réfectoires de Sa Majesté », ce qui signifiait tout bonnement qu'il était responsable de la bonne marche des cuisines et qu'il veillait au service des rafraîchissements. Il avait eu une ribambelle de serviteurs sous ses ordres, et s'était toujours acquitté pour le mieux de sa charge. Les rois qadjars avaient l'habitude, pour récompenser ceux qui travaillaient à leur service, de les gratifier de titres pompeux complètement absurdes – en tout cas sans le moindre rapport avec leurs véritables fonctions : le premier venu pouvait ainsi devenir « Pilier de la Monarchie », « Grandeur du Royaume » ou « Orgueil de la Royauté » ; quant aux femmes, elles se voyaient facilement promues « Beauté de la Terre », « Ornement des Princes », « Couronne des Rois », et ainsi de suite. Riza Shah abolit tous ces titres, et les gens de son entourage redevinrent de simples M., Mme ou Mlle Untel, à l'exception des princes de sang et de ses enfants, qui gardèrent leur titre.

Son Excellence, l'Honorable Maître des Réfectoires de Sa Majesté, était ainsi redevenu M. Ramy, et s'était vu attribuer une pension. Seulement, il avait été incapable de s'adapter à ces nouvelles circonstances, et s'était mis à boire plus que de raison. Comme il était aussi opiomane, ses modestes revenus couvraient à peine le coût de sa double dépendance.

En revanche, sa femme, Mme Ramy, avait mis à profit l'émancipation des femmes et la possibilité pour elles de gagner leur vie. Elle avait trouvé un emploi dans le service du personnel d'un ministère. Au fil des années, elle devait monter en grade pour devenir chef du personnel, mais à l'époque dont je parle son maigre salaire ne lui permettait pas de faire vivre sa famille, et ils avaient des problèmes financiers épouvantables qu'ils s'efforçaient de dissimuler, afin de faire bonne figure et surtout de sauver leur *aberou*. Ils se privaient de nourriture pour acheter des vêtements corrects et recevoir, si bien que Shireen était maigre comme un coucou, qu'elle avait le teint blafard, et qu'elle travaillait mal en classe. Jamsheed était tout aussi cancre ; abonné à l'école buissonnière, il faisait le désespoir de sa mère. Mais il était malin, charmant et extrêmement drôle, si correct et si poli que tout le monde s'accordait pour dire que celui-là s'en tirerait toujours. Et il s'en tira en effet : après une brève idylle avec l'armée dont il goûta fort peu la discipline, il entra dans l'administration, grâce à mon père qui lui ouvrit quelques portes. Là, il continua de faire l'école buissonnière, mais l'absence d'un minuscule rouage dans l'énorme mécanique de la bureaucratie passe toujours inaperçue, et il put s'en donner à son aise, sans souci. Il tenait ses supérieurs hiérarchiques sous son charme grâce à son sens de l'humour et à ses manières exquises. On le supportait. Il grimpa les échelons de l'administration sans se presser et finit par occuper le poste de directeur d'un service quelconque, avec un bon salaire et un statut convenable, sans avoir grand-chose à faire en contrepartie. Mais j'anticipe ici sur les années.

Le vieux M. Ramy vivait confiné dans l'une des deux chambres de l'entresol, à côté de leur minuscule cuisine. Il passait ses journées allongé sur un matelas, enveloppé dans les haillons de son ancienne cape de courtisan, devant un brasero, entre sa pipe à opium et sa bouteille d'arak, comme Caliban tapi dans son antre. A certaines heures du jour, une âcre odeur poisseuse flottait jusque dans la cour à travers les fentes de sa porte close et envahissait la maison – M. Ramy « fumait ». Personne ne faisait allusion à l'odeur, car cela eût gêné les enfants, qui feignaient de ne s'apercevoir de rien.

Au début, il arrivait à M. Ramy de s'aventurer au-dehors, n'était-ce que pour acheter sa provision d'arak et d'opium. On le voyait marcher à vive allure, voûté et débraillé, sa cape usée jusqu'à la trame pendouillant sur ses épaules et ramassant la boue sur son passage, sa bouteille d'arak cachée en dessous. Il brandissait sa canne comme une matraque, se croyant peut-être encore en train de mener les cuisiniers du shah à la baguette ou sur le point de frapper un marmiton, et appuyant son geste de marmonnements injurieux et menaçants. Mais au bout de quelques années, il finit par vivre totalement en reclus et ne mit plus jamais le nez dehors. Un proche parent lui apportait son arak et son opium et, de temps à autre, on l'entendait crier des injures et des obscénités à la face du destin, de l'époque, de sa femme et de ses enfants.

Mme Ramy détestait son mari, pour qui elle n'avait que mépris, le tenant responsable de l'infortune familiale. Ses enfants avaient honte de lui, mais comme il leur faisait pitié, ils avaient adopté à son égard une attitude protectrice. En fait, chacun vivait comme s'il n'était pas là.

Et un beau jour, en effet, il ne fut plus là. C'était par un soir d'été, nous étions tous assis dans le jardin, quand nous entendîmes des sanglots et des plaintes monter de la maison des Ramy. Peu après, un messager vint nous annoncer la mort du vieux M. Ramy. Nous nous empressâmes de nous habiller de noir pour aller présenter nos condoléances à la famille et leur offrir notre aide. Mme Ramy fit beaucoup d'honneur à son mari en lui offrant des funérailles convenables et en remplissant tous les rites traditionnels : elle tint table ouverte trois jours d'affilée, offrant son hospitalité à tous et en particulier aux pauvres ; elle fit réciter des prières et publia une notice nécrologique, etc. Tout cela, évidemment, grâce à un emprunt qu'elle mit des années à rembourser. Que pouvait-elle faire d'autre pourtant, si elle ne voulait pas perdre l'aberou et se trouver précipitée en bas de l'échelle sociale ?

A la mort de M. Ramy, nous devînmes plus proches encore de la famille. Les enfants étaient souvent avec nous, surtout en été lorsque leur mère les laissait seuls à la maison pendant les heures de bureau. Nous n'étions pas du même milieu, ce qui n'empêche que nous les considérions presque comme des membres de notre famille ; ils entraient et sortaient librement de chez nous, où ils étaient toujours accueillis à bras ouverts et sans façon. A mesure que la position de Mme Ramy s'améliorait, ils eurent la vie plus facile et devinrent beaucoup plus sociables.

Les Ramy étaient des gens très modernes. Pour commencer, leur mère travaillait, chose encore extrêmement rare à l'époque. Cela signifiait qu'elle se rendait au bureau tous les jours, la tête découverte, vêtue de robes à manches courtes et maquillée ; cela signifiait aussi qu'elle fréquentait des hommes. Mieux encore, Mme Ramy était plus ou moins adepte de la libre pensée. Considérant les pratiques religieuses comme « de la superstition », elle ne récitait pas les prières journalières et refusait de jeûner pendant le ramadan. Elle disait croire en Dieu et dans le Jugement dernier, mais déclarait compter davantage sur sa conscience que sur la peur de l'Enfer. Elle se montrait très libérale avec ses enfants. Shireen, par exemple, pouvait faire tout ce qui nous était interdit : elle portait des jupes courtes, se frisait les cheveux, puis, plus tard, se mit du rouge à lèvres – ce qu'elle niait, prétendant que ses lèvres étaient naturellement plus rouges que les nôtres ; enfin, elle allait en soirées et dansait avec des garçons. Qu'elle fût la dernière de la classe et eût pris deux ans de retard à force de rater ses examens ne me tracassait pas le moins du monde, et j'eusse volontiers échangé tous mes prix d'excellence pour une seule de ses danses !

Adolescents, Shireen et Jamsheed organisèrent des soirées dansantes chez eux, surtout l'été, quand ils pouvaient aménager leur cour en couvrant leur petite piscine ronde de planches et de tapis afin de la transformer en piste de danse, autour de laquelle ils arrangeaient un cercle de tables et de chaises. Parmi les invités, il y avait des cousins à eux, jeunes cadets à l'Académie militaire. Dans leurs élégants uniformes galonnés à boutons de cuivre, ils étaient terriblement séduisants et sûrs d'eux. De plus, ils connaissaient toutes les danses à la mode – valse, tango, rumba, fox-trot… Ma sœur et moi étions toujours invitées à ces soirées ; on nous permettait d'y aller à la condition que nous serions chaperonnées par nos grands frères, et que nous ne danserions pas.

Mes parents, quant à eux, cheminaient tant bien que mal sur une voie médiane, se demandant comment concilier progrès et tradition. Ils souhaitaient que nous profitions des fruits de l'émancipation sans pour autant « aller trop loin » ni heurter la sensibilité de ceux qui nous respectaient parce que nous incarnions certaines valeurs. Leur but était de nous inculquer la modération, projet ambitieux dont nous étions probablement trop jeunes pour mesurer toute la portée philosophique – tout ce que nous savions, c'est que nous n'aimions pas ce qui nous empêchait d'être libres. Heureusement, les choses évoluaient vite et, au moment de notre adolescence, nous bénéficiions de beaucoup plus de liberté déjà que la génération précédente, ce qui ne nous empêchait pas de veiller toujours à ne pas nous comporter de façon « légère » ou « vulgaire ». Nous étions invités à des soirées et à des bals où il y avait de la musique et où l'on dansait ; en retour, nous pouvions à notre tour recevoir dans notre beau jardin, mais il n'était pas question de musique. Car, pour progressiste et éclairé qu'il fût, notre père portait encore le costume ecclésiastique traditionnel, la cape et le turban, et qu'une musique de danse sortît de chez nous pour remplir la rue eût profondément choqué certains de nos voisins. L'évolution des mœurs, comme n'importe quel mouvement, possède son rythme propre, lequel ne peut être sans dommage accéléré ou ralenti artificiellement. La cadence effrénée à laquelle fut conduite l'occidentalisation dans les années 60 et 70 est en partie responsable de l'explosion de 1979. En tout cas, elle a fourni une arme puissante aux démagogues et aux réactionnaires. A l'époque, quoi qu'il en soit, nous n'avions qu'une hâte : jeter aux orties tous les vestiges de ce que nous considérions comme des coutumes et des interdits d'un autre temps.

Ma mère se privait et économisait sur tout pour nous acheter de jolies robes et des tenues de bal, que nous confectionnait Emily, sa couturière, la meilleure de la ville. Elle tenait à ce que nous n'eussions pas l'air moins riches ni moins élégantes que nos amies, lesquelles appartenaient souvent à des familles beaucoup plus aristocratiques et plus fortunées que la nôtre.

De son côté, Shireen nous enseignait les manières du monde. Elle compensait ses mauvaises notes à l'école par de réels talents en matière de *coquetterie* * : elle savait tout sur le maquillage, la coiffure, la dernière mode de Paris, absolument tout ! Jamsheed avait fait l'acquisition d'un vieux gramophone La Voix de Son Maître, équipé de son énorme pavillon de cuivre et d'une pile de disques. Pendant les vacances nous passions des journées entières chez eux à écouter de la musique et à apprendre à danser. A treize ans, je connaissais toutes les danses en vogue que j'exécutais avec mes camarades d'école. Je dois ajouter que, depuis, je n'ai jamais rien appris de plus moderne que le tango et la valse ! Certes, dans les années 60, j'ai appris à danser le twist, mais je me suis vite lassée de son rythme monotone et de ses mouvements saccadés. Quant au disco où les partenaires ne s'effleurent même pas, c'est une danse qui me paraît absurde – sinon disgracieuse. Heureusement on joue encore dans les soirées dansantes des valses et des tangos qui vous font rêver…

Shireen passa des heures à nous apprendre, à ma sœur et à moi, à nous friser les cheveux avec des papillotes en papier journal. Nous découpions des morceaux de papier d'une douzaine de centimètres autour desquels nous enroulions des mèches de cheveux préalablement mouillés, puis nous attachions ensemble les deux extrémités de la papillote afin de bien la maintenir en place. Nous ressemblions ainsi à ces petits reliquaires en bordure de route, couverts d'ex-voto – petits morceaux de tissus que les femmes arrachent à leur tchador. Après avoir patiemment attendu que nos cheveux sèchent, nous enlevions nos bigoudis de papier et nous coiffions dans un style censé évoquer celui des vedettes de cinéma ou des mannequins des magazines étrangers. Il y avait bien quelques coiffeurs qui se servaient de fers à friser chauffés sur des braseros, mais on n'allait les voir que pour des occasions très spéciales – un mariage, un bal, une réception officielle. Il fallut attendre une bonne dizaine d'années pour voir des coiffeurs officier dans des salons ayant pignon sur rue, et pour que les femmes s'autorisent à les fréquenter régulièrement. Plus tard encore, des stylistes formés par des grands noms parisiens ou londoniens ouvrirent des salons prestigieux dans les grands hôtels ou dans des endroits plus discrets – ceux-là firent fortune.

Comme tout le monde, les Ramy finirent par déménager vers un quartier plus à la mode. Leur petite maison fut rachetée, puis démolie pour être remplacée par un immeuble moderne à quatre étages. Shireen entra dans la nouvelle école d'infirmières où l'on était moins exigeant du point de vue intellectuel qu'au lycée. Elle rêvait d'épouser un médecin et d'avoir beaucoup d'enfants, et son rêve devint réalité. Jamsheed, lui, resta célibataire : aucune jeune fille n'arrivait à la cheville de l'image qu'il s'était faite de la femme idéale pendant son adolescence. Il fut toujours amoureux de femmes inaccessibles, soit parce qu'elles ne répondaient pas à sa flamme, soit parce qu'elles étaient heureuses en ménage. Alors, il multipliait les maîtresses qu'il n'aimait pas ni ne souhaitait épouser parce qu'elles étaient trop « légères ».

Au-delà de ce premier cercle, nous avions d'autres voisins, des amis qui faisaient partie de notre vie. Il y en a un ou deux qui méritent qu'on raconte leur histoire.

LE PRINCE AFSAR

Au coin de la grand-rue, en face de l'ambassade de Suisse, se dressait une des rares bâtisses du XIXe siècle qui restât encore debout dans la capitale. Son propriétaire, le prince Afsar, était un de ces nobles de *l'ancien régime* * qui avaient accepté de collaborer avec Riza Shah, et de ce fait conservé leur rang. Quoique ce dernier eût aboli tous les titres et autres désignations honorifiques conférés par les souverains qadjars à leurs bons et loyaux sujets, on continuait à les utiliser en privé, en signe de respect, tant que ceux qu'ils honoraient étaient encore en vie. Aux yeux du monde, le prince Afsar s'appelait « Monsieur » comme n'importe qui, tout au mieux « Son Excellence », mais entre nous, nous l'appelions toujours « le Prince ».

Grand propriétaire terrien, il possédait de vastes domaines dans les provinces orientales, mais était aussi poète et soufi ; il paraissait posséder tous les attributs de la véritable noblesse. Protecteur des arts et les lettres, il tenait table ouverte, distribuait généreusement aux pauvres et se montrait charmant et courtois avec tout un chacun, quelle que fût sa position dans la société.

Le jeudi soir – veille du « sabbat » musulman – le prince Afsar tenait chez lui un salon littéraire. Comme il aimait et admirait beaucoup mon père, il insistait pour que celui-ci fût son invité d'honneur, sinon chaque semaine, du moins une fois de temps à autre. Sa femme, la princesse, était une amie de ma mère et, souvent, le jeudi soir, pendant que son mari conversait avec ses amis écrivains et artistes, elle recevait ses propres amies dans une autre pièce. Ma mère m'emmena plusieurs fois avec elle lorsqu'elle et mon père se rendaient chez le prince, et malgré mon jeune âge, j'ai gardé des souvenirs très précis de nos visites.

La princesse était une vieille dame d'une grande beauté ; ses cheveux soyeux étaient blancs comme neige, mais son visage n'avait pas une ride et elle avait gardé un teint de pêche. Elle avait des yeux noirs, pétillants d'humour, et avait conservé, de façon délicieuse, un léger accent de sa région d'origine. Quant au prince, c'était lui aussi un très bel homme ; grand, toujours vêtu d'un complet noir, la chevelure et la barbe blanches, des moustaches tombantes – un portrait de Victor Hugo dans ses vieux jours. Cultivait-il cette ressemblance ? J'en doute. Toujours est-il que vingt ans plus tard, en contemplant la photo du grand poète français, je revis immédiatement le prince Afsar, mort depuis longtemps. Mais sans doute tous les vieux poètes à la barbe et à la chevelure blanches se ressemblent-ils…

Le prince était très populaire auprès de son entourage à cause de ses manières exquises : il alliait à la courtoisie persane traditionnelle la galanterie de l'homme moderne – il baisait la main des dames, portait sa main à son cœur et touchait son chapeau pour saluer ses amis ; sa civilité, enfin, ignorait les barrières sociales.

Les Afsar avaient une fille unique qu'ils adoraient tous les deux. Lorsqu'elle épousa à son tour un propriétaire terrien et partit vivre non loin de Machhad, la princesse se languit tellement qu'elle prit l'habitude d'aller faire de longs séjours chez sa fille. Pendant ses longues absences qui pouvaient durer plusieurs mois, les soirées que donnait le prince étaient « strictement masculines ».

La maison du prince était une bâtisse à un seul étage plantée au milieu d'un vaste jardin ombragé par des rangées d'arbres tutélaires. Le salon s'ouvrait par quatre grandes portes-fenêtres sur une large véranda à colonnade. Les soirs d'été, c'était sous cette véranda, au sol recouvert pour l'occasion de somptueux tapis jonchés de grands coussins de brocart en guise d'accoudoirs, que le prince animait ses séances littéraires tandis que la princesse, elle, recevait dans le salon. On laissait ouvertes les portes-fenêtres, pour que, si elles le désiraient, les dames pussent écouter les poèmes récités ou chantés.

En fin d'après-midi, à l'heure où le soleil quittait la véranda, les jardiniers arrosaient les pelouses et les parterres de fleurs, éclaboussaient d'eau les pavés des allées pour rafraîchir l'air, et vaporisaient la véranda pour la rendre plus accueillante. Les pierres assoiffées buvaient l'eau si vite que l'espace d'un instant, on voyait une légère vapeur s'élever au-dessus d'elles, et l'odeur de la terre emplissait le doux air du soir. Les serviteurs sortaient le grand samovar et le service à thé, des pichets de jus de fruits, des plateaux de gâteaux, de biscuits et de fruits, qu'ils disposaient çà et là sur les tapis. Ils veillaient aussi à ce que le *kalyan* fût prêt.

Au crépuscule, les premiers arrivants, accueillis par le prince debout sur les marches de la véranda, se voyaient assignés leurs places. Une fois l'invité d'honneur confortablement installé, le prince s'asseyait à son tour et indiquait leurs places aux retardataires d'un signe de la tête et d'un beau mouvement lent de la main. La réunion démarrait par force taarof. Le prince insistait pour que mon père se tînt tout au bout, dans le coin qui lui était normalement réservé, honneur que mon père refusait. Il s'ensuivait un long conciliabule ponctué de gestes, à l'issue duquel le prince obtenait gain de cause et mon père prenait la place d'honneur.

Ce souci du placement de chacun selon son rang avait dans cette société hiérarchique une importance à la fois capitale et naturelle. En règle générale, l'invité d'honneur occupait la meilleure place, le plus loin possible de la porte, tandis que les autres se retrouvaient à sa gauche et à sa droite suivant leur lignage, leur fonction ou statut. D'où le taarof, véritable ballet de concessions mutuelles et de refus polis, où chacun insistait pour que l'autre fût mieux placé que lui.

Tante Ashraf nous a raconté un jour une histoire qui illustre bien ce jeu subtil de la hiérarchie. C'est une histoire qui se rapporte au mollah Nasroddin, figure de légende célèbre pour ses contes et ses maximes satiriques et philosophiques :

« Un jour, le mollah Nasroddin se rendit chez le gouverneur pour assister à un banquet auquel il avait été invité. Il portait ses vêtements de tous les jours, quelque peu défraîchis, de sorte que les domestiques le prirent pour un pique-assiette ; mais, ne voulant pas être accusés de manquer aux lois de l'hospitalité, ils le laissèrent entrer. On le conduisit à la place la plus modeste, près de la porte et, lorsque le dîner fut servi, personne ne lui prêta la moindre attention ni ne songea à lui présenter les plats. Il se débrouilla tant bien que mal pour se servir tout seul et quitta la table dès qu'il eut terminé. Personne ne s'avisa de le saluer fût-ce d'un "Que Dieu vous protège"; tous, au contraire, le regardèrent avec mépris.

« Le vendredi suivant, il fut de nouveau invité au déjeuner hebdomadaire du gouverneur, mais cette fois, il s'habilla comme le plus grand des grands mollahs, d'une robe brodée d'or et d'argent, d'une chemise de soie et d'une cape du lainage le plus fin. Les domestiques du gouverneur se précipitèrent pour tenir son étrier pour l'aider à descendre de sa mule et le conduisirent à la place d'honneur, à la droite de l'hôte. Au moment de servir, ils prirent soin de lui réserver les morceaux de choix – la partie la plus tendre de l'agneau, les bouchées de riz les plus fondantes, la part de ragoût la plus succulente – et de veiller à ce que son gobelet ne désemplît pas de sherbet. Si bien que le mollah finit par soulever le bout de sa manche et d'une voix forte, afin que tout le monde pût bien l'entendre, déclara : "Mange, manche ! Mange donc, veston ! Mange donc, cape ! Mangez tant que vous le pouvez !" Tout le monde le considéra avec consternation, se demandant s'il n'avait pas perdu la tête. Finalement, le gouverneur demanda au mollah pourquoi il ordonnait à ses habits de manger au lieu de manger lui-même. "Eh bien, dit le mollah malicieux, vendredi dernier, je suis venu dans mes habits de tous les jours, et on m'a traité comme un mendiant. Aujourd'hui, je viens dans des vêtements qu'on m'a prêtés et je suis le centre du monde. Étant donné que je n'ai pas changé, que je suis toujours le vieux mollah Nasroddin, votre humble serviteur, je ne peux que déduire que ce sont mes vêtements qui font la différence. De sorte que ce sont eux qui méritent de se régaler, pas moi !" Le gouverneur se confondit en excuses et ordonna à ses serviteurs de toujours traiter le mollah avec le respect qu'on lui devait, quel que fût son habit. »

Aux réceptions du prince Afsar, les domestiques servaient sans arrêt des boissons et du thé, tandis que les invités continuaient d'affluer et que l'ambiance se réchauffait. Mon père menait la conversation, l'épiçant d'anecdotes et de citations que les invités écoutaient attentivement et ponctuaient fort à propos d'exclamations. Il avait une voix grave et douce, et s'exprimait avec une parfaite éloquence dans le persan le plus pur. Il parlait toujours assez bas, de façon à ce que l'on fût obligé de tendre l'oreille pour bien comprendre. Un habile stratagème : « De cette manière, si vous racontez n'importe quoi, les gens sont libres de ne pas vous écouter ! Mais si ce que vous dites les intéresse, alors ils feront vraiment attention », nous expliqua-t-il un jour. D'ailleurs, on conseillait aux femmes de toujours parler bas car, selon ma mère, une voix forte pouvait souvent paraître dure et manquait d'élégance.

Le kalyan circulait parmi les fumeurs ; chacun aspirait quelques bouffées avant de le passer au suivant. On mettait en général des pétales de rose dans l'eau, et chaque fois que quelqu'un tirait sur la pipe, l'eau se mettait à bouillonner et les pétales à danser en rond. Contrairement aux cigarettes et autres substances toxiques, le kalyan ne provoque aucune accoutumance ; l'on ne s'en sert qu'occasionnellement, le plus souvent à l'occasion de réunions mondaines. On le préparait en déposant dans la coupelle une poignée de tabac humide, que l'on saupoudrait ensuite de braises. Ces dernières provenaient du brasero ou, s'il n'y en avait pas, de ce qu'on appelait un « panier à feu » – minuscule panier en fil de fer muni d'un long manche flexible. On plaçait dans cet appareil plusieurs boulettes de charbon, puis on allumait, et on tournait, tournait encore, faisant des moulinets avec les bras comme si l'on agitait une balle au bout d'une ficelle, jusqu'à ce que le charbon s'embrase et rougeoie. Parfois, la nuit, on voyait ainsi une petite boule de feu, étincelante et grésillante, qui tournoyait dans les ténèbres où se tenait caché celui qui tirait les ficelles de ce joli spectacle. On savait alors qu'il y avait des invités à qui on préparait un kalyan. J'associe ce souvenir à nos soirées tranquilles à la maison, auprès de mon père, de ma tante Ashraf, de ma grand-mère, qui fumaient en buvant du thé, entourés de nous tous.

Chez le prince Afsar, quand la soirée battait son plein, les poètes se mettaient à réciter leurs dernières productions, déclamations passionnées qui ravissaient leur public, lequel ne se privait pas de louer subtilités et prouesses d'éloquence par des expressions telles que « Que c'est beau ! » « Bien dit ! » « Exquis ! », menant l'orateur à des paroxysmes d'excitation avant que les derniers vers chuchotés viennent se noyer dans un silence ému. Ensuite, le prince demandait à un autre de ses jeunes protégés de régaler l'assemblée.

Pendant ce temps, les femmes bavardaient dans le salon décoré de fauteuils Louis XVI et de bibelots précieux – vases de Sèvres, chandeliers en cristal de Venise, lampes en verre de Bohême, somptueux tapis et tentures. Mais le plus bel ornement de cette pièce, c'était une fresque qui couvrait tout un pan de mur, partant de quelques centimètres du sol et grimpant jusqu'au plafond : une scène idyllique, un ruisseau d'un bleu argenté qui serpentait en diagonale parmi les arbres, avant de s'élargir pour former une fontaine où des nymphes batifolaient et remplissaient leurs cruches de cette eau de jouvence. Des oiseaux et des papillons exotiques reposaient délicatement sur les branches et les fleurs ; des houris dignes d'un tableau de Rubens se prélassaient sur l'herbe, dans des drapés de soie diaphane aux teintes pastel ; des chérubins jouaient entre eux dans un coin, des anges devisaient dans un autre, tandis que çà et là une gazelle passait la tête à travers l'épais feuillage ; au premier plan, une poignée d'enfants pieds nus s'ébattaient parmi les agneaux et les poules. Cette œuvre, signée par un artiste inconnu du siècle dernier qui avait griffonné d'une main illisible son nom en bas à gauche, avait manifestement été influencée par l'art européen, car le dessin de la fresque n'avait rien à voir avec la peinture persane de la même époque, et les personnages qui y étaient représentés appartenaient de toute évidence à la mythologie occidentale.

Cette fresque me fascinait, je pouvais passer des heures à la regarder, comme hypnotisée. J'oubliais complètement où je me trouvais et laissais mon imagination voguer vers ces régions exotiques, aussi désirables que hors d'atteinte, en compagnie de l'humble artiste qui avait mis toutes ses aspirations dans ce paradis fantastique.

Quelques années plus tard, le prince Afsar mourut. Sa femme vendit leur maison et partit à Machhad, auprès de sa fille. Les nouveaux propriétaires, des gens que nous ne connaissions pas, laissèrent la fresque s'abîmer et finirent par la recouvrir d'une large tenture. C'est en tout cas ce qu'on m'a raconté bien plus tard. Il faut dire que les familles les plus fortunées ayant alors quitté notre quartier, il était tout à fait improbable que cette maison trouvât un acheteur qui eût assez de goût pour apprécier la beauté architecturale de l'ensemble et assez d'humour pour tomber sous le charme vieillot de cette fresque. Curieusement pourtant, c'est bien ce qui arriva. Un jeune médecin appartenant à une famille patricienne, celle des anciens propriétaires, rentra un jour de Londres où il avait fait ses études, épousa une ravissante jeune fille et racheta la maison.

Lors d'un de mes séjours en Perse, quelques années plus tard, je suis allée leur rendre visite, car c'étaient des amis de la famille. Ils avaient restauré la maison et lui avaient rendu son ancienne splendeur, en la meublant avec autant de bon goût que le prince Afsar et en alliant avec harmonie le confort d'un mobilier européen et la splendeur des tapis et des objets d'art persans.

La fresque avait, elle aussi, été restaurée, ce qui donnait à leur salon une atmosphère particulière et unique. Le jardin avait été sauvé de bien des années d'abandon et les vieux pins, les peupliers, les platanes montaient la garde au milieu des autres arbres et des jeunes pousses ; la piscine, carrelée de neuf en bleu turquoise, reflétait leurs branches oscillantes ; tout était exactement comme dans mon souvenir. Seule la véranda avait changé : à la place des tapis somptueux et des coussins de brocart d'autrefois, il y avait de confortables fauteuils de jardin et des sofas à bascule, des parasols et des tables. Les invités du passé étaient presque tous morts – les poètes, les philosophes et le prince-philosophe, le général amoureux de la rime et le jeune mollah éclairé qui chantait des chants mystiques de façon si exquise…

« Sais-tu que la veille du sabbat, nous disait tante Ashraf, les âmes des disparus viennent se percher au bord de votre toit sous une apparence d'oiseaux, ils mendient vos prières, pour les ramener avec eux au Ciel… »

Et peut-être les oiseaux perchés sur le toit et les arbres, lors de ma dernière visite à cette maison, étaient-ils les âmes du prince Afsar et de ses invités, quêtant nos prières et nos souvenirs…

Le jeune médecin ouvrit une clinique en ville avec quelques collègues. Il travaillait aussi dans un hôpital et enseignait à la faculté de médecine. Il finit par devenir ministre dans un des derniers gouvernements du shah. Après la révolution de 1979, lui et sa famille émigrèrent aux États-Unis, laissant leur maison en proie au pillage. Je ne sais pas ce qu'il en est advenu. J'ai entendu dire que la fresque avait été détruite sur-le-champ, avec ses chérubins, ses anges et ses nymphes blondes batifolant dans la fontaine de l'éternelle jeunesse.

SCHÉHÉRAZADE

Schéhérazade – Première maternelle d'Iran. Cette inscription s'affichait en toutes lettres sur un long panneau de bois suspendu au-dessus de la porte d'entrée d'une maison à deux étages transformée en maternelle. A deux pas de la place du Parlement, non loin du ministère de l'Éducation, elle avait été fondée par deux sœurs arméniennes, les demoiselles Petrossian – la grande et la petite – que nous, les enfants, appelions respectivement Madame la Directrice et Madame la Surveillante générale. L'aînée s'occupait de l'administration et de la comptabilité tandis que la plus jeune veillait sur nous et le personnel. La première ne quittait jamais son bureau, contrairement à la seconde, toujours debout, en train de courir entre la cour, le réfectoire, les salles de classe. Les enseignantes étaient au nombre de trois ou quatre, toutes arméniennes, amies ou parentes des fondatrices.

Dans le passé, seul un tout petit nombre d'enfants avaient reçu ne serait-ce que des rudiments d'instruction, et jamais avant l'âge de cinq ou six ans. Le taux d'analphabétisme était de quatre-vingts à quatre-vingt-dix pour cent. Riza Shah, qui lui-même savait à peine lire, estimait que l'éducation était le premier pas vers la modernisation : il instaura donc l'école élémentaire obligatoire. C'était un militaire, habitué à donner des ordres et à être obéi, mais en l'occurrence la tâche était loin d'être simple, et personne n'osa lui dire qu'il faudrait des années et des années pour vaincre l'analphabétisme. Néanmoins, sur l'initiative du ministère de l'Éducation, des écoles fleurirent d'un bout à l'autre du pays, du moins dans les villes. Étant donné leur traditionnel respect du savoir, les Persans voulurent saisir leur chance de donner à leurs enfants ce qu'ils n'avaient pas eu eux-mêmes. En revanche, l'idée d'une maternelle, d'un « jardin d'enfants » comme disaient certains, était totalement nouvelle ; elle avait été importée d'Occident.

Il fut bientôt à la mode chez les gens appartenant à l'élite du pays d'envoyer ses enfants à Schéhérazade, la toute nouvelle maternelle, et ma mère décida donc de m'y envoyer. C'est ainsi qu'un certain matin d'automne, une voiture à cheval vint nous chercher, ma mère et moi, pour nous emmener à Schéhérazade. Nous fûmes accueillies dans le hall d'entrée par la petite Mlle Petrossian, qui nous mena à l'étage jusqu'au sanctuaire de sa sœur – une salle spacieuse donnant sur la cour, meublée d'un bureau et de quelques chaises. Mme la Directrice était grande et assez corpulente, elle avait le visage rond et agréable, le sourire bienveillant. Ses cheveux, parsemés de fils d'argent, étaient tirés en arrière et relevés en un chignon rond troué en son milieu, comme un nid d'oiseau. En revanche, sa jeune sœur, toute petite, noueuse, nerveuse, n'était en fait pas tellement plus haute que les enfants dont elle était responsable. Encadré d'une permanente noire, son visage semblait brisé en deux par une profonde ride courant depuis le menton jusqu'à la racine des cheveux, et qui avait été creusée là par son sempiternel et douloureux froncement de sourcils.

Après l'échange rituel de civilités avec ma mère, les deux sœurs se tournèrent vers moi :

– Quel âge as-tu ?… Je suis sûre que tu es une gentille petite fille qui ne désobéit jamais et ne fait jamais de bêtise !

Elles me dirent que je ne devais pas être sage seulement en classe mais aussi à la maison : sinon un corbeau viendrait leur rapporter ma mauvaise conduite, et je serais sévèrement punie. La petite Mlle Petrossian ajouta que le matin même, un corbeau était venu lui raconter qu'une vilaine petite fille avait mouillé son lit, et celle-ci avait été non seulement punie en conséquence mais on lui avait fait honte devant tous ses camarades ; ils s'étaient tous moqués d'elle et avaient chanté : « Mouilleuse de lit ! Mouilleuse de lit ! »

J'étais terrifiée ! Il y avait dans notre jardin une nombreuse compagnie de corbeaux nichés tout au sommet des grands pins. Leur *va-et-vient* * commençait dès l'aube pour ne s'arrêter qu'au coucher du soleil, heure à laquelle ils rentraient chez eux pour dormir. Je me demandai lequel pouvait bien être l'espion de la petite Mlle Petrossian. Puisqu'ils se ressemblaient tous comme deux gouttes d'eau, je décidai que le plus prudent était de se méfier de chacun d'eux ! Aujourd'hui encore, la vue et les cris de ces bien inoffensifs volatiles éveillent en moi un sentiment tout à la fois d'angoisse et de répulsion.

Je n'avais pas imaginé que l'enfance pût être un temps béni de l'existence où l'on vit libre et heureux sans souci du lendemain, avant que vous assaillent les soucis et les responsabilités de l'âge adulte. Et voilà que je découvrais Schéhérazade qui, d'après mes souvenirs en tout cas, avait tout du pénitencier pour enfants.

Quelques minutes après notre entretien, ma mère partit, promettant d'envoyer Ali me chercher à midi. La petite Mlle Petrossian me prit par la main pour me conduire dans une salle de classe pleine de garçons et de filles de mon âge, assis à des tables recouvertes de feuilles de papier et de crayons de couleur.

– On se met tous debout pour Mme la Surveillante générale, déclara la maîtresse.

Et tous les enfants se levèrent pour regarder la nouvelle.

– Je vous présente une nouvelle amie. Soyez bien gentils avec elle et montrez-lui la classe. D'accord ?

– Oui, madame la Surveillante générale, firent les enfants en chœur.

Les deux femmes tinrent un conciliabule en arménien, jetant un coup d'œil de temps à autre dans ma direction, puis la petite Mlle Petrossian nous laissa.

La maîtresse, Mlle Dornushian, était jeune et jolie ; sa belle chevelure brune qui ondulait sur ses épaules était retenue par un ruban du même ton que son rouge à lèvres et son vernis à ongles. Elle portait une robe courte et moulante, dont le léger décolleté abritait une croix en or. Sa ressemblance avec une farangi, ces créatures des magazines de mode, si différentes des femmes de chez nous, me fascina immédiatement. Mais Mlle Petrossian n'avait pas plus tôt disparu, que son air bienveillant et son doux sourire s'évanouirent :

– Il vaudra mieux pour toi que tu sois sage, sinon gare ! me dit-elle d'une voix sévère en agitant sa main devant mon visage, ses longs ongles peints étincelants comme les griffes ensanglantées de quelque oiseau de proie : à croire qu'elle menaçait de m'arracher les yeux. Elle me donna un petit carton dont l'une des faces portait le dessin en pointillé d'un bouquet, plus une poignée de crayons de couleur, et m'ordonna de colorier les fleurs dans les coloris de mon choix. Après quoi, elle retourna d'un pas nonchalant s'asseoir à sa table et se plongea dans la lecture d'un magazine.

Comme j'étais nouvelle, j'attirai inévitablement la curiosité ; on me lançait des coups d'œil furtifs, on me demandait où j'habitais. Mais au moindre bruit, Mlle Dornushian levait les yeux et fronçait le sourcil :

– Chut ! Pas de bruit ! Faites votre travail, ou vous serez punis !

Je me mis à colorier le bouquet, mais en vain – je n'avais qu'un désir : rentrer chez moi. J'avais peur, j'étais timide, je voulais ma mère, Nounou, Zahra... Je me disais que si par chance je rentrais à la maison, jamais, jamais je ne reviendrais ici. Mes joues se mirent à ruisseler de larmes.

– Qu'est-ce que j'entends ? fit Mlle Dornushian en se levant avec une lenteur de mauvais augure. Une petite fille gâtée qui pleurniche pour sa maman ? Charmant ! Tu n'as pas honte ? Est-ce que tes petits camarades pleurent, eux ? Non ! Ils s'amusent, ils jouent. Alors, fais comme eux !

Parlons-en ! Vingt paires d'yeux me décochèrent leurs flèches empoisonnées – rien que du mépris et de la pitié. Je cherchai en vain une lueur de solidarité, un sourire complice. En pleurnichant, je retournai à mon coloriage, espérant me distraire en m'occupant. Mais les larmes continuaient à inonder mon visage. C'est à ce moment-là que j'ai dû prendre l'habitude de pleurer en silence – une habitude tenace.

Au bout d'un moment, un coup de gong résonna et on nous mena jusqu'au réfectoire où nous attendait une collation, *le goûter* * comme disait Mlle Dornushian, voulant sans doute nous impressionner avec sa connaissance du français. Dans le réfectoire s'alignaient de longs bancs et des tables sur lesquelles étaient disposés des assiettes et des tasses émaillées décorées de fleurs roses, de petits couverts avec les provisions que nous avions apportées ce jour-là. J'avais pour ma part une tranche de gâteau et une pomme. Je venais de saisir le couteau pour peler ma pomme et j'étais à l'ouvrage quand j'entendis un sifflement et, l'instant d'après, ressentis une vive douleur sur mes jointures.

– Ceci est ta main gauche ! fulminait Mlle Dornushian, me dominant de toute sa hauteur.

Elle s'empara du couteau et le fourra dans ma main droite. J'étais gauchère, incapable de peler quoi que ce soit de la main droite ; je ne sais comment je parvins enfin à éplucher ma pomme et à l'avaler avec ma rage. J'ai toujours eu du mal à distinguer spontanément ma gauche de ma droite, mais pendant longtemps, chaque fois qu'il m'arrivait d'hésiter, la scène du réfectoire me revenait à la mémoire : la main gauche était celle qui me faisait mal.

Peu après, de retour dans la classe, horriblement malheureuse, je me mis à m'agiter, mais Mlle Dornushian connaissait une méthode radicale et apparemment inoffensive pour obtenir la discipline ; tantôt elle vous tordait le lobe de l'oreille jusqu'à ce que vous hurliez de douleur, tantôt elle vous frappait aux articulations avec un long crayon, ce qui produisait le même résultat. Fort avantageusement pour elle, aucun de ces deux sévices ne laissait de trace. A vrai dire, elle faisait rarement appel à ces mesures extrêmes ; en général, elle se contentait de froncer les sourcils et d'étirer ses griffes, cela suffisait à nous glacer.

Il fut décrété qu'Ali m'emmènerait tous les matins au cours Schéhérazade et me ramènerait à midi. Le lendemain cependant, je déclarai que je ne voulais plus y retourner :

– Je veux rester ici avec vous ! Je promets d'être sage ! dis-je à ma mère.

– Ne sois pas sotte, me rétorqua-t-elle. Tu ne t'y plais peut-être pas encore beaucoup, mais bientôt tu t'y feras des amis et tu y seras très bien. Tu ne vas quand même pas rester ici à t'ennuyer pendant que tous les enfants sont à l'école ?

C'était pourtant exactement ce que je souhaitais. Mais Ali me prit dans ses bras pour m'emporter. J'eus beau crier, me débattre, supplier… Rien n'y fit. Quand on fut assez loin de la maison, il me posa à terre et me prit fermement par la main :

– Allez, ma petite dame, j'ai autre chose à faire !

Bientôt, ce fut la routine : chaque matin, je me levais le cœur lourd et quittais la maison désespérée, criant, suppliant qu'on me gardât. La peur que le corbeau ne rapportât ma conduite à la petite Mlle Petrossian me tenaillait et, une ou deux fois en effet, elle me dit qu'un corbeau lui avait raconté que je faisais des histoires pour aller à l'école.

Une fois en classe, j'essayais de faire contre mauvaise fortune bon cœur, j'obéissais aux consignes, je me liais d'amitié avec les autres, je participais aux jeux. En arrivant, on nous faisait mettre en rangs et défiler autour de la cour au son, par exemple, de la *Marche militaire* de Schubert ou d'une quelconque musique militaire, diffusée par un vieux gramophone à manivelle et à pavillon de cuivre. Sur le devant de la boîte carrée du tourne-disque était peint un chien assis auprès d'un gramophone similaire et écoutant La Voix de Son Maître. Nous n'arrivions pas à lire ce qui était écrit, mais cette machine nous fascinait. Parfois, en marchant, nous apercevions la grande Mlle Petrossian, debout à la fenêtre de son bureau derrière ses rideaux de dentelle, souriant comme un fantôme bienveillant ; il lui arrivait même de nous saluer de la main comme une tête couronnée. Nous lui rendions son salut avec un sourire.

Après l'exercice, on nous séparait en deux groupes et nous montions dans les classes, où nous passions notre temps à peindre, à gribouiller l'alphabet et à chanter des chansons. On ne tarda pas à me trouver une jolie voix et à me faire chanter en soliste. La chose ne me déplaisait pas et je sus bientôt par cœur toutes les chansons. On m'encouragea, on me montra en exemple, ma cote monta, et je me sentis moins malheureuse.

L'événement le plus mémorable de mon année à Schéhérazade fut la commémoration du jour de l'Émancipation des femmes, le 8 janvier. Riza Shah avait en effet aboli le tchador avant ma naissance et proclamé l'accession des femmes au rang de citoyennes à part entière. Elles pouvaient désormais fréquenter écoles et universités, apprendre et pratiquer un métier, bref participer à la construction d'une nouvelle Perse progressiste. Plus que n'importe quelle autre mesure, l'abolition du voile avait soulevé la résistance de certains mollahs et de leurs disciples du bazar. Sans doute était-ce parce que dans l'esprit des gens du peuple le voile était associé aux idées d'honneur, de chasteté, de modestie, mais aussi aux notions de propriété et de pouvoir qu'il offrait à l'aile la plus réactionnaire du clergé désireuse de regagner une partie du terrain qu'elle venait de perdre, un magnifique cheval de bataille. Afin de contrer son influence, certains avocats de l'émancipation croyaient fermement qu'il valait mieux éduquer les femmes et les habituer progressivement à ne plus porter le voile plutôt que d'avoir recours à la coercition. Mais combien de temps faudrait-il ? s'exclamaient les autres, et comment instruire des êtres enveloppés dans des mètres et des mètres de tissu noir et enfermés chez elles ? Non, mieux valait décidément en finir une bonne fois pour toutes. De toute façon, il n'y avait qu'en ville que l'on portait le tchador ; à la campagne et dans les tribus, le costume traditionnel des femmes se composait de coiffures colorées – légers foulards ou coiffes élaborées – qui les protégeaient des cruels rayons du soleil sans les gêner dans leurs mouvements, ni leur couvrir le visage.

Riza Shah donna l'exemple en apparaissant en public et en se faisant photographier en compagnie de sa femme et de ses filles sans le voile ; les femmes de la classe dirigeante les imitèrent aussitôt. C'est en fait dans les familles comme la nôtre, où la tradition religieuse restait vivante, que l'abandon du voile posait le plus de problèmes : comment évoluer avec son temps tout en préservant les principes religieux auxquels on croyait.

Comme c'est souvent le cas, la nouvelle loi trouva ses opposants les plus farouches chez celles précisément qu'elle était censée libérer : certaines femmes refusèrent purement et simplement d'ôter leur tchador et de briser leurs chaînes. La police eut l'ordre de le leur arracher en pleine rue s'il le fallait. Dans notre famille, les femmes consultèrent mon père, qui, en sa qualité de mujtahed, était habilité à interpréter la sharia et à se prononcer en pareille matière. Le port du voile, leur déclara-t-il, était pour la femme une affaire d'honneur et de dignité, mais l'honneur et la dignité pouvaient bien prendre d'autres formes et les femmes ôter leur tchador si tel était leur souhait. Ma mère et mes tantes se firent confectionner d'élégants manteaux qu'elles portaient sur leurs robes, et se couvrirent la tête de foulards de soie. Bientôt, toute la famille renonça même à ces derniers, et l'on sortit tête nue comme la majorité des femmes éduquées. Seule ma mère garda son foulard et ses façons traditionnelles jusqu'à la fin.

Face à leur nouvelle liberté, les femmes de la jeune génération se sentirent comme poissons dans l'eau. A peine pouvions-nous imaginer que les femmes avaient un jour été voilées et cloîtrées derrière de hauts murs. Dans l'intimité, le tchador survivait sous une forme allégée, un voile imprimé que l'on portait sur les épaules comme une châle et, lorsque la loi devint moins sévère après la guerre, il réapparut dans la rue, mais sous sa forme la plus légère et seulement chez les pauvres, comme une sorte de *cache-misère* *, servant à dissimuler leurs vêtements défraîchis. En tant que symbole de soumission et d'ignorance, le voile semblait en tout cas avoir disparu pour de bon ! D'ailleurs, la moitié des médecins, dentistes, enseignants, avocats et hauts fonctionnaires seraient bientôt des femmes ; comment imaginer dès lors qu'il pût réapparaître ?

Puis, brusquement, en 1978, voilà que le voile noir resurgit : des femmes, par dizaines de milliers, drapées de noir, brandissant le poing et criant des slogans, telle une armée de corbeaux maléfiques prédisant l'apocalypse et la destruction ; scène cauchemardesque digne d'un film d'horreur.

– Qu'arrive-t-il donc aux femmes de Perse ? s'interrogeait-on dans les salons de Paris, New York, Londres… Qui sait pourquoi et comment un virus prolifère dans la psyché d'une nation ? Certes les mollahs, dans leur haine, ont pu agir comme des agents infectieux, mais l'infection a si facilement gagné l'ensemble du pays et du corps politique, que l'on peut soupçonner un système immunitaire affaibli par les excès d'injustice, d'inégalité et surtout d'orgueil. Maintenant, la maladie doit suivre son cours dévastateur jusqu'au bout et se consumer d'elle-même avant que nous puissions songer à reconstruire.

Cette année-là, Schéhérazade, en sa qualité de seule et unique maternelle de style occidental en Perse, devait participer aux festivités du jour de l'Émancipation des femmes en donnant une représentation théâtrale inspirée de l'histoire du Petit Chaperon rouge. Un garçon affublé d'un gros nez et d'une balafre sur la joue – j'ai oublié son nom – était censé jouer le loup ; la chouchoute de Mlle Dornushian, une jolie petite blonde qui avait une mère française, devait tenir le rôle éponyme, et moi celui de la mère : je chantais une berceuse à sa petite sœur en attendant qu'elle revînt de chez sa grand-mère.

La représentation devait avoir lieu à l'École normale de jeunes filles, dans le grand amphithéâtre où se déroulaient les cours magistraux et les cérémonies. Étaient attendus plusieurs princesses de la famille royale, ainsi que le Premier ministre, des membres du gouvernement, des professeurs d'université, des officiers... Mes parents avaient été invités, mais mon père ne se rendait jamais dans ce type d'assemblées officielles, en partie à cause de son costume, en partie parce qu'il fuyait autant que possible le monde. Ma mère, au contraire, beaucoup plus jeune que lui, prenait plaisir à toute cette effervescence, aux belles toilettes, au tourbillon des mondanités, et c'était en général oncle Alem qui l'y accompagnait.

La tenue de soirée était *de rigueur* * : queue-de-pie et haut-de-forme pour les hommes, chapeau et gants pour les femmes. Pour cette soirée, ma mère s'était fait confectionner par sa couturière, Emily, une toilette en soie noire, et avait fait l'emplette d'un chapeau assorti, noir et orné d'une *voilette* * à pois. Elle portait, garni d'innombrables fanons de baleine et de lacets, un lourd corset que Zahra l'aidait à endosser :

– Tire ! Tire donc ! Plus fort, mais plus fort ! disait-elle tandis que Zahra, le genou replié au creux des reins de ma mère, tirait les lacets de toutes ses forces pour lui faire la taille fine.

Ma mère payait son tribut à cinq grossesses et une maladie postnatale, et le moins que l'on puisse dire est que sa ligne n'était plus ce qu'elle était...

Après un nombre incalculable de répétitions, vint le jour de la représentation. On nous conduisit à l'école normale en voiture privée. La petite Mlle Petrossian m'avait prêté une de ses propres robes, retenue par une ceinture ; elle me fourra dans les bras une poupée enveloppée dans un châle et, pour la première fois, me donna un baiser avant de me pousser sur scène. Je dépêchais ma fille, le Petit Chaperon rouge, avec un panier à provisions plein destiné à sa grand-mère, en la mettant bien en garde contre le grand méchant loup, lui recommandant en particulier d'éviter le raccourci par la forêt. Puis je m'asseyais dans un fauteuil à bascule pour chanter ma berceuse :

Fais dodo, ma petite fleur de tulipier,
La panthère rôde dans le bois, elle cherche son bien-aimé,
Fais dodo, ma petite fleur de noisetier,
Ta mère est allée te chercher une jolie robe dans le coffre,
Fais dodo, ma petite fleur de pavot,
Ton père est parti, que Dieu le protège et le ramène vite à la maison.

Applaudissements. Après la représentation, les « acteurs » furent présentés aux princesses, qui nous embrassèrent et nous félicitèrent. Ma cote monta d'autant, non seulement à Schéhérazade, mais aussi à la maison et auprès de mes amis. Mlle Dornushian m'apprit des chansons en arménien, en français, en anglais, que je mémorisais sans essayer d'en comprendre les paroles et chantais à la demande.

Dans les années qui suivirent, des maternelles, privées et publiques, devaient se multiplier à Téhéran ; c'était la plupart du temps des écoles bilingues, en français ou en anglais. Lors d'une de mes visites en Perse, bien plus tard, je me suis rendue en pèlerinage dans mes anciennes écoles, toutes dans le même quartier. Celui-ci avait beaucoup changé : le *Majlis* était toujours là, la place aussi avec ses plates-bandes, ses fontaines et la statue du shah au milieu, mais les bâtiments tout autour avaient été remplacés par des immeubles modernes – bureaux et locaux administratifs. Par extraordinaire, la maison à deux étages de Schéhérazade n'avait pas bougé ; elle servait désormais d'entrepôt. Même le panneau avait survécu, tout abîmé, tout tordu, portant les traces blêmes de son ancienne inscription : *Schéhérazade – Première maternelle d'Iran*. Personne ne s'était donné le mal de l'enlever. Je découvris que Mlle Dornushian avait épousé un compatriote arménien et émigré aux États-Unis, et que les sœurs Petrossian avaient pris leur retraite, puis étaient mortes. Mais elles et leur établissement surgissent du fond de ma mémoire chaque fois que j'entends la *Marche militaire* de Schubert.

Je me souviens du vieux gramophone au pavillon rutilant et des rideaux en dentelle derrière lesquels se profilait le visage de la grande Mlle Petrossian, souriant à ses élèves et à l'idée qu'elle se faisait de sa contribution au progrès et à l'espoir.

J'ai gardé une photographie de cette année à Schéhérazade : je me tiens au dernier rang, l'air méfiant. Je ne me rappelle pas les noms des autres enfants, à l'exception d'un seul : Roshan (Claire), ma meilleure amie, que je n'ai jamais revue par la suite en Perse. Bien des années plus tard cependant, je devais la retrouver à Paris : elle avait épousé un ingénieur polonais et était partie vivre à Varsovie, jusqu'à ce que le couple essayât d'émigrer de nouveau en Perse, d'où sa présence à Paris où elle tentait de régler ce problème. Je l'ai ensuite définitivement perdue de vue. Je me demande où elle se trouve à présent – dans la Pologne du général Jaruzelski, ou dans la Perse de Khomeiny ? Quel choix…

J'ai enregistré la berceuse sur mon premier 33 tours londonien, un recueil de chansons populaires et de chants mystiques persans. Elle devint l'indicatif musical du *Bonne Nuit les Petits* de la télévision persane, et fut jouée chaque soir pendant des années, jusqu'à ce que la révolution embrasât les programmes, la télévision et le pays tout entier.

LE JOUR NOUVEAU

Du berceau à la tombe,
cherche la connaissance !

FIRDOUSSI

Norouz – École élémentaire de filles numéro deux. Une des nombreuses écoles publiques fondées par le ministère de l'Éducation. Son nom signifiait « Le Jour nouveau » ; c'est aussi le nom que l'on donne au Nouvel An persan qui se fête le 21 mars, à l'équinoxe de printemps, tradition qui remonte à Zarathoustra et peut-être même avant. Cette double signification, allusion à l'aube de l'ère nouvelle qui s'était levée pour la Perse avec l'avènement de Riza Shah et de ses plans progressistes, montre à quel point le pays était d'humeur confiante et optimiste.

Au-dessous de ce panneau, sur une jolie dalle carrelée, figurait l'injonction de Firdusi citée en exergue, devise du ministère de l'Éducation, inscrite au fronton de tous leurs bâtiments et établissements, et jusque sur les papiers à en-tête. C'était une manière d'affirmer la continuité de l'histoire persane et de son héritage spirituel, et de proclamer l'ambition de la nouvelle dynastie qui prétendait renouer avec la grandeur impériale pré-islamique, telle que l'a glorifiée Firdoussi dans son grand poème épique *Shahnameh*.

Norouz se trouvait au fond d'une impasse non loin de la place du Parlement. Toutes les rues du quartier avaient été goudronnées, mais il fallut des années aux autorités pour se résoudre à s'occuper de cette impasse, qui l'hiver se transformait en véritable lac de boue meurtrier pour nos chaussures vernies.

Une porte cochère menait à un passage couvert qui débouchait sur une grande cour rectangulaire au milieu de laquelle était creusée une piscine ronde. Celle-ci était en général recouverte de planches afin d'empêcher les accidents pendant la récréation. Un second passage couvert menait à une deuxième cour, plus petite, qui servait de terrain de sport et par laquelle on accédait au réfectoire et aux salles de classe. L'école avait été installée dans l'andaroun et le biroun d'une ancienne demeure de la noblesse. Tout autour de la grande cour se succédaient les salles de classe, avec leurs portes-fenêtres par lesquelles se déversaient les enfants dès qu'ils entendaient la cloche. Plusieurs barriques d'eau potable étaient disposées au fond de la cour, munies de robinets et de gobelets accrochés par des chaînes, mais les enfants se précipitaient pour boire à même le robinet, de sorte que les épidémies se propageaient parmi les écolières à la vitesse d'un incendie de forêt.

Le gardien et sa femme logeaient dans une pièce située entre les deux cours, donnant tout à la fois sur le passage et sur le hall d'entrée. Pour préserver leur intimité, ils gardaient ces deux portes toujours closes, si bien que personne n'avait jamais vu leur intérieur. Mais la femme du gardien passait le plus clair de son temps assise sur un petit tabouret de bois dans le passage, à surveiller le *va-et-vient* *, proférant des litanies d'ordres destinés à son mari et ne cessant d'invectiver les enfants de ses imprécations menaçantes : « Ces-méchants-petits-diables-que-Dieu-les-fasse-brûler-en-enfer ! »

– Personne ne l'a jamais entendue se taire ! entendait-on souvent marmonner son mari.

On accédait par quelques marches au bureau de la directrice, qui se dressait à côté du hall d'entrée, au-dessus de l'unique étage du bâtiment, pareil au poste d'observation d'une sentinelle ; il y avait une remise en dessous, et on y accédait par un escalier. De sa tour d'ivoire, Madame la Directrice présidait aux destinées de l'école ; elle n'apparaissait qu'en de rares occasions, lors des remises de prix ou des cérémonies officielles. Le reste du temps, elle ne voyait les élèves qu'en les convoquant individuellement dans son sanctuaire si cela s'avérait nécessaire. En fait, c'était son formidable lieutenant, Madame la Surveillante générale, admirablement nommée Mlle Nazm (ce qui signifie ordre, discipline), qui dirigeait l'établissement, s'occupant des relations avec les enseignants et les parents, et surtout veillant au maintien de la discipline.

Comme la plupart des enseignants, Mlle Ordre sortait de l'École normale, et était célibataire. On considérait encore à l'époque que seules les jeunes filles trop laides ou trop « libres » pour trouver un mari étaient destinées à entreprendre des études supérieures pour avoir plus tard un métier. Celles qui étaient jolies, riches et bien nées se retrouvaient happées dès la sortie de l'école, sinon avant. Les « déchets », les « ratées », les « moches-à-faire-peur », voilà comment l'on désignait les autres, celles qui ressemblaient à Mlle Ordre.

Mais les temps changeaient, et quelques-unes de nos maîtresses du cours Norouz se marièrent au cours des six années que j'y passais. Pas Mlle Ordre : elle était déjà « vieille » – la trentaine – et avait donc « passé l'âge ». En outre elle n'était vraiment pas jolie. Grande, maigre et noiraude, elle avait un visage émacié que des maladies infantiles avaient marqué de cicatrices, toujours habité par une expression sévère. Elle ne souriait guère, par crainte de perdre son autorité, et ne se déplaçait jamais sans sa longue règle en fer, qu'elle tapotait sur sa cuisse ou dans sa paume. La règle en question se composait en réalité de deux minces planchettes de métal flexibles serrées autour d'une couche de papier ; aussi souple qu'un fouet, elle s'abattait sur votre main en vous transperçant tout le corps d'une douleur aiguë : gare à celles qui en classe se montraient impertinentes, paresseuses ou dissipées.

Les rares fois où il arrivait à Mlle Ordre de sourire, toute sa figure s'ouvrait, s'illuminait, ses yeux pétillaient, à croire qu'une brise avait chassé le noir nuage de frustration et de mécontentement qui l'étouffait.

« Elle pourrait être assez jolie, tu sais, avec un brin de maquillage et quelques kilos en plus », avait déclaré une fois ma mère. Mais Mlle Ordre avait depuis longtemps mis une croix sur le bonheur. Elle portait au cou, accroché à un ruban, un petit sifflet qu'elle faisait retentir dès que se profilait l'ombre d'un chahut dans la cour de récréation ; sur-le-champ, tout le monde se calmait, la scène se figeait en un *tableau* * et la coupable, une fois découverte, était dûment punie.

En ce temps-là, le système scolaire persan était calqué sur celui de la France ; vous passiez six ans dans le primaire et, si vous réussissiez l'examen de fin d'études, on vous acceptait au lycée.

Programmes et examens se décidaient au ministère de l'Éducation afin de garantir l'harmonie entre les différents établissements.

Il nous fallait, à ma sœur et moi, vingt minutes à pied pour nous rendre à Norouz. Ali nous accompagnait le matin, nous apportait à midi notre déjeuner dans une boîte métallique et venait nous chercher à quatre heures. Nous arrivions à l'école vers huit heures du matin ; après une demi-heure de jeux dans la cour, la cloche retentissait et, aussitôt, nous nous massions en chenilles devant les classes. Mlle Ordre se tenait au milieu à deux pas de la piscine et nous faisait chanter deux chants patriotiques suivis de l'hymne national. Après quoi, elle procédait à quelques annonces et déclarait : « Maintenant, l'heure est venue de punir celles qui le méritent ! » Elle appelait les coupables qui s'étaient montrées désobéissantes, paresseuses ou qui avaient tenu des propos grossiers… Les unes après les autres, elles s'avançaient pour se faire réprimander devant tout le monde et recevoir quelques coups de la redoutable règle en fer sur la paume de la main. Toutes sans exception pleuraient à chaudes larmes, plus de honte que de douleur. Je ne me souviens pas d'avoir jamais été appelée, même si, à chacun de ces appels, la peur me saisissait aux tripes, car j'étais une des plus dissipées, cela ne fait aucun doute ! Une fois la séance des punitions levée, nous rentrions en rangs dans nos classes, et la journée commençait.

Étant gauchère, je fis un mauvais départ dans les études ! Un jour, alors que je m'exerçais à écrire mon alphabet, la maîtresse s'approcha de moi et me prit la main ; elle y glissa un crayon, coincé entre mon index et mon majeur, puis pressa tellement fort que je hurlai de douleur et fondis en larmes.

– Ce n'est pas avec cette main que l'on écrit ! Ceci est ta main gauche ! vociféra-t-elle.

Puis elle me mit le crayon dans la main droite et me guida tandis que je traçais mes lettres :

– Maintenant, continue comme ça ! conclut-elle.

Je trouvais cela pénible et malcommode, mais elle ne cessait de m'avoir à l'œil et ne relâcha pas sa surveillance tant que je ne fus pas habituée à écrire avec la « bonne » main. C'est ainsi que je devins ambidextre, écrivant avec ma main droite mais faisant tout le reste – couture, découpage, cuisine – avec la main gauche.

Je n'aimais pas beaucoup l'école, et aurais de loin préféré rester à la maison; je pleurnichais souvent le matin pour partir et me trouvais toutes sortes de maux mystérieux que l'on s'empressait de classer dans la catégorie des « stratagèmes pour ne pas aller à l'école » pour totalement les ignorer. Peu à peu cependant, je me consolai en apprenant à lire et en me faisant des amies. Désormais j'avais librement accès à tous ces livres pour enfants, pleins d'images et d'histoires de La Fontaine, Andersen, Grimm… traduits en persan; plus besoin désormais de supplier ma sœur qu'elle me les lût. Seulement, une fois que j'avais compris la leçon, je m'ennuyais et me mettais à m'agiter. Je bavardais avec mes voisines, faisais le clown et distrayais tout le monde. On me grondait souvent, m'envoyant au coin, le visage tourné vers le mur, un écriteau épinglé dans le dos : « Je suis une vilaine fille ». Cela m'était à peu près égal, du moment qu'il ne mentionnait pas : « Je suis une idiote incapable d'apprendre ses leçons », ce qui arrivait parfois à d'autres. Une ou deux fois, je fus convoquée chez la directrice pour me faire gentiment rabrouer, à la suite de quoi je me montrais « gentille » pendant quelque temps, jusqu'à ce que l'ennui reprît le dessus. Mais rien ne fait plus plaisir à un enseignant chez un enfant que le désir d'apprendre, et comme j'étais bonne élève, mes maîtresses firent preuve d'une certaine indulgence à mon égard. Je n'avais rien cependant d'une élève modèle, en tout cas pas avant les dernières années de lycée, lorsque les matières eurent gagné tout à la fois en variété et en difficulté.

L'école devint beaucoup plus plaisante à mes yeux lorsque nous attaquâmes les activités artistiques. Outre le dessin et la musique, on nous initiait au théâtre et, à la fin de chaque trimestre, nous donnions des représentations, ainsi que des concours et des auditions de chant. Les pièces, en général écrites par Mlle Ordre, n'étaient autres que des contes moralisateurs qui mettaient en scène de petites polissonnes ne pensant qu'à faire des bêtises mais dont on arrivait à faire des petites filles modèles. Il y avait des passages chantés et dansés, et bien entendu le public d'enfants participait activement. J'ai une fois tenu le rôle principal : celui du cancre se métamorphosant en première de la classe. Ma mère était venue me voir, et elle avait été très fière de moi, mais l'on ne m'encouragea pas plus que cela à chanter ou à jouer la comédie, et aucun autre membre de ma famille ne vint jamais assister aux spectacles.

Le premier obstacle à ces activités extrascolaires surgit le jour où mon professeur de musique proposa de m'apprendre gratuitement à jouer du violon si l'on consentait à m'acheter un instrument à ma taille. Ma mère n'y voyait pas d'inconvénient, du moment que je ne me produisais pas en public. Mais quand elle aborda le sujet avec mon père, celui-ci fronça les sourcils et laissa simplement tomber : « Et après, à quoi aurons-nous droit ? » L'affaire en resta là. Il savait que si j'avais le moindre talent et apprenais à jouer, rien ne m'empêcherait de me produire en public, ce qui ne se faisait pas encore. Bien des années plus tard, à Paris, je louai un piano et échangeai des leçons de musique contre des cours de mon anglais rudimentaire. Mon professeur de piano me présenta à une grande chanteuse d'opéra, Mlle Yvonne Galle, qui donnait alors des cours au Conservatoire de Paris, et je pris mes premiers cours de chant. Yvonne Galle me faisait payer une misère, et je finançais mes leçons grâce à de petits gagne-pain d'étudiante, et notamment en posant pour des photographes.

Cette lacune de mon enfance m'a au moins appris quelque chose : dans les années 60, j'ai acheté de petits violons à mes fils lorsqu'ils eurent cinq ans, et je leur ai trouvé un bon professeur. Je savais pertinemment qu'ils ne feraient pas de la musique leur vie, mais au moins sauraient-ils jouer, tromper l'ennui, et ils ne pourraient pas me reprocher plus tard de les avoir privés de ce plaisir.

En dépit de mon insolence et de ma dissipation, j'aimais beaucoup toutes mes maîtresses, même si elles ne sont que deux à m'avoir laissé un souvenir. Ma préférée était une certaine Mlle Najeeb (Modeste et virginale), fille aînée d'un maître d'école qui avait beaucoup d'enfants. La famille habitait une petite maison moderne non loin de chez nous, et Mlle Najeeb, qui avait de l'affection pour ma mère, venait quelquefois lui rendre visite pendant les grandes vacances. Elle aussi sortait de l'École normale.

Mlle Modeste avait le visage à moitié mangé par des taches de naissance qui gonflaient sa lèvre inférieure d'un côté, comme si elle venait de se faire piquer par une abeille ou avait reçu un coup de poing. En persan on appelle ces taches des « taches de lune », allusion aux taches sombres à la surface de l'astre, la lune étant la métaphore poétique pour désigner un joli visage. « Tu ressembles à la lune aujourd'hui ! » disait-on en guise de compliment à une amie, alors qu'en français ou en anglais on se serait simplement exclamé : « Comme tu es jolie aujourd'hui ! » ou « Tu as l'air vraiment en forme ! »

Les « taches de lune » de Mlle Modeste étaient si visibles et si larges que personne ne remarquait ses jolis yeux bleus, ses cheveux blonds et le teint de pêche qu'elle possédait par ailleurs. Au contraire, son visage long et sa silhouette dégingandée lui avaient valu le surnom de « cheval ». Les gamins des rues la poursuivaient sans pitié de leurs « Mlle Taches », « Mlle Rayures », « Mlle Deux Parfums », etc. Et elle, elle se contentait de rougir et de presser le pas, prétendant ne pas avoir entendu ou compris l'allusion.

La coutume voulait que la fille aînée se mariât la première, mais les jeunes sœurs de Mlle Modeste avaient déjà trouvé chaussure à leur pied et s'étaient envolées du nid : il était entendu en effet qu'il était idiot de gâcher ses chances de bonheur en attendant que se décidât une sœur aînée manifestement destinée au célibat. Il existe dans chaque famille un scénario tacite, dans lequel chacun a son rôle spécifique à jouer. Soit vous acceptez ce rôle et vous le jouez jusqu'au bout – le cas le plus banal – soit vous vous révoltez et vous prenez en main votre propre destinée. A Mlle Modeste avait échu le rôle d'aînée célibataire ; elle assumerait avec une conscience quasi professionnelle les fonctions de tante pour neveux et nièces, et c'est elle qui s'occuperait de la vieillesse des parents. Pourtant, tout en ayant l'air de suivre le chemin tracé pour elle, elle s'en écarta en fin de compte, grâce à son optimisme, à sa foi dans la vie, et dans sa propre chance. Elle croyait en effet dur comme fer qu'un beau jour le mari idéal surgirait et l'enlèverait pour l'emmener vers une béatitude sans fin.

Un jour, pendant les grandes vacances, elle vint rendre visite à ma mère et lui raconta que, la veille au soir, elle avait été à une soirée, vêtue d'une robe de mousseline rouge, coiffée à la perfection et maquillée par sa sœur. Tous les hommes lui avaient demandé une danse sous les yeux envieux des autres femmes. Nous réprimions des gloussements gênés, sachant que c'était par pitié que les hommes s'étaient montrés si galants et que les yeux des femmes devaient avoir été moqueurs plutôt qu'envieux. Pourtant Mlle Modeste était aux anges, elle flottait sur un nuage de bonheur : elle savait avec certitude que son prince charmant n'allait pas tarder à venir frapper à sa porte.

Et, aussi étonnant que cela puisse paraître, c'est exactement ce qui se produisit ! Il arriva non pas sur un coursier blanc, mais dans une grosse Mercedes bordeaux. Une de ses nièces fréquentait notre école, et il avait rencontré Mlle Modeste lors d'une réception quelconque. Puis il l'avait revue chez sa sœur à un déjeuner où elle avait été invitée ; il était tombé amoureux d'elle, de sa gaieté, de son intelligence, de sa confiance dans la vie. Il lui avait demandé sa main à elle plutôt qu'à toutes les jolies jeunes filles de bonne famille qu'on lui présentait. Pour ne pas faire mentir les contes de fées, Mlle Modeste et son époux vécurent heureux et eurent beaucoup d'enfants.

Mme la Directrice était une femme d'un certain âge et d'une certaine corpulence, les cheveux gris, le sourire avenant ; nous l'aimions comme une grand-mère. Elle avait eu un grand chagrin : son mari était mort jeune en la laissant sans enfant. Après cet événement, elle avait consacré sa vie à l'école. Pour comble, son unique frère qu'elle chérissait avait ensuite « perdu la tête » et s'était déclaré prophète, envoyé par Dieu pour réformer la religion nationale. Il avait même été jusqu'à changer officiellement de nom pour s'appeler M. Prophète. Les musulmans considèrent Mahomet, comme le dernier maillon d'une longue chaîne de prophètes, qui débute avec Abraham et se prolonge avec Moïse et Jésus ; c'est ainsi qu'ils l'appellent « le Sceau des Prophètes ». Tout homme se prétendant le messager de Dieu est donc, par définition, un imposteur doublé d'un criminel, méritant la mort. Dans le passé, M. Prophète eût été jugé par un tribunal religieux et condamné à être pendu, mais à l'époque, Riza Shah avait aboli les tribunaux religieux et il régnait une atmosphère favorable à la tolérance en matière de religion. On conclut donc que M. Prophète était « dérangé », et il fut renvoyé de l'administration avec une pension. Sa femme, célèbre pour sa beauté, s'était enfuie avec un riche industriel, emmenant ses deux filles avec elle ; M. Prophète avait donc emménagé chez sa sœur, la veuve, et vivait en reclus en attendant « son heure ».

Ses filles, les sœurs Prophète, Pari et Simeen (Fée et Demoiselle argentée) fréquentaient Norouz. Comme elles avaient exactement le même âge que ma sœur et moi, nous devînmes amies. Elles venaient passer le week-end chez nous, à la grande joie de toute la famille, car elles n'étaient pas seulement ravissantes mais très bien élevées. A l'âge de dix ans, mon amie Simeen était déjà une Lolita accomplie, elle séduisait tout le monde, hommes et femmes, jeunes et vieux. C'est elle qui m'a tout appris sur les hommes et les femmes, l'amour et les enfants, les vedettes de cinéma et sur « là-bas », c'est-à-dire l'Europe.

Une ou deux fois, le jeudi après-midi (notre après-midi de congé, la veille du sabbat), je suis allée jouer chez elle. Elle habitait un appartement moderne dans un nouveau quartier résidentiel, meublé à l'occidentale et décoré de nombreux objets en cristal : chandeliers, oiseaux, éléphants, girafes, vases, bols... Tous sortaient de la nouvelle manufacture de son industriel de beau-père et valaient une fortune. La maison était tenue par Ebby, un eunuque de naissance au visage aussi lisse qu'un bébé et à la voix flûtée de castrat. Il était vis-à-vis de la famille de mon amie d'un dévouement sans bornes, qui englobait aussi les invités. Mais surtout il adorait « Madame », et son état d'eunuque lui permettait d'être aussi proche d'elle qu'une femme de chambre.

Un jeudi après-midi, à notre arrivée chez Simeen, nous trouvâmes sa mère dans leur salon, à demi allongée sur le canapé, en train de lire un livre. Elle était d'une beauté exquise, ses cheveux châtains cascadaient sur ses épaules, ses yeux verts brillaient entre de longs cils noirs, sa bouche était un « bouton de rose » et les traits de son visage d'une symétrie parfaite. Elle portait un négligé en soie *rose antique* * qui mettait en valeur les rondeurs de son corps un peu potelé ; elle avait une expression rêveuse et un sourire languide, comme si elle posait pour un photographe ou devant l'œil d'une caméra de cinéma.

– Qu'est-ce que tu lis, maman ? s'enquit Simeen en se courbant pour embrasser sa mère.

– Oh, un roman français que quelqu'un a traduit, l'histoire d'une femme trompée et abandonnée par son amant. Ah ! les hommes ! Ils disent qu'ils vous aiment, qu'ils ne peuvent vivre sans vous, mais une fois que vous vous êtes donnée à eux, ils se lassent de vous et s'en vont !... Je vous le dis, mes petites, ne faites jamais confiance aux hommes, jamais !

Ebby entra, chargé d'un plateau, avec le thé, les biscuits et les fruits, qu'il posa devant elle sur la table.

– Ah ! Mais Ebby, lui, est fidèle ! Oh oui, il m'aime, lui... n'est-ce pas, Ebby ? Il m'aime beaucoup, mais voilà, c'est un eunuque, et il n'est pas bon à grand-chose !

Elle renversa la tête en arrière et éclata de rire. Ebby gloussa, tout rougissant, puis quitta la pièce. Mme Prophète s'était enfuie avec un jeune homme, un jeune homme riche et beau garçon qui l'avait séduite, et à présent elle ne comprenait pas pourquoi sa fièvre était tombée

Nous avons perdu la trace des sœurs Prophète après l'école primaire, mais j'ai entendu dire qu'elles s'étaient mariées jeunes, avaient émigré en Europe, puis avaient divorcé pour se remarier plusieurs fois, comme cela commençait d'être la mode chez les jeunes et belles filles de la nouvelle bourgeoisie. Ce sont vraiment elles, ainsi que d'autres amies de Norouz qui, les premières, m'ouvrirent une fenêtre sur un monde neuf pour moi – un monde de riches industriels, de vamps en négligé de soie, de vacances à l'étranger, de quête du plaisir sans contrainte religieuse. Les gens vivant comme elles allaient devenir de plus en plus nombreux, jusqu'à former une importante classe moyenne, cette classe même qui était censée endiguer la montée des eaux révolutionnaires, et qui, au contraire, ne fut qu'un jouet entre les mains des mollahs réactionnaires, d'une part à cause de ses excès, d'autre part à cause de son mécontentement.

Simeen et moi faisions partie du petit groupe d'élèves qui restaient déjeuner à l'école, nos maisons étant trop loin pour faire l'aller et retour. La femme du gardien nous réchauffait notre repas sur une cuisinière à charbon du petit réfectoire, et nous surveillait. Pendant ce temps, son mari faisait le tour de l'établissement pour remplir les poêles à charbon dans les classes et les barriques d'eau dans la cour. C'était un tout petit homme aux cheveux blancs avec une barbe de trois jours qui avait l'air de ne jamais pousser. Son uniforme gris semblait dix fois trop grand pour lui, il flottait littéralement dedans. L'air maussade, il se promenait en traînant les pieds et en marmonnant des paroles incompréhensibles. Sa femme était petite et grosse, un pot à tabac. Elle était borgne et boitait si fort en se dandinant comme un canard, qu'on la croyait à tout moment sur le point de tomber. Coiffée d'un foulard, elle portait un mince tchador noué à la ceinture et ne s'arrêtait jamais de parler d'une voix rauque et forte, même quand personne ne lui prêtait la moindre attention.

A quatre heures, la cloche sonnait et les enfants se dispersaient pour rentrer chez eux. Quelques-uns étaient attendus par des voitures, d'autres par des serviteurs, mais la plupart partaient à pied en petits groupes. De temps en temps, les personnes qui venaient nous chercher étaient en retard, et nous les attendions en jouant. Parfois nous avions si chaud à force de courir et de sauter, que nous jetions par terre nos gants, nos écharpes, nos vestes même, puis nous précipitions sans plus y songer dès que surgissait Ali, pour nous souvenir de notre oubli seulement lorsqu'il était bien trop tard pour faire demi-tour. Le lendemain, la femme du gardien niait avoir rien trouvé en nettoyant les classes et les cours :

– Vous avez dû les laisser tomber dans la rue, parce que je n'ai rien trouvé ici, déclarait-elle avec le plus grand aplomb.

Nous n'avions aucun moyen de prouver qu'elle nous avait dérobé nos vêtements ou nos affaires de classe, mais nous nous doutions qu'elle tenait là un petit commerce florissant pour arrondir ses fins de mois.

Chaque fois qu'il m'arrivait de perdre quelque chose, ma mère me grondait, me disant que j'étais l'enfant la plus tête en l'air qui soit, qu'elle n'était pas faite d'or et d'argent, et que son porte-monnaie n'était pas sans fond. Mon père intervenait, proposait de remplacer l'objet manquant et de rétablir ainsi la paix. Un jour, une amie de ma mère m'avait offert un très joli petit manteau de fourrure qu'elle avait ramené d'Europe. Ce n'était que du lapin, mais très chaud et d'un chic… bref, je l'aimais énormément. Un après-midi, Ali ayant du retard, je me mis à jouer dans la cour avec deux autres filles qui attendaient elles aussi. Au bout d'un moment, en nage, j'ôtai mon manteau de fourrure pour le poser sur une marche. Mais Ali arriva si pressé, disant qu'il y avait des invités à la maison et qu'il fallait courir, que j'en oubliai mon manteau. Le lendemain, lorsque la femme du gardien refusa de me le rendre, prétendant ne pas l'avoir vu, je fus prise de panique :

– Mais vous l'avez sûrement trouvé ! Je l'avais laissé sur la marche ! Je vous en prie. Je vous en prie, rendez-le-moi !

Elle se montra catégorique :

– Est-ce que vous m'accuseriez d'être une voleuse ? s'exclama-t-elle d'un ton indigné. Que sais-je de ce que vous avez fait de votre manteau !

Comme j'insistais, elle se mit à faire un scandale et devint proprement hystérique :

– Dites donc ! Venez voir cette gamine qui m'accuse d'être une voleuse ! Ô bonnes gens ! Ô musulmans ! C'est donc ça la justice, je vous le demande, m'accuser, moi, une infirme, qui me crève pour cette école ! Je suis déshonorée par la calomnie… Ô peuple de Dieu !

Elle cria et cria encore, tant et si bien que son mari accourut pour la calmer. Elle lui tomba dans les bras, soi-disant évanouie. Tout le monde me regarda comme si j'avais commis un meurtre.

– Que le Prophète soit témoin, continua-t-elle en reprenant connaissance. Celui qui a volé ce manteau en lapin blanc le payera le jour du Jugement dernier !

J'étais très en colère. Peu m'importait ce qui allait arriver le jour du Jugement dernier – je voulais mon joli manteau et rien d'autre ! Mais il n'y avait rien à faire, et je dus laisser tomber.

Un jour, au cours de ma dernière année, je me retrouvai seule dans la classe à attendre Ali après le départ des autres élèves. Au bout d'un moment, je décidai d'aller à sa rencontre. Lorsque j'arrivai dans la cour, je m'aperçus que personne ne me savait encore à l'intérieur : la porte était verrouillée. Comme, pour une fois, la porte du gardien était entrebâillée, j'y passai la tête pour demander qu'on me laissât sortir. Il faisait noir dans la pièce, mais on y distinguait la présence de plusieurs personnes : une femme assez jeune, trois enfants entre six et douze ans, et, assis dans un coin, un jeune homme d'une extrême maigreur, l'air malade. Devant lui étaient posés un petit samovar, garni de tasses et de soucoupes, ainsi qu'un réchaud sur lequel était en train de bouillir une casserole.

Il s'ébruita que le gardien et sa femme avaient un fils devenu infirme à la suite d'une « fièvre » – sans doute la polio – et qu'ils s'efforçaient de l'aider à vivre, lui et sa famille. C'était donc là qu'allaient tous nos manteaux, écharpes, gants, vestes, crayons, stylos, gommes… Pour ne pas perdre leur aberou, jamais ils ne mendiaient, ni ne se plaignaient, mais tout le monde savait qu'il y avait eu une tragédie dans leur famille. Tout le monde sauf les élèves. Je me sentis bien coupable d'avoir fait toute cette histoire pour un manteau en lapin.

Une fois au lycée, j'allais de temps à autre rendre une petite visite au gardien et à sa femme, leur apportant un peu d'argent de la part de ma mère et des vieux vêtements pour leurs petits enfants. Puis, un beau jour, il y eut un nouveau gardien : le vieux était mort, sa femme était partie vivre chez son fils pour s'occuper de ses enfants pendant que la bru travaillait pour subvenir à leurs besoins. Non, personne ne connaissait leur adresse, mais la femme du nouveau gardien serait ravie de recevoir ces vêtements pour ses enfants, et prierait de tout son cœur pour la gentille demoiselle…

Madame la Directrice prit sa retraite peu après ; Mlle Ordre la remplaça au poste de directrice. Je ne retournai jamais à Norouz.

PRINCESSE

Princesse se classait parmi les trois meilleurs lycées de filles de la capitale. Il était situé au bout de la rue principale menant à la place du Parlement, si bien que chaque fois qu'il y avait une manifestation devant le *Majlis*, nous entendions la rumeur des haut-parleurs et de la foule. On y entrait vers douze-treize ans pour en ressortir, après cinq ou six ans, munies des deux baccalauréats. Le programme d'études, comme dans les lycées français sur lesquels nous prenions modèle, était vaste et chargé, s'ouvrant sur les arts et sur les sciences. Les élèves qui rataient leurs examens de fin d'année redoublaient et les échecs au baccalauréat étaient nombreux. Une fille plus âgée que moi l'avait raté quatre fois : elle ne le réussit qu'à la cinquième tentative.

En entrant au lycée, on choisissait une langue étrangère, l'anglais ou le français. Autrefois, les gens préféraient en général le français – la langue de la cour, de la diplomatie et de la culture occidentale – mais, depuis la guerre, la tendance s'était inversée, et la majorité des enfants choisissaient l'anglais. Ayant pour ma part déjà commencé à apprendre l'anglais, je décidai de continuer. On nous enseignait également les bases de l'arabe mais, étant donné que c'était une langue très difficile, pleine de connotations religieuses qui n'intéressaient personne et qu'en outre elle était affreusement mal enseignée par des professeurs qui la maîtrisaient eux-mêmes très mal, l'arabe était véritablement notre *bête noire* *. Je m'y intéressais cependant, par amour du persan – la langue comme la littérature – qui est influencé par l'arabe. Il vous était possible de retracer l'origine et les ramifications d'un mot dès lors que vous connaissiez sa racine arabe, ce qui vous permettait de l'utiliser à bon escient. En fait l'arabe était obligatoire pour les mêmes raisons que le latin et le grec en Occident. A cette réserve près que la comparaison n'est pas totalement juste, car l'arabe est une langue sémite tandis que le persan a des racines indo-européennes, et qu'il est par conséquent plus proche dans sa structure et son esprit de l'anglais ou de l'allemand. Pourtant la Perse avait adopté et adapté l'alphabet arabe, à la suite de la conquête arabe au VIIe siècle, et un bon nombre de mots avaient des racines arabes. Mon père, qui était arabisant, avait écrit certains de ses traités de philosophie dans cette langue, de la même manière que les érudits de l'Europe médiévale écrivaient en latin. Notre professeur d'arabe au lycée se révéla en fait assez ignorant, si bien que je me mis à travailler toute seule, ayant parfois recours à l'aide de mon père.

J'aimais aussi beaucoup l'anglais. Dès l'école primaire, j'avais demandé à mon père qu'il me permît de prendre des leçons particulières avec un Américain, venu en Perse dans le cadre d'un programme d'échange culturel et qui donnait des cours à certaines de mes amies. Mon père avait demandé conseil à sa collègue Olive Souratgar, une Anglaise mariée à un Persan, qui enseignait à l'université. Elle avait gentiment proposé de me donner des cours gratuits. Deux fois par semaine, je me rendais chez elle après l'école pour prendre le thé et apprendre l'anglais. Je fus bientôt capable, avec son assistance, de lire les classiques dans le texte, assimilant progressivement grammaire et vocabulaire. Ce fut le début d'une histoire d'amour qui n'a pas encore dit son dernier mot, et qui, contrairement à la plupart des passions, n'a connu ni désillusions ni refroidissement.

Le mari d'Olive, le Dr Souratgar, était non seulement professeur de littérature anglaise à l'université mais aussi un poète célèbre. Une dizaine d'années plus tard, on devait l'élire « Prince des Poètes » – Poète lauréat – l'une des rares nominations de prestige à ne rencontrer aucune opposition. Il était originaire de Chiraz, la « ville des poètes », berceau de la langue persane (*farsi*, persan, signifie « de Fars », la province Chiraz est la capitale), qui a vu naître deux de nos plus grands poètes classiques, Hafiz et Saadi. En digne représentant de sa corporation, le Dr Souratgar était une figure romantique à souhait : grand, beau, séduisant et charmant au possible, il était doté d'un rare talent de poète et s'exprimait avec une noblesse que rehaussait un lyrisme exquis.

Les Souratgar avaient un fils, David (qui fait aujourd'hui une magnifique carrière à Londres). Leurs visites chez nous étaient toujours un événement. Olive, qui parlait couramment le persan avec un joli accent anglais, était à nos yeux une créature exotique et mystérieuse. David aussi qui, pourtant guère plus vieux que nous, s'exprimait dans un anglais parfait ! Quant au Dr Souratgar, ce n'était qu'un flot d'anecdotes malicieuses, de poèmes à propos, un feu d'artifice linguistique qu'il déployait avec une aisance et une grâce irrésistibles. A les écouter parler, lui et mon père, on avait l'impression d'assister à un ballet d'escrimeurs qui croisaient le fer – assaut, attaque en flèche, botte, touche –, sautaient et évoluaient avec grâce au milieu d'un jaillissement d'étincelles. Ils riaient beaucoup, manifestement ravis l'un de l'autre ; nous l'étions tout autant du spectacle.

Par la suite, j'ai perdu de vue les Souratgar. Mais mes parents continuèrent à me donner de leurs nouvelles. Après la révolution de 1979, Olive rentra en Angleterre auprès de son fils et de ses petits-enfants. Son mari était mort quelques années plus tôt. Elle trouva mon adresse et nous nous rencontrâmes ; elle me confia combien elle se sentait seule, étrangère dans son propre pays : elle avait passé toute sa vie d'adulte en Perse, tous ses amis étaient persans. L'Angleterre avait tant changé qu'elle ne s'y reconnaissait plus, n'aimait plus y vivre. Elle mourut quelques années après, et je me rendis à ses obsèques. Ce fut une triste cérémonie, avec une assemblée clairsemée, dans la minuscule chapelle d'un crématorium. En Perse, autrefois, on lui eût fait de superbes funérailles, et des milliers de gens fussent venus la pleurer. Tous avaient profité de ses cours, depuis les princes et les princesses de la famille royale jusqu'aux étudiants de la plus modeste origine, dans un pays où, jusque très récemment, le respect pour le savoir et ceux qui le transmettent était extrêmement fort, et où, malgré une certaine confusion parfois entre politique et enseignement, ce dernier n'avait pas perdu de son prestige.

Peu après sa mort, je reçus une lettre d'un cousin m'apprenant qu'il s'était dernièrement rendu sur la tombe du Dr Souratgar à Chiraz ; il citait deux vers de son épitaphe :

Ils disent qu'il existe un lieu de l'autre côté du monde
Que n'ont jamais foulé ni le chagrin ni la peine...

De son vivant, le Dr Souratgar avait été un agnostique, animé par ce même scepticisme qu'on trouve dans la poésie d'Umar Khayyam. Pourtant il n'en avait pas moins exprimé l'espoir qu'il y avait une autre réalité au-delà de la mort, quelque chose qui donnerait un sens à nos tribulations ici-bas.

Grâce à Olive Souratgar, j'étais première en anglais. Mais dans toutes les autres matières, à la fin de ma première année de lycée, ce n'était guère brillant : je n'avais strictement rien fait ! Je ne m'étais pas rendu compte combien le programme du lycée était différent de ce qu'on m'avait demandé dans le primaire, où j'avais réussi les différents examens sans y penser, sûre par avance de mon succès. Je dus repasser trois matières à la fin des grandes vacances pour être admise dans la classe supérieure. Mes frères et ma sœur ne cessaient de me taquiner, mes parents m'avaient gentiment grondée, et mes professeurs m'avaient fait honte.

« Comment une fille d'une famille comme la tienne peut-elle être un cancre pareil ? » semblaient-ils insinuer.

Je compris la leçon et me mis sur-le-champ à apprendre les miennes ! J'appris à travailler. De malicieuse et dissipée, je devins de plus en plus « sérieuse » à mesure que les cours exigeaient par leur complexité davantage d'efforts. Le doute devint un compagnon de tous les jours, une source d'angoisse qui ne m'a jamais quittée. Je n'ai jamais plus cru d'emblée à ma réussite : après chaque examen, je me torturais à l'idée d'avoir échoué. Je tombai donc des nues le jour où l'on m'annonça que j'avais été reçue première au baccalauréat.

Le lycée Princesse était une grande bâtisse à deux étages abritant des salles de classe sur trois côtés. Un gigantesque portail en fer forgé séparait la cour rectangulaire de la rue. Pour empêcher les passants de voir les filles, on avait construit, quelques mètres en arrière du portail, un haut mur de brique concave. Nous n'avions pas de terrain de sport, mais sur le sol de la cour étaient tracées des lignes blanches qui servaient à jouer au volley-ball, au basket-ball, etc. La loge du gardien se trouvait près du portail, mais il n'y habitait pas ; elle lui servait plutôt de bureau d'où il surveillait l'équipe de nettoyage et les hommes chargés de l'entretien. Tout au bout de la cour, il y avait les bureaux de la directrice et de son adjointe, ainsi que la salle des professeurs. Nous avions une bibliothèque-laboratoire au premier étage et une salle de conférences au rez-de-chaussée pour les activités extrascolaires – lectures, théâtre, musique, prix… Les salles de classe étaient spacieuses et aérées, avec de hautes fenêtres s'ouvrant sur la cour. En hiver, on était chauffé par des poêles à charbon qui marchaient très mal et tiédissaient à peine l'atmosphère. Parfois, le gardien venait en secouer un, mais en vain – les plafonds étaient trop hauts, les fenêtres laissaient passer les courants d'air, les poêles étaient vieux et fatigués.

Deux fois par semaine, nous avions une heure de sport. Nous enfilions alors des shorts noirs et des tee-shirts blancs, des chaussures de tennis et des chaussettes blanches, avant de sortir courir dans la cour. Notre professeur de gymnastique était une jeune fille qui pratiquait tous les jeux de ballon et exécutait les « exercices suédois » à la perfection. Elle avait été en Angleterre, où elle avait visité une patinoire, chose alors inconnue en Perse. Elle possédait même une photographie d'elle en costume de patineuse, effectuant, sur un seul pied, une figure compliquée en suspension au-dessus de la glace. Cette photo était son passeport pour la célébrité ; tout le monde l'avait vue, ou connaissait quelqu'un qui l'avait vue. Nous étions toutes terriblement impressionnées.

Mlle Sport – c'est ainsi que nous l'appelions – portait son sifflet à ses lèvres : immédiatement, nous nous mettions en rang dans la cour. Au second coup de sifflet, nous formions des groupes de quatre et faisions les exercices qu'elle nous montrait pendant une vingtaine de minutes. Le reste du temps, nous le passions à courir, sauter, ou bien à jouer au volley ou au basket-ball, etc. Je détestais le sport ; sans doute parce que je n'étais pas très forte dans cette matière. Au cours de mes deux dernières années de lycée, je m'initiai au ping-pong dont j'ai appris à jouer assez correctement, mais les exercices, la course à pied, les jeux de ballon, tout cela me dépassait et me dépasse encore aujourd'hui. Aussi trouvais-je toujours une bonne excuse pour me faire dispenser : je me plaignais d'avoir mal au ventre, sous-entendant que j'étais « indisposée » et restais seule dans la classe, à lire, blottie contre le poêle obstinément tiède.

– Comment se fait-il que vous êtes indisposée toutes les semaines ? s'étonna un jour Mlle Sport.

Nous avons toutes deux éclaté de rire. Une ou deux fois, je m'aventurai dehors, et elle eut la gentillesse de me caser dans une équipe de volley-ball, s'efforçant d'éveiller mon intérêt pour ce jeu, mais en vain : le ballon semblait animé d'une volonté propre ! Pour finir, elle renonça :

– Je suppose que vous êtes encore indisposée et que vous préférez ne pas sortir, n'est-ce pas ? me lançait-elle par la fenêtre.

Parmi nos professeurs, il y avait des hommes comme des femmes, tous agrégés de l'université. La plupart des femmes étaient célibataires, même si une ou deux d'entre elles se marièrent quelques années plus tard. Quant aux hommes, ils étaient soit vieux et mariés, soit tellement peu avenants qu'ils ne présentaient aucune menace pour des jeunes filles nubiles. Le seul souvenir qui me soit resté de notre professeur de chimie, c'est son nez : il était si gros qu'il avait l'air animé d'une vie propre, pendant, remuant, se tordant, émettant toutes sortes de bruits. Ce monsieur était très timide ; plus tard, il épousa une très jolie fille, d'un autre lycée.

« Ce qui prouve bien que la beauté n'a aucune importance chez un homme, me dit tante Ashraf lorsque je lui racontai cette histoire. Pas plus d'ailleurs qu'elle n'en a chez une femme, du moment qu'elle a de la chance ! »

J'adorais tous mes professeurs : ils m'apprenaient des choses et m'offraient ce dont j'étais privée à la maison : un traitement de faveur ! Celle qui avait ma préférence était notre professeur de persan, Mlle Sans-cœur. Jamais nom ne fut plus inapproprié : elle était la meilleure et la plus généreuse des femmes. De l'avis commun, elle n'était pas vraiment belle – ses dents étaient trop grandes, ses yeux trop petits, son teint pas assez frais. Mais elle débordait de chaleur, d'intelligence, de sagesse, et d'un enthousiasme contagieux pour les poètes classiques et les romanciers des temps modernes. Elle nous donna de solides bases en grammaire et littérature persanes ; dans ce domaine, je lui dois tout. Si après toutes ces années je garde en mémoire un nombre honorable de poèmes, c'est bien grâce à elle.

La meilleure amie de Mlle Sans-cœur était notre professeur d'histoire, une certaine Mlle Pureté-des-Aryens (je n'invente pas ces noms, je me contente de les traduire). On eût dit qu'elle était en permanence sur le point d'accoucher, ce qui suscitait des commentaires salaces de la part des filles les plus « vulgaires » de la classe. Elle nous faisait peur, car elle se montrait volontiers sarcastique et brutale pour nous maintenir en éveil. Si par malheur elle découvrait que vous n'aviez pas fait vos devoirs, de sa bouche se déversait un tel venin que même les fortes têtes fondaient automatiquement en larmes – et l'on ne vous y reprenait plus.

Si les professeurs veillaient sur la discipline en classe, dans la cour, c'était la directrice Mlle Safa (Sérénité), et son adjointe, Mlle Barar (Concorde), qui faisaient la loi. Deux célibataires endurcies qui avaient la quarantaine ; tout en elles respirait la frustration sexuelle et le refoulement, car c'était encore souvent le prix à payer pour l'émancipation. Elles avaient été parmi les premières agrégées de Téhéran, l'une en lettres, l'autre en histoire. Ce faisant elles avaient tiré un trait sur tout espoir de mariage. Elles ne portaient ni maquillage ni vêtement à la mode, n'avaient pas le moindre sens de l'humour, et se gardaient bien de montrer la moindre douceur féminine de peur de perdre leur autorité. Elles nous terrifiaient au point que nous faisions de notre mieux pour les éviter. J'avais un jour malencontreusement tâté du caractère peu serein de Mlle Sérénité : j'étais passée prendre une de mes amies sur le chemin de l'école pour faire la route avec elle. Elle était en retard et me mit donc en retard à mon tour, ce dont je ne m'aperçus qu'en arrivant à l'école où – horreur et consternation ! – je trouvai la cour vide : les filles étaient déjà rentrées, ne restaient que la directrice et son adjointe qui marchaient de long en large en devisant. La première se jeta littéralement sur moi, laissant libre cours à sa colère pour me déverser au visage un torrent d'insultes qui me laissèrent sans voix. Je m'attendais à ce que mon amie intervînt et avouât être la cause de notre retard, mais elle était tellement contente de se trouver quitte à si bon compte, qu'elle en oublia tout sens de l'honneur ! Sans me laisser le temps de réagir, encore chancelante sous le choc de son accès de rage, Mlle Sérénité tourna les talons et se dirigea d'un pas rapide vers son bureau, suivie d'une Mlle Concorde penaude.

J'étais tellement ulcérée par cette injustice, par la lâcheté de mon amie et par la trahison de Mlle Concorde – j'étais une de ses chouchoutes – que je fondis en larmes et jurai de ne jamais plus permettre à personne de me mettre en retard.

Mlle Sérénité monta en grâce jusqu'à devenir une des premières femmes au Parlement, lorsque en 1966 feu le shah réforma les lois électorales en faveur des femmes. Quant à Mlle Concorde, elle devint directrice d'un autre célèbre collège de filles.

Beaucoup de filles de l'école avaient le « béguin » pour telle ou telle « grande », ou tel ou tel professeur. Mlle Sans-cœur était ainsi entourée d'une véritable cour d'admiratrices. Elle recevait des billets doux, des fleurs, des poèmes… Sans vouloir accorder la moindre importance à cela et sans jamais se départir de son humour, elle faisait semblant de rien avec légèreté, dignité et gentillesse. C'était pour la plupart des filles un passage obligé et normal, un jeu inoffensif pour lequel, une fois encore, je ne montrais guère de disposition. J'aimais tendrement mes amies et mes professeurs, mais je n'avais aucun « béguin » à proprement parler. Adolescente, autant que je m'en souvienne, je me suis toujours sentie attirée par le sexe opposé, cet autre *par excellence* *, infiniment mystérieux et incompréhensible, mais ô combien fascinant. Mes rêveries romantiques avaient en général pour objet – dans la mesure où elles en avaient un – la vedette masculine du dernier film que j'avais pu voir. Inutile de dire qu'étant donné ma famille et mon éducation, mes sentiments et mes fantasmes étaient d'une pureté irréprochable, fondamentalement et résolument chastes. J'étais si innocente – pour ne pas dire naïve – que, dans mon esprit, l'amour physique se limitait à ce que je voyais au cinéma, en ce temps-là tout au plus un baiser sur la bouche.

A quatre heures, la cloche sonnait et nous nous déversions dans la cour, puis dans la rue, par groupes de deux ou trois, bras dessus, bras dessous. Après ma première année de lycée, ma sœur ayant terminé ses études et quitté l'établissement, on me permit de rentrer à la maison en compagnie de deux amies, ce qui évitait à Ali de faire deux fois l'aller et retour dans la journée. Dehors, de l'autre côté de la rue, les élèves du lycée de garçons attendaient pour regarder passer leurs filles préférées. Car nous comptions au lycée Princesse un certain nombre de beautés chez les grandes – une Hedy Lamarr, une Lana Turner, une Ingrid Bergman… Leurs admirateurs cherchaient à les apercevoir.

Il nous arrivait parfois de nous arrêter au *Jasmin*, sur la place, un nouveau café en vogue renommé pour ses choux à la crème et ses repas sur le pouce. On commençait à trouver tout à fait respectable de la part d'un jeune homme de bonne famille qu'il se lançât dans les affaires ; c'est ainsi qu'était né le *Jasmin*. Dans un décor élégant et discret, une atmosphère fraîche et accueillante, ce café proposait des consommations de premier ordre. Les gens venaient des quatre coins de Téhéran pour acheter chez *Jasmin* les glaces « faites à la machine » ou en cornets, les gâteaux aux noix somptueusement emballés dans des boîtes délicieuses où était peint un jasmin. Plus tard, chaque fois que je revins en Perse, Ali ne manquait jamais de m'acheter des cornets de glace de *Jasmin* ; le café en lui-même était devenu plutôt laid, les anciens propriétaires ayant fini par le vendre pour investir dans des entreprises plus lucratives.

Mes années de lycée furent aussi des années d'éveil – affectif, artistique, politique, des années d'amitiés passionnées qui me paraissaient devoir durer éternellement, quel que soit ce que la vie nous réservait ; des années de découvertes, en littérature, en cinéma, en théâtre, placées sous le double signe de la modernité et de l'Occident. Ma curiosité ne connaissait pas de bornes et il se trouva que mon adolescence coïncida avec d'incroyables bouleversements – le pays tout entier était à cette époque tellement engagé en politique que même les collégiens de douze ou treize ans avaient non seulement une conscience politique mais étaient susceptibles même de descendre dans la rue. Les principales factions se battaient pour s'emparer de nos âmes, à coups de livres, de pamphlets, de meetings et de promesses extravagantes. Selon notre milieu d'origine, notre tempérament et les hasards de la vie, nous sympathisions avec telle ou telle idée politique du moment.

Il est facile avec le recul de tourner en ridicule notre crédulité d'adolescents ; il serait plus difficile de faire la part des choses entre ce qui relevait du jeu et le véritable engagement. Nos « activités » n'étaient qu'enfantillages à côté de ce qui se passe aujourd'hui, dans le Tiers-Monde en général et au Moyen-Orient en particulier, où des gamins de dix ans subissent des lavages de cerveau pour être enrôler dans de vraies guerres, devenant des « martyrs » et jouant aux petits soldats avec de vrais fusils et de vraies balles.

Les principaux courants idéologiques étaient le nationalisme et le communisme. Courtisé des deux côtés, mon père, cependant, prenait soin de garder ses distances. Avec la lucidité qui le caractérisait, peut-être avait-il pressenti ce qui allait se passer dans les années à venir. C'était cause entre nous d'incessantes discussions.

– Rien ne changerait jamais, si les gens se laissaient toujours faire, s'il n'y avait jamais de révolution – on ne parviendrait jamais à se débarrasser de la pauvreté, de l'injustice, de la maladie…

Il me répondait que le changement pouvait s'effectuer sans violence ni effusion de sang. Il me racontait l'histoire de Socrate, qui avait préféré boire la ciguë et mourir, plutôt que de mener une rébellion contre l'État. La réforme contre la révolution – l'éternel clivage politique. A l'époque, mes sympathies allaient aux communistes, parce qu'ils prônaient l'internationalisme, le progrès, et que leurs idées me semblaient logiques. Et surtout, ils s'étaient emparés des médias de l'époque. Mais si j'étais une rebelle, je n'étais pas une révolutionnaire, même s'il me fallut un certain temps pour le comprendre. Je n'étais pas prête à admettre que la fin justifie les moyens, que le présent doit être sacrifié sur l'autel de l'avenir, lequel est par nature incertain. Je ne me suis jamais sentie à l'aise dans les réunions, clubs, cliques et factions, quelle que fût ma sympathie pour leurs objectifs à tel ou tel moment.

Pendant ce temps, nous découvrions le cinéma, le théâtre, la musique, la littérature. De nouvelles maisons d'édition se créaient chaque jour, employant une noria de traducteurs. Chaque jour sortait un nouveau livre passionnant d'un auteur russe, allemand, français, anglais ou américain. Nous les dévorions. Je laissai une belle bibliothèque derrière moi lors de mon départ pour l'Europe – du moins me semblait-elle belle à l'époque.

LA PETITE MUSIQUE DE NUIT

Music, moody food
Of us that trade in love [1].

SHAKESPEARE
Antoine et Cléopâtre, II,5

En dépit de l'ambivalence de l'islam à l'égard de la musique, le premier son qu'un petit musulman entend, en dehors des bruits de la maison, est musical : le chant du muezzin appelant les croyants à la prière depuis le minaret de la mosquée la plus proche, et cela plusieurs fois par jour. Quant à savoir comment le clergé orthodoxe en vint à interdire la musique, c'est une longue histoire, car rien ni dans le Coran ni dans les *hadith* ne justifie pareille prohibition. Chez les soufis et les autres sectes à tendance mystique, on a toujours joué de la musique ; celle-ci fait en vérité partie du rituel – le *sama*. Ces chants et ces danses des derviches tourneurs sont célèbres jusqu'en Occident. Certes il existe un verset du Coran, mettant en garde contre « les jeux et les divertissements », mais il se réfère clairement aux jeux de hasard et autres vices de ce genre. Sans doute a-t-il néanmoins servi de prétexte à des mollahs avides de pouvoir qui ont bâti sur lui tout l'édifice de leurs interdits, de la même manière que, depuis deux mille ans, le « Je ne suis pas venu apporter la paix, mais le glaive » du Christ sert à justifier toutes les guerres de religion et les luttes intestines entre chrétiens. Nous savons tous à quel point un bon conseil peut être détourné par l'ignorance et la convoitise… Tout cela pour dire que nous n'écoutions pas de musique à la maison, même si on y chantait énormément, non seulement le Coran et les prières, mais des poèmes mystiques, des berceuses, des rondes, des calembours rimés.

1. « Musique, mélancolique nourriture de ceux que l'amour tourmente ».

La musique classique persane a survécu par miracle. On dit qu'elle est à l'origine de toute la musique du Moyen-Orient, des *raga* indiens au système modal arabe. Méconnus, tenus même officiellement dans le plus grand mépris, les musiciens persans ont réussi à préserver ce merveilleux patrimoine ; ils l'ont développé, enrichi, soutenus autant par les encouragements des gens du peuple que par le mécénat des riches musulmans non orthodoxes.

Les chansons du répertoire folklorique se transmettaient de génération en génération, les musiciens ambulants allant de village en village gagner leur pain, en jouant pour les mariages et autres festivités. En voyageant en Perse dans les années 70, j'ai souvent assisté à des concerts dans ces villages nichés au plus profond des replis de l'Alborz.

– Musique ! Musique ! piaillaient les enfants en se ruant vers la place du village où trois musiciens ambulants jouaient et chantaient, encerclés d'une foule bigarrée qui rassemblait le village au complet. On comptait en général une flûte, un *kamancheh* et un tambourin ; c'était en général le violoniste qui jouait aussi le rôle du chanteur. Une fois le concert terminé, ils passaient leur chapeau à la ronde, et tout le monde donnait quelque chose. Ensuite, ils emballaient leurs instruments et repartaient. Une ribambelle de gamins aussi bruyants que ravis les escortaient jusqu'à la sortie du village, puis les regardaient disparaître derrière les rochers.

De tous les instruments, la voix humaine est la plus belle, car elle est une création de Dieu. Mon père avait une voix magnifique, une voix grave de baryton au timbre extraordinairement riche et velouté. Quand j'étais petite, je m'éveillais parfois au milieu de la nuit pour l'entendre psalmodier le Coran et la prière de minuit dans son bureau. Il y avait dans sa voix une émotion retenue, un pathos, qui imprégnait chaque ligne mélodique et me bouleversait. Par la suite, ayant compris de quoi il s'agissait, je me contentais de me laisser envoûter, mais à l'époque, il m'arrivait de pleurer ; alors Nounou ou Zahra accourait à mon chevet et me consolait avec de tendres paroles. J'ai l'impression d'avoir par la suite toujours cherché à retrouver cet enchantement dans chaque belle voix rencontrée, comme je ne pouvais m'empêcher de la comparer, chaque fois, à ce timbre tendre et chaud de l'enfance, qui m'évoquait irrésistiblement la douce « clémence » d'une pluie de printemps.

« Il est dit qu'il faut chanter les paroles sacrées avec pathos, car elles ont été prononcées avec chagrin – le chagrin de Dieu pour la condition humaine », me déclara un jour mon père.

Un autre *hadith* offre à la réflexion les propos suivants : « Deux catégories de personnes doivent particulièrement louer le Seigneur : celles qui ont de beaux yeux et celles qui ont une belle voix », car celles-là ont le pouvoir de vous charmer l'âme et de vous ravir le cœur. C'est d'ailleurs pour cette raison, parce qu'une belle voix peut éveiller des sentiments d'amour, que les femmes n'avaient le droit ni de chanter ni de jouer d'un instrument.

« Une femme qui chante doit avoir la langue coupée. » Tel était aussi le revers de la médaille. Et c'est au fait que pendant mon enfance la musique a progressivement gagné en respectabilité que l'on peut mesurer les changements survenus dans la société. Les musiciens eux-mêmes finirent par être reconnus au même titre que les poètes et les peintres.

Pour le *rozeh-khani*, qui commémore le martyre de l'imam Hussein, comme pour les prières de minuit du ramadan, les hommes qui avaient de belles voix donnaient libre cours à leurs talents vocaux et chantaient tout leur saoul : la poésie lyrique des grands poètes soufis, Rumi, Hafiz, Attar… Il n'existe aucun poème qui ne puisse s'accorder avec l'une des gammes modales (*dastgah*) de la musique persane. Les étudiants de mon père venaient chez nous lui chanter leurs poèmes. L'un d'eux, le fils d'un mollah qui habitait le quartier, était doué d'une puissante voix de ténor, exquise, pure, cristalline, qui maîtrisait à la perfection chaque arabesque, chaque modulation. Il y en avait également un autre, un baryton-basse au timbre éblouissant, tout aussi habile technicien. Je le revois encore fermant les yeux pour chanter, plongeant dans les coins les plus profonds et les plus obscurs de son âme, tel un pêcheur de perles explorant les bas-fonds de la mer, pour mieux remonter à la surface dans la pleine lumière et reprendre la cadence :

Approche, toi qui portes la coupe de vin, viens servir,
Car l'amour semble d'abord facile, mais ensuite
s'accumulent les difficultés...

On entendait la voix du ténor à des kilomètres à la ronde tandis qu'il entonnait les premiers vers d'un des célèbres sonnets de Hafiz. Sa voix transperçait la nuit comme un rayon laser, éclairant les endroits les plus sombres de la psyché d'où il tirait son inspiration. Ces deux-là étaient nos préférés : ils manipulaient l'émotion comme des samouraïs leurs sabres, menant leurs auditeurs exactement où ils le voulaient. Quels Othello, don Carlos, don Giovanni, Figaro, etc., ils eussent faits !

En grandissant, nous nous sommes familiarisés avec la musique occidentale, d'abord grâce à la radio, puis plus tard à travers les disques. Oncle Alem, toujours au courant des dernières importations culturelles, avait acheté un poste de TSF que nous écoutions chaque fois que nous étions chez lui. A part la musique persane, on y entendait des *chansons* * françaises, des airs de danse occidentale et parfois de la musique classique présentée par un spécialiste qui illustrait ses propos par la diffusion de microsillons importés. En peu de temps, je devins une inconditionnelle de Tino Rossi, Bing Crosby, Frank Sinatra, Danielle Darrieux, Lucienne Boyer... Je les aimais tous et apprenais leurs chansons par cœur, comme un perroquet, pour les chanter à l'école ou au cours de nos soirées. Depuis la maternelle, j'avais découvert dans le chant une arme efficace me permettant de conjurer l'hostilité environnante, un moyen imparable de prendre confiance en soi en gagnant l'admiration des autres. Pourtant, après l'âge de douze ans, au moment de mon passage au lycée, on ne me permit plus de chanter en public, mais seulement en privé chez mes amies. Tristement, je regardai d'autres que moi accepter les rôles-vedettes que l'on m'offrait dans les comédies musicales ou les spectacles montés à l'école. J'en ai conçu une haine muette pour la bigoterie et pour toute forme d'arbitraire quel qu'il soit. Par bonheur, le pays changeait si rapidement qu'il ne fallut qu'une seule décennie pour voir naître un conservatoire de musique national, un orchestre symphonique, un embryon d'opéra, ainsi que des instrumentistes persans de premier ordre. Mais pour moi, il était trop tard.

La jeune intelligentsia se prit de passion pour la musique classique occidentale. Progressivement, chacun s'acheta une radio et un tourne-disque ; les jeunes gens se réunissaient chez les uns et les autres pour des « concerts » de disques importés. J'avais une amie, Betty, dont le père était ingénieur des mines et avait fait ses études en Angleterre. Elle prenait des leçons de chant avec une Arménienne et, chaque semaine, elle me montrait ce qu'elle avait appris. Des arias de Mozart, des lieder de Schubert, des chansons de Fauré… Je les retenais et les chantais en plusieurs langues sans rien y comprendre. Un musicien arménien, professeur au tout nouveau conservatoire, se promenait par tout le pays en recueillant des chansons folkloriques, qu'il transcrivait selon le système de notation occidental et arrangeait pour les chœurs. Grâce à la radio, tout le monde les entendait et les apprenait, ce qui donna naissance à un véritable engouement pour cette musique traditionnelle. Mais bientôt le filet d'influence occidentale qui pénétrait le pays s'enfla tant et si bien qu'il devint un torrent. Les années 50 furent une période d'intense création intellectuelle et artistique, comme on n'en avait guère connu depuis bien longtemps.

Aux Beaux-Arts, mon frère Nasser fréquentait le milieu des jeunes intellectuels progressistes et occidentalisés. Ses amis étaient toujours chez nous et, même si nous n'avions pas le droit de sortir en leur compagnie, entre les murs de notre propre maison, nous nous mêlions librement à eux. Tous étudiaient à l'université de Téhéran. Il existait désormais d'autres universités dans d'autres endroits du pays, mais celle de la capitale restait la meilleure et la plus prestigieuse de toutes. Nasser et ses amis parlaient des langues étrangères – l'anglais, le français, l'allemand, le russe – et traduisaient les littératures qui s'y rattachaient ; ils écrivaient eux-mêmes, de la poésie et de la prose, et publiaient dans des revues littéraires. Des éditeurs avaient ouvert boutique et éditaient tous les manuscrits qui se présentaient, depuis les traductions des chefs-d'œuvre européens jusqu'aux confidences toutes vibrantes de sentimentalisme de nos poètes en herbe. Peu importait leur qualité littéraire, il y avait là, tangibles, un ferment, une créativité; l'euphorie artistique était à son comble.

Nasser était le meneur d'un groupe de jeunes artistes et écrivains, leur étoile incontestée. Il fut le seul à se faire un nom dans le monde artistique, alors que les autres finirent d'une façon ou d'une autre par céder à la pression sociale : malgré leurs grandes idées, ils embrassèrent des carrières dans la diplomatie, l'université, l'administration, et se rangèrent dans une vie de famille. Ils vivent tous en exil aujourd'hui, soit en Perse, soit à l'étranger.

L'année qui précéda mon départ, je présentai la première partie du baccalauréat, auquel, par je ne sais quel hasard extraordinaire, je fus reçue première du lycée. Le ministère de l'Éducation me conféra un prix : je reçus le *Masnawi* de Rumi et *La Conférence des oiseaux* de Attar en éditions reliées. Mes parents, eux aussi, me décernèrent un prix : la permission d'acheter un tourne-disque, à condition qu'on ne l'entendît jamais en dehors de ma chambre et qu'il ne gênât pas ma mère dans ses prières. Avec sa générosité coutumière, cette dernière économisa sur les dépenses de la maison pour réunir l'argent nécessaire; c'est ainsi qu'un beau jour Nasser, ma sœur et moi pûmes nous rendre à *Musiques d'Occident* pour y acheter la machine de nos rêves. C'était un des gramophones les plus sophistiqués du marché : on pouvait y empiler une demi-douzaine de disques 78 tours, qui tombaient au fur et à mesure sur la platine. Vous pouviez ainsi écouter une symphonie tout entière sans avoir à vous lever pour changer de disque toutes les trois minutes. Nous le rapportâmes à la maison où Nasser se chargea de le monter. Mais où trouver les disques? Nos amis nous vinrent en aide et nous en prêtèrent.

Comme il seyait à notre âge et à nos tempéraments, notre préférence allait aux Romantiques : Beethoven, Brahms, Schumann, Schubert, Tchaïkovski, Rimski-Korsakov, Borodine, Moussorgski… Beaucoup de Russes, qui nous semblaient plus proches de nous que les autres compositeurs européens. Bach, Haendel, Haydn, sans parler des compositeurs plus anciens, attendraient! Désormais, je dépensai tout mon argent de poche ainsi que celui qu'on me donnait pour acheter des vêtements, dans les disques – et les livres. Souvent, j'étais obligée d'emprunter une robe à ma sœur pour mes sorties nocturnes ; en échange, je lui permettais d'écouter mes disques et je lui prêtais des livres.

Mais qu'acheter ? M. Karim, le propriétaire de *Musiques d'Occident* devint rapidement mon guide en la matière. La première fois que je mis les pieds dans son magasin en compagnie d'une camarade d'école, il me sortit un catalogue présentant une foule d'enregistrements, réalisés par les plus grands orchestres et musiciens du monde, alors que tout ce que j'avais en poche, c'était quelques malheureux francs ! Finalement, sur ses conseils, je jetai mon dévolu sur *Eine kleine Nachtmusik* de Mozart, en deux disques. Rentrée chez moi, je me les suis passés je ne sais combien de fois, inlassablement. Dès lors, chaque fois que j'avais quelques sous de côté, je retournai voir M. Karim. Ma collection se mit à grossir, bien lentement, car je n'étais pas riche ; d'ailleurs j'allais bientôt partir. Je laissai mon tourne-disque à ma sœur et à Nasser. Quand ce fut leur tour de quitter la maison, et plus tard le pays, on le rangea dans un placard où il rouilla et se couvrit de poussière, jusqu'à ce qu'un jour on le jetât.

Mais l'histoire de M. Karim vaut d'être contée, car elle illustre bien l'évolution de la société et la montée en puissance d'une bourgeoisie commerciale qui marquèrent les deux décennies suivantes.

M. Karim et ses deux jeunes frères étaient les fils de modestes commerçants d'Azerbaïdjan, venus dans la capitale après la guerre, en quête de travail et d'aventures, avec pour tout bagage leur jeunesse et leur énergie. Remarquant que la musique classique était en passe de devenir populaire parmi une élite de plus en plus importante, ils décidèrent de tenter leur chance dans ce domaine et se mirent à vendre quelques disques 78 tours, à même le trottoir, dans l'avenue Lalehzar (Champs-de-tulipes), qui était à l'époque l'une des grandes artères commerçantes à la mode. Ils ne tardèrent pas à attirer l'attention de la jeunesse dorée qui fréquentait les cinémas du quartier. Au bout d'un an, M. Karim et ses frères purent s'acheter un magasin dans ladite avenue : *Musiques d'Occident*. Et ils s'agrandirent, et vendirent bientôt également des tourne-disques.

C'est à cette époque que j'entrai dans leur magasin pour leur acheter le mien.

Lorsque la mode transféra ses faveurs plus au nord, et que l'avenue des Champs-de-Tulipes périclita, ils achetèrent de plus grands locaux sur l'avenue du Shah et ouvrirent un nouveau magasin qu'ils appelèrent *L'Empire de la musique*. Il y avait une section de musique populaire, une autre de musique classique persane, une enfin de musique occidentale. Dans une annexe, ils vendaient des radios, des tourne-disques, des magnétophones, etc. Plus tard encore, ils montèrent un studio d'enregistrement et se mirent à produire des disques avec les musiciens et les chanteurs les plus illustres du pays. Ils ont ainsi enregistré plusieurs recueils de chansons traditionnelles et de musique folklorique, des concerts d'orchestres locaux ainsi qu'une série d'airs, extraits de spectacles en vogue.

Bien entendu, ils devinrent milliardaires. Alors qu'ils savaient à peine lire et écrire, ils envoyèrent leurs enfants dans les meilleures écoles d'Europe et d'Amérique, ils couvrirent leurs épouses de bijoux et de fourrures, achetèrent de grosses Mercedes et se lancèrent dans le commerce aux États-Unis. Mais jamais il ne perdirent leur accent régional, lequel trahissait immédiatement leurs modestes origines.

Bien des années plus tard, j'ai retrouvé M. Karim et ses frères : ils importaient mes disques d'Angleterre pour les vendre dans leur magasin. Ils se montrèrent honnêtes, mais je n'en vendis pas beaucoup, car les disques ne tardèrent pas à être concurrencés par des cassettes pirates – il n'en existait pas moins de trois versions différentes. Mais il faut bien reconnaître une chose : ces pirates avaient un goût parfait, ils avaient choisi le meilleur de chaque enregistrement pour en constituer une anthologie de quatorze chansons. Il n'y avait pas encore, à l'époque, de lois sur la propriété littéraire ou artistique en Perse (il faudrait attendre 1977), et tout était piraté – livres, dictionnaires, disques. De Beethoven aux Beatles, tout était bon. Le dernier 33 tours des Rolling Stones n'était pas plus tôt sorti qu'on le trouvait en cassette; il était immédiatement vendu non seulement en Perse mais dans tous les pays de la région. Jamais cependant les frères Karim ne touchèrent à ce genre de trafic – ils étaient déjà bien assez riches.

La question des droits était régulièrement remise sur le tapis.

Ceux qui étaient contre l'instauration d'un copyright usaient de l'argument suivant : ce serait une affaire à sens unique ; en effet, les seuls livres persans traduits en Occident étaient des classiques, par conséquent tombés dans le domaine public.

« L'Occident a pillé nos richesses naturelles pendant des siècles, et je ne vois pas quel mal il peut y avoir à lui extorquer enfin quelque chose de gratuit », me confia un jour un membre de la haute administration. Malheureusement, d'innocents artistes vivants furent victimes de ce procédé.

Après 1979, un temple à la gloire de la musique occidentale n'avait plus sa place dans la Perse fondamentaliste. On démonta le magasin. M. Karim et ses frères, au lieu de se voir félicités pour leur service à la culture, se retrouvèrent persécutés comme « corrupteurs du pays », accusés de surcroît d'avoir collaboré avec les riches. Ils s'exilèrent. La plupart des musiciens qu'ils ont enregistrés sont morts, ou en exil, à moins qu'ils ne survivent dans l'obscurité, pratiquant leur art, si tant est qu'ils le pratiquent, dans des cercles intimes.

Chaque fois que j'écoute *La Petite Musique de nuit*, je me rappelle la première fois que je l'ai entendue, dans cette minuscule boutique de l'avenue des Champs-de-Tulipes, et j'entends le jeune Azerbaïdjanais derrière son comptoir me dire :

– Dites, mademoiselle, pourquoi n'achetez-vous pas ce joli lot de deux disques…

Tous les espoirs et les désirs de la jeunesse se trouvent emprisonnés pour toujours dans ces notes.

LE MALADE IMAGINAIRE

Le théâtre moderne fut introduit en Perse le jour où l'oncle Emad, le demi-frère de mon père, mit en scène *Le Malade imaginaire*. Il était le fils aîné du second lit de Hadji Seyyed Mohammad, et un de nos oncles préférés. Nous n'avions que peu d'occasions de le voir, car c'était un homme très occupé et plutôt casanier, mais, chaque fois que nous lui rendions visite, il nous éblouissait par son charme et la vivacité de son intelligence, et se montrait si affectueux avec nous que nous en étions transportés d'aise pendant des jours.

Amineh avait marié ses deux fils dès qu'elle avait aperçu « l'ombre d'un duvet » sur leur lèvre supérieure, pour « les empêcher de faire des bêtises ». Oncle Emad avait seize ans et son épouse quatorze le jour de leurs noces. Celle-ci était absolument ravissante, avec un teint de porcelaine, des yeux bleus et une longue chevelure blonde, tous attributs d'une grande rareté et de ce fait grandement convoités dans un pays où la majorité des femmes avaient les yeux noirs et la peau brune. Elle avait « ravi son cœur » dès le premier regard, et le tint sous le charme d'un dévouement et d'une obéissance irréprochables. Mais le jour où elle tomba enceinte, il la laissa dans l'andaroun avec sa mère Amineh et disparut. Au bout d'une semaine, comme il n'avait donné aucun signe de vie, la jeune épouse fut prise de panique : et s'il n'allait jamais revenir ? Elle pleura, soupira, pria, entreprit des pèlerinages, fit des sacrifices, noua des ex-voto aux sanctuaires, tout cela en vain. Régulièrement, quelqu'un disait avoir aperçu Emad en compagnie d'autres femmes, ou dans quelque cité lointaine, mais personne n'était jamais sûr de rien. Puis, un an plus tard, il revint un beau jour, plein d'attentions et de tendresse pour sa femme et leur enfant, comme si rien ne s'était passé. Il l'avait couverte de baisers et lui avait juré un amour éternel, l'avait de nouveau mise enceinte, puis, une nouvelle fois, avait disparu. Ce scénario se reproduisit pendant des années, mais quand il eut trente ans et six enfants, comme par miracle, il changea du tout au tout : il s'installa au milieu des siens pour jouir d'un bonheur sans nuages, fit deux autres enfants à sa femme et, dès lors, pendant la vingtaine d'années qui lui restaient à vivre, ne mit pratiquement plus jamais le nez en dehors de sa maison, sinon de sa chambre.

Ma mère prétendait toujours que la métamorphose d'oncle Emad, son passage d'un donjuanisme échevelé à l'existence tranquille de mari modèle et de père de famille, était due aux potions d'amour de Mirza Saleem la magicienne. En fait, il sentait sans doute qu'il avait assez « fait la vie », à moins qu'il eût été touché par la patience de sa femme et le besoin que ses enfants avaient de sa présence. Ou peut-être avait-il tout simplement pris conscience qu'il pouvait trouver un meilleur usage à ses talents.

Pendant ses longues absences, sa mère, Amineh avait veillé sur la pérennité du ménage :

– Il reviendra, tu verras, assurait-elle à la malheureuse, et tu seras fière de lui. Il te couvrira d'or, tu verras.

Non que l'épouse d'oncle Emad eût le choix : le divorce était hors de question avec plusieurs enfants. Et elle l'aimait.

Ne disait-on pas : « Vous franchissez le seuil de la maison de votre époux en robe de mariée, vous en sortez dans un linceul »? Les femmes étaient censées faire preuve de « patience et d'endurance », quoi qu'il arrivât, n'était-ce que pour leurs enfants. (La patience n'était d'ailleurs pas toujours récompensée, comme le prouve l'histoire de cette femme que connaissait ma mère, et qui, après avoir été abandonnée par son mari à la naissance de leur fille, priait encore pour son retour alors que l'enfant avait vingt-cinq ans ! Mais l'épouse d'oncle Emad eut plus de chance.)

Dans sa jeunesse, oncle Emad avait beaucoup voyagé, en Perse comme en Europe. Il avait appris le français et le turc, et s'était fait de nombreux amis qui allaient se révéler très utiles plus tard.

Personne pourtant ne savait exactement où il avait été, ni à quel point ses aventures ne relevaient pas de la fantaisie. De mauvaises langues prétendaient que toutes ces épopées fantastiques dans des contrées exotiques, toutes ces rencontres follement romantiques avec de belles étrangères, toutes ces entrevues avec la mort dont il réchappait chaque fois par miracle, tous ces brillants exploits galants et ces actes de folle bravoure s'étaient en réalité déroulés dans une partie obscure de son crâne, qu'il n'avait en réalité jamais quitté Téhéran, et encore moins le pays, qu'il tissait ses histoires comme une araignée sa toile – pour séduire et capturer sa proie. D'autres pensaient dur comme fer que ce qu'il racontait ne représentait qu'une part infime de ce qu'il avait traversé, la partie émergée de l'iceberg, et que, tel Orphée, il avait traîné dans les bas-fonds, était descendu aux Enfers dont il était revenu indemne… ou presque, car il y avait acquis un goût prononcé pour l'opium, et « un cœur fragile », lequel finit par le tuer.

Bref, toujours est-il qu'à l'époque où je l'ai connu, oncle Emad vivait prospère et heureux au milieu d'une famille qui le vénérait. Il s'était fait construire une grande maison dans un des nouveaux quartiers résidentiels, non loin du stade, et il possédait une automobile – privilège fort rare encore en ces temps difficiles de l'après-guerre. C'était un modèle français, équipé d'un klaxon extérieur et de marchepieds. A chacune de nos visites, il insistait pour nous ramener en auto. Nous nous y entassions en compagnie de quelques-uns de ses enfants qui nous raccompagnaient pour le plaisir de la course, les garçons les plus vieux debout sur les marchepieds, accrochés aux vitres. Ainsi pavoisée d'enfants de tous âges, l'automobile ressemblait à une tortue géante en reptation.

A l'époque, oncle Emad consacrait le plus clair de ses journées à la publication d'un hebdomadaire politico-littéraire, *Ashofteh*, littéralement « troublé », aussi populaire qu'influent. Il commandait les articles principaux de chaque numéro à l'un ou l'autre de ses célèbres amis, et remplissait le reste de sa propre plume, dans des styles différents et sous des pseudonymes variés, dont certains devinrent connus. De même, il signait ses caricatures et ses dessins satiriques de noms fantaisistes.

Toute sa vie se passait entre les quatre murs de son « bureau » –

la plus grande pièce du rez-de-chaussée de la maison, faisant aussi office de salon et de chambre à coucher à son usage. Il se tenait assis sur un épais matelas monté sur une estrade, entouré de papiers, de stylos, d'encriers et de téléphones. Depuis l'aube jusque tard dans la nuit, il recevait un flot de visiteurs – imprimeurs, ouvriers, parents, amis. Une fois par semaine, il tenait un salon politico-littéraire où ses invités lisaient leurs morceaux de poésie et de prose, dont certains se retrouvaient sur les pages d'*Ashofteh*. Deux fois par jour, on lui apportait sa pipe à opium et un brasero, que l'on posait près de lui : il en « tirait quelques bouffées » tout en continuant à travailler, et en proposait à ceux qui se trouvaient là. A la fin de cette longue journée de travail, il s'étendait pour dormir quelques heures. C'est ainsi, selon ce rythme immuable, qu'il vécut jusqu'à la fin, parvenant à maintenir sa revue envers et contre tous les troubles sociaux et politiques qui pourtant en engloutirent plus d'une. *Ashofteh* mourut en fait avec son directeur, peu après mon départ de Perse.

Pour nourrir sa nombreuse famille et financer sa revue, oncle Emad écrivit un roman en plusieurs volumes, un *roman-fleuve à clefs* *, *Les Honorables*. C'était, dans un style enlevé et plein d'humour, une fable sur la vénalité et la corruption des politiciens et des hommes publics, la brutalité et l'avidité de la nouvelle bourgeoisie, la soif de pouvoir et d'ascension sociale des jeunes *arrivistes* *, la fragilité et l'inconstance des femmes, etc. Ce roman parut en feuilleton dans *Ashofteh* et devint un best-seller. Certains critiques le saluèrent comme *Les Liaisons dangereuses* persanes, d'autant que le récit était, pour la première fois dans notre littérature, passablement émaillé de scènes érotiques. Quand on en relit ces passages aujourd'hui, ils nous paraissent extrêmement prudes, tout en ellipses et insinuations, mais à l'époque ils semblaient très osés. Le succès de ce livre contribua à refroidir quelque peu les relations entre mon père et son demi-frère, sans que l'on en parlât ouvertement. Grâce à ma mère, les liens entre nos deux familles ne furent jamais rompus, puis, le temps aidant, l'incident fut oublié – tout comme d'ailleurs le roman.

On a dit que *Les Honorables* était une œuvre autobiographique, inspirée des aventures de mon oncle, en particulier de ses amours avec des femmes mariées. C'est peut-être vrai, car il avait pour théorie que la vertu chez la femme est un mythe : pour lui, toute femme, si pieuse et fidèle fût-elle, était la proie potentielle du séducteur. Il suffisait de se montrer assez déterminé, et assez patient.

« Les femmes ont le cœur trop tendre pour ne pas succomber ! » disait-il. Aussi s'inquiétait-il pour l'innocence de ses filles. Il les maria dès la fin de leurs études, à seize ans. On voyait cependant à quel point la société avait changé car, contrairement à son père, Hadji Seyyed Mohammad, il prit soin de choisir les prétendants les plus riches et les plus cultivés, et soumit son choix au consentement de ses filles.

Quant à ses fils, tous sauf un s'engagèrent sous les drapeaux.

– Vous n'êtes pas assez intellectuels pour entrer à l'université, leur disait-il. Quant au clergé, il est discrédité et indigne de vous. D'autre part, vous n'avez pas le capital pour vous lancer dans les affaires. Cela ne vous laisse que l'armée. Vous êtes assez intelligents pour être acceptés à l'École militaire et faire carrière.

Ils suivirent son avis et montèrent progressivement en grade. Un de ses fils, le cadet, était supérieurement intelligent et doué. Il devint donc l'assistant de son père dès qu'il eut atteint l'âge de dix ans ; à dix-huit ans, alors que la santé de ce dernier vacillait, c'est lui qui prit en charge l'édition de la revue. Chaque jour, il rentrait du lycée pour travailler avec oncle Emad jusque tard dans la nuit. Il dormait dans la même chambre, étalant son matelas au pied de l'estrade de son père.

Une nuit, oncle Emad s'assoupit pour ne plus jamais se réveiller – son jeune fils le trouva mort le lendemain. Aussi loin que remontaient ses souvenirs, il avait été le compagnon constant de son père, son secrétaire, son plus cher ami. Tout d'un coup, la vie n'avait plus aucun sens pour lui. Plus intelligent et plus sensible que ses frères, dont la peau s'était épaissie en se frottant à l'uniforme, il se sentit soudain seul et abandonné ; le chagrin lui fit perdre la raison. Trois semaines plus tard, il se suicida. *Ashofteh* cessa de paraître dans les kiosques à journaux.

Bien des années avant sa mort, alors que nous étions encore enfants, oncle Emad avait traduit en persan *Le Malade imaginaire* de Molière, qu'il avait mis en scène dans l'un des premiers théâtres modernes de la ville, avenue Lalehzar. Il s'était réservé le premier rôle, allouant à ses enfants le reste de la distribution. La pièce se donna trois soirs d'affilée, devant le Tout-Téhéran – hommes politiques, et membres de l'élite intellectuelle. Tout ce beau monde se précipita pour la voir et s'y faire voir. L'événement fut largement orchestré par la presse, ce qui conféra à l'art du théâtre des lettres de noblesse dont il avait été privé jusque-là. Les gens se disaient que si un éditeur et écrivain de renom, doublé d'un fils de mujtahed, était capable de mettre une pièce en scène et de l'interpréter sans se couvrir d'opprobre, c'est qu'aussi bien tout le monde pouvait en faire autant ! Il avait ouvert la voie à tous ceux qui, par la suite, devaient créer des compagnies théâtrales et monter d'une part des pièces du répertoire classique européen traduites en persan, d'autre part des œuvres de dramaturges persans. *Le Malade imaginaire* de oncle Emad m'a fait une impression si durable que je n'ai jamais cessé depuis d'aimer le théâtre.

Avant cet événement, la Perse avait certes eu son propre théâtre, tout à la fois sacré et profane. Le théâtre sacré, ou *tazieh*, est l'équivalent des Mystères de la Passion qui fleurirent en Europe au Moyen Age. Il décrit le martyre de plusieurs imams, en particulier celui de l'imam Hussein, petit-fils du Prophète Mahomet et troisième imam du chiisme duodécimain. Les acteurs de tazieh étaient toujours des amateurs – artisans, commerçants, ouvriers –, qui se réunissaient ponctuellement, jouaient et se séparaient ensuite. Les textes étaient en général en vers rimés et se transmettaient oralement de génération en génération, la majorité de ces acteurs du dimanche étant analphabètes.

Certaines pièces du tazieh, cependant, avaient été transcrites et réunies en recueils ; il en existait souvent plusieurs versions, écrites par des auteurs inconnus originaires de différentes régions du pays. Ce pouvait être un petit tableau ne mettant en scène que deux ou trois « acteurs », aussi bien qu'un grand spectacle avec chevaux, chameaux, figurants, scènes de batailles, prisonniers enchaînés, le tout accompagné par les tambours et le clairon persan – la *sorna*.

Elles se jouaient sur la place du village, ou dans une rue voisine, avec des acteurs ambulants, ou encore dans de vastes arènes à ciel ouvert susceptibles d'accueillir une foule dense de plusieurs milliers de spectateurs. Ces gigantesques théâtres de plein air portaient d'ailleurs un nom : *takieh*. On n'hésitait pas à en édifier un si le besoin s'en faisait sentir. Au XIXe siècle, le shah et le vizir en personne se rendaient dans le takieh de la capitale aux représentations du tazieh. Les pièces reprenaient en général les faits suivants :

En l'an 661, poussé par une grande partie de la communauté islamique, l'imam Hussein réclama le califat – autorité suprême du monde islamique – au calife omeyyade Yazid. Cela provoqua un conflit qui dégénéra en guerre. La première bataille se déroula à Karbala, aujourd'hui en Irak, où l'imam, abandonné de ceux qui lui avaient prêté serment d'allégeance, à l'exception d'une poignée de proches parents et de disciples, combattit vaillamment tout en sachant qu'il n'avait pas la moindre chance d'obtenir la victoire. Lui et ses compagnons furent impitoyablement massacrés, leurs épouses faites prisonnières. Cette grande bataille et le martyre de l'imam eurent lieu le dixième jour de *moharram* – premier mois du calendrier lunaire islamique –, et depuis cette date, le mois entier est une période de deuil pour les chiites. Pendant le mois de moharram, les musulmanes pratiquantes comme ma mère s'habillaient de noir et fuyaient les fêtes ; pas de mariages, pas de réceptions, pas de musique à la radio. A la place, c'étaient des cérémonies commémoratives, des processions dans les rues, des pénitents entonnant des chants funèbres et se flagellant, dans un paroxysme de chagrin collectif à *tasua* et *achoura*, jours mêmes du combat et du martyre de l'imam et de ses compagnons.

Comme pour la Passion de Jésus, le Martyre de l'imam Hussein constitue aujourd'hui la base d'un vaste édifice théosopho-philosophique dont les ramifications vont bien au-delà de l'Histoire, et qui, combinant des aspects du zoroastrisme, de la chrétienté et du judaïsme, a profondément influencé l'évolution de l'inconscient collectif persan. Il interroge la légitimité du gouvernement, la séparation du temporel et du sacré, les notions d'absolu et de contingence dans les affaires humaines, d'autres ramifications encore qui dépassent de loin mon sujet. Qu'il suffise de dire que certaines horreurs perpétrées aujourd'hui en Iran, ainsi que la virulence du fondamentalisme chiite dans l'ensemble du Moyen-Orient, plongent leurs racines dans cet événement historique qui, aux yeux de l'infidèle, n'est qu'un conflit politique et militaire entre deux factions arabes – tout comme la crucifixion n'est, pour un agnostique, qu'un incident de la rébellion contre l'Empire romain. Mais aujourd'hui, on envoie des enfants à la guerre pour en faire des « martyrs » voués au paradis ; la jeunesse est assassinée parce qu'elle ose remettre en question la légitimité du pouvoir de « l'imam » actuel. Ceux qui se drapent du manteau du Prophète sèment la terreur…

Lorsque Riza Shah vint au pouvoir au milieu des années vingt, il employa toute son énergie à débarrasser la religion de ses aspects superstitieux et à affaiblir le pouvoir de l'aile la plus obscurantiste du clergé – les mollahs à l'esprit progressiste qui ne s'opposaient pas à son plan de réforme ne furent pas inquiétés. Le tazieh sombra dans la clandestinité, s'il ne s'éteignit pas tout à fait ; les takieh furent rasés, les cérémonies commémoratives du moharram proscrites. Après la Deuxième Guerre mondiale, le nouveau shah leva ces interdictions, mais le tazieh ne réapparut pas pour autant – du moins dans les grandes villes ; la roue du temps avait tourné. Pour ma part, je n'ai jamais eu l'occasion d'assister à aucune représentation ; ce sont les Anciens qui m'en ont parlé. C'est sans doute qu'à l'époque la radio, le cinéma et le théâtre moderne avaient remplacé le tazieh comme sources de divertissement populaire.

Lors de la renaissance artistique des années soixante, des troupes de théâtre d'avant-garde se multiplièrent aux quatre coins du pays. Les jeunes dramaturges et les jeunes acteurs retournaient aux sources. Ils retrouvèrent des acteurs de tazieh dans les régions les plus reculées du pays. Puis, à l'occasion du festival de Chiraz, un magnifique tazieh fut monté devant un public international. Il influença bon nombre de metteurs en scène occidentaux qui assistaient à la représentation, Peter Brook notamment, qui monta, l'année même, son *Orgast* non loin de là, à Persépolis. La mise en scène qu'il devait donner quelques années plus tard du *Songe d'une nuit d'été*, au Royal Shakespeare Theatre, s'inspire par certains aspects de notre tazieh.

Contrairement au tazieh, le *rou-hosy*, notre théâtre populaire, n'avait rien de sacré. Rou-hosy signifie « sur la piscine », parce qu'en général ces pièces se jouaient dans le jardin, sur les planches de la piscine recouvertes de tapis, au milieu d'un cercle de spectateurs.

Le rou-hosy était la plupart du temps joué par des acteurs professionnels, hommes et femmes – danseurs, musiciens, chanteurs – qui interprétaient chacun plusieurs rôles. Ils étaient conviés pour les mariages, les circoncisions ou d'autres festivités de ce type. Autrefois, pour les mariages, les femmes étaient séparées des hommes : on invitait ces derniers le soir de la noce, pour le dîner et l'arrivée de l'épouse dans son nouveau foyer tandis que les femmes venaient le lendemain après-midi. Le rou-hosy avait lieu après le repas de noces et se poursuivait jusqu'aux petites heures du jour. Les parentes proches et les membres de la maisonnée regardaient par la fenêtre ou du haut du toit.

A l'époque de mon enfance, cette coutume de séparer hommes et femmes avait disparu, en tout cas dans notre milieu. Dans les familles occidentalisées et cultivées, on donnait une grande réception, soit à la maison, soit dans la salle de bal d'un des nouveaux grands hôtels de la ville. Un orchestre venait y jouer des airs européens ou sud-américains. Les couples dansaient les danses à la mode. En été, on recevait dans le jardin, à la maison ou à l'hôtel, en se servant de la piscine recouverte comme piste de danse.

Il se trouva néanmoins qu'une cousine de mon père, ayant épousé un marchand du bazar, fêta le mariage de son fils « à l'ancienne », en invitant séparément les hommes et les femmes. Elle nous demanda de venir le soir de la noce, alors que devait se jouer un rou-hosy. Sans cela, je n'en eusse sans doute jamais vu. Après le repas, nous grimpâmes donc sur le toit pour assister au spectacle. Des tapis et des matelas furent étalés au bord du toit. Nous nous serrâmes les unes contre les autres, dans l'obscurité, les yeux fixés sur le groupe d'hommes en contrebas dans le jardin éclairé. Ceux qui levaient le regard vers nous apercevaient une rangée de silhouettes découpant leurs formes noires contre le ciel étoilé, tels les enfants du paradis hypnotisés par une tragédie.

A l'instar de la *commedia dell'arte*, et du Guignol, tous les rou-hosy se déroulent toujours d'après un scénario immuable, avec des personnages types. Celui auquel j'ai assisté avait pour canevas l'histoire suivante : un jeune prince, héritier du trône dans un pays riche et puissant, reçoit la visite d'un derviche errant qui lui montre le portrait d'une princesse d'une contrée lointaine, habitant de l'autre côté de la terre. Elle est ravissante, d'une beauté irrésistible, si bien que le prince en tombe sur-le-champ fou amoureux. Il prend le portrait du derviche et part au bout du monde à la recherche de sa princesse, avec la ferme intention d'en faire sa femme. Un esclave noir l'accompagne, tout à la fois bouffon et confident : c'est le personnage comique de l'histoire. Le voyage est semé d'embûches, d'obstacles et d'imprévus, mais rien ne peut faire dévier le prince de son projet. Ils traversent les Sept Montagnes et les Sept Mers, tuent dragons, monstres, et serpents venimeux, puis arrivent enfin au pays de la princesse. Il a fallu plusieurs heures pour en arriver là, pendant lesquelles le public a savouré tour à tour les farces et les facéties burlesques du bouffon, les chants d'amour et les élans lyriques du prince, les danses de la princesse, ses lamentations, ses angoisses. Car, alors que le prince la cherche désespérément, le portrait de celui-ci lui a été présenté par le même derviche errant – incarnant en fait Cupidon et le messager du Destin –, et elle est tombée follement amoureuse de lui. A la fin, les deux jeunes gens se marient et le prince devient roi à la mort de son père.

A ce point de l'histoire, le ciel avait viré au gris perle et le muezzin appelait les croyants à la prière du haut du minaret de la mosquée du Shah dans le bazar.

Le lendemain après-midi, se tint la réception des femmes : une centaine de femmes de tous âges bavardaient dans le jardin autour de tables chargées de gâteaux et de fruits. Le petit orchestre qu'on avait engagé joua la marche nuptiale persane, et la mariée se présenta, sous les applaudissements et les acclamations, au bras de son époux. Le couple circula dans le jardin pour dire bonjour à tout le monde et entendre les félicitations, puis s'assit à une table spécialement décorée à leur intention et couverte de rubans, de lumières et de cornes d'abondance débordant de friandises et de fruits. La mariée était très belle, d'une classique beauté persane : des yeux noirs, un teint laiteux, une bouche « comme un bouton de rose » et un nez droit ; elle portait une robe de taffetas très décolletée. Je me souviens des clins d'œil échangés par les invitées : les bras, la gorge et le cou de la jeune fille étaient couverts de légères traces dont le bleuté se fondait dans la blancheur de son teint ; on eût pu croire qu'elle avait été malmenée, mais il s'agissait à n'en pas douter de tendres morsures d'amour. Le mari, apparemment, était si amoureux d'elle que les six mois d'attente forcée entre la cérémonie du mariage et les noces proprement dites l'avaient rendu fou de passion. Enfin sa promise était à lui ! Lorsque par la suite, on en discuta, ma mère affirma que c'était là une conduite barbare. D'autres trouvaient cela normal. La mariée elle-même avait l'air d'une parfaite sérénité, mais je me rappelle m'être dit que si c'était cela le mariage, je ne me marierais jamais !

Le marié étant le seul homme au milieu de centaines de femmes, il écouta un moment la musique bien sagement, puis, mort d'ennui, s'excusa et laissa sa femme s'amuser avec ses amies. Je n'ai jamais revu ce couple, mais des gens de leur famille m'ont dit qu'ils étaient restés très unis, avaient eu six enfants, qui avaient tous émigré aux États-Unis. Aujourd'hui les époux sont, à ce qu'il paraît, encore plus heureux et amoureux qu'hier.

Deux troupes ambulantes de rou-hosy avaient dans les années 40 et au début des années 50 élu domicile dans des théâtres modernes de Téhéran. Ils attiraient un public populaire – ouvriers, vendeurs, mécaniciens – et continuaient à mettre en scène des pièces sans prétention, inspirées de vieilles légendes ou dans la veine de la comédie de mœurs. Ali se rendit une fois dans un de ces théâtres, et nous raconta ensuite la pièce : Rostam (l'Achille persan, comme lui invulnérable) rencontre ses compagnons afin de discuter avec eux de ses plans d'attaque contre un ennemi étranger. Après quoi, ils partent pour le champ de bataille situé sur la frontière orientale. En chemin, ils traversent des rivières traîtresses, des gorges profondes, des terrains infestés d'insectes – le tout grossièrement mimé dans un décor de papier mâché. A un moment donné, Rostam doit soulever un énorme rocher de plusieurs tonnes ; sans le moindre effort, il le ramasse pour le lever au-dessus de sa tête avant de le jeter au fond des abîmes, quelque part dans les coulisses. Le public est censé à cet endroit applaudir haut et fort l'exploit, mais ce soir-là, il se tut.

– Lourd, ce rocher ? Mon œil ! s'écria-t-on au balcon. C'est du carton-pâte !

Éclat de rire général.

– Il n'arrive même pas à faire semblant ! Tu veux un coup de main, dis ?

Nouvel éclat de rire. Le public se tenait littéralement les côtes ; les huées fusaient en direction de la scène. Là-dessus, Rostam s'avança sous les projecteurs et s'adressa directement à la salle :

– Qui est le fils de pute qui se moque de moi ? A quoi est-ce que vous vous attendez ? Que je me flanque une hernie à soulever une vraie pierre ? Tout ça pour vos minables deux karan ? Celui qui m'interrompra encore, je dis que c'est un fils de pute et un maquereau !

– Il a raison ! Il a raison ! entonnèrent quelques voix.

Alors Rostam retourna tranquillement à son rocher, le poussa de côté et cria à l'adresse de ses partenaires :

– Avancez !

Tonnerre d'applaudissements. La pièce se termina sans autre incident.

Peu à peu, des troupes beaucoup plus sophistiquées surgirent sur la scène culturelle, sous la houlette d'acteurs et de producteurs qui avaient travaillé en Europe. Mais le rou-hosy poursuivit sa carrière auprès de la frange la plus traditionnelle de la population, en province. Dans les années 60, on essaya de lui donner un nouveau souffle, de nombreux metteurs en scène d'avant-garde s'inspirèrent de son style et de sa technique et, par la suite, on devait retrouver certains de ses personnages traditionnels dans leurs productions.

Bientôt naquirent des écoles d'art dramatique, des théâtres, des téléfilms et des films, à Téhéran comme dans d'autres grandes villes. Le métier d'acteur devint respectable, gagna quelques échelons dans l'échelle sociale. Mais ce jeune et fragile édifice s'est maintenant écroulé, et la plupart de ces acteurs ont pris leur retraite ou se sont exilés.

Quant au cinéma, c'est, ma foi, une tout autre histoire.

A CAUSE DU CINÉMA...

Le cinéma, dont l'apparition en Perse datait de bien avant mon époque, avait immédiatement ravi le cœur du grand public. Au début, il avait été réservé au divertissement exclusif des hommes, dans les quartiers pauvres, au sud de Téhéran. Mais par la suite, des salles avaient ouvert leur porte dans le centre où commençait à fleurir un commerce de luxe, en particulier deux salles sur l'avenue Lalehzar. Sièges rembourrés, loges de corbeille et de balcon... Des salles fréquentées par les milieux les plus cultivés et les plus occidentalisés. Les loges se louaient à prix d'or, mais on y était entre soi : elles étaient très prisées par les fiancés et leurs chaperons.

Les cinémas des quartiers pauvres passaient surtout des films égyptiens et indiens. Les premiers avaient un succès fou – des mélodrames musicaux qui finissaient toujours bien et dont les vedettes n'étaient autres que les deux célèbres chanteurs, Abdoul Wahab et Oum Kalsoum. Ces salles bondées, crasseuses, bruyantes constituaient des enclaves masculines ; l'air empestait l'urine, la sueur et l'arak, le sol était jonché de pelures d'amandes et de graines de pastèque, et l'ambiance électrisée, lourde de passions contenues. La foule se manifestait de façon aussi tumultueuse qu'une bande d'enfants au Guignol. Les grivoiseries fusaient pendant les scènes d'amour, on criait pendant les scènes d'action pour encourager le héros, on acclamait le vainqueur... tout en continuant à bavarder avec son voisin :

– Fermez cette p... de porte ! rugissaient les spectateurs chaque fois que quelqu'un avait le malheur d'entrer ou de sortir en laissant entrer le jour.

– Ferme ta gueule, e… ! ripostait-on.

De temps à autre, cela dégénérait en bagarre, distrayant le public de ce qui se passait sur l'écran.

Tout cela, je le tiens d'Ali, qui allait au cinéma près de la place de l'Exécution, dans une salle appelée le « Cinéma Exécution ». Cette place n'avait plus été depuis bien longtemps le théâtre d'aucune pendaison, mais le nom avait survécu à la coutume. Si, pendant les séances, la direction arrivait à maintenir tant bien que mal un semblant d'ordre, en revanche, rien ni personne ne pouvait empêcher ces « messieurs » d'uriner sur le sol, car pour rien au monde ils n'eussent voulu manquer une minute de film. En désespoir de cause, les patrons avaient donc décidé de projeter des annonces avant chaque séance :

« Les messieurs sont priés de se retenir dans l'enceinte de cette salle » ou, tout simplement : « Vous êtes priés de ne pas uriner dans la salle, des toilettes sont à votre disposition dehors. »

Une fois épuisées les ressources de la politesse, on en vint à des expressions plus corsées : « Maudit le fils de pute qui pisse dans cette salle ! » « Celui qui pisse dans cette salle est le fils, le frère et le mari d'une pute ! Et lui un e… ! »

Rien n'y faisait. On jugea qu'une image serait peut-être plus parlante que des mots. On projeta donc le dessin de profil d'une verge géante avec la légende suivante : « Celui qui osera pisser ici l'aura dans le c…, comme ensuite sa femme, sa mère et sa sœur ! » Mais cela les faisait seulement rire : ils ripostaient par des graffiti d'un goût tout aussi exquis sur les murs de la salle. Une solution cependant finit par être trouvée : un caniveau ménagé autour de la salle permettant d'écouler tout liquide déversé dans la salle vers les égouts.

J'ai entendu cette histoire bien des années plus tard, à Paris, de la bouche de quelqu'un qui lui-même la tenait d'une autre personne. Aussi peut-on penser qu'elle comporte comme beaucoup de rumeurs qui ont traversé le temps une bonne dose d'exagération. L'humour persan est souvent fondé en effet sur l'autodérision et sur le complexe de classe, et il y eut une époque, guère éloignée, où les Persans cultivés avaient une prédilection pour les blagues illustrant la couche d'ignorance dans laquelle ils dormaient jadis. A croire qu'ils avaient eu l'apanage de la vulgarité et de la grossièreté !

Progressivement, les choses changèrent. Les cinémas s'agrémentèrent de moquette, de sièges en peluche, de cendriers, de toilettes décentes, et les gens adoptèrent une conduite irréprochable. A l'époque où je découvris moi-même le cinéma, c'était devenu un divertissement destiné à l'élite et aux classes supérieures de la société.

Pendant longtemps, le cinéma resta empêtré dans des problèmes linguistiques. Il fallut en effet attendre des années pour voir naître des productions nationales populaires, et le doublage était quelque chose de totalement inconnu. Le muet ne posait guère de problèmes, mais « le parlant » nécessitait l'intervention d'un traducteur : celui-ci s'asseyait donc au premier rang et accompagnait le film d'un long commentaire qu'il susurrait dans son micro. Ces « traducteurs » étaient en général des lycéens qui, comprenant mal le français ou l'anglais, faisaient appel à leur imagination et inventaient tout bonnement les dialogues au fur et à mesure. Souvent ils se contentaient de décrire l'écran, sans rien dire lorsque les acteurs parlaient : « Maintenant, le héros se met en colère. Il échange des propos acerbes avec son rival… Maintenant voilà que son rival se lève et marche sur lui d'un air menaçant… Maintenant ils en sont venus aux mains ; le nez du héros saigne… »

En attendant, personne n'avait compris pourquoi ils se battaient. Parfois, l'interprète connaissait un peu d'anglais mais ignorait tout du français, ou l'inverse : on l'avait engagé pour la mauvaise langue. Mais plutôt que de perdre son emploi, il improvisait, ne ménageant ni son inspiration ni son lyrisme :

« – Oh, Pierre, je t'aime !

« – Oh, Jacqueline, je t'aime moi aussi ! Tes yeux étincellent comme des diamants et dissipent les ténèbres de mon cœur… »

Plus tard, vint enfin le doublage, mais celui-ci était souvent asynchrone : deux personnes se rencontraient, se serraient la main, parlaient un peu, puis se séparaient. A cet instant précis, on entendait : « Comment vas-tu, Michel ? » Dans les meilleures salles, des sous-titres en persan étaient projetés de façon mal à propos en plein au milieu de l'écran, ce qui interrompait le fil des images. Mais peu nous importait, il en eût fallu bien davantage pour rompre l'enchantement.

Mes frères allaient souvent au cinéma et, à leur retour, nous racontaient ce qu'ils avaient vu. Les comédies de Charlot, les gags de Laurel et Hardy, les blagues d'Abbott et Costello. Ils comprenaient parfaitement l'anglais et le français, ce qui augmentait leur plaisir, et le nôtre par procuration. Ma sœur et moi, parce que nous étions des filles et plus jeunes de surcroît, n'avons eu le droit d'aller au cinéma que bien plus tard.

Un jour, oncle Alem arriva à la maison en disant :

– Je vais emmener les filles voir un film – un fiacre nous attend à la porte.

Ma mère, qui n'osait jamais contredire son frère, ne put qu'acquiescer. Folles de joie et d'excitation, nous nous sommes vite habillées pour sortir, de peur que notre mère changeât d'avis. Le cinéma en question était flambant neuf, le plus chic de l'avenue Lalehzar ; les vedettes du film étaient Charles Boyer et Greta Garbo dans les rôles respectifs de Napoléon et de Marie Walewska, sa maîtresse polonaise. J'ai oublié l'histoire, mais je me rappelle le visage triste de Garbo, ses yeux embués de larmes au moment où elle faisait ses adieux à son illustre amant, et le goût de mes propres larmes de compassion ruisselant sur mes joues. Oncle Alem remarqua que j'avais pleuré :

– Je ne t'emmènerai plus jamais au cinéma si cela te rend si triste. Ce n'est qu'une histoire, entièrement inventée. Rien n'est vrai !

Mais, vrai ou faux, j'avais attrapé le virus : il ne m'a pas lâchée depuis.

Désormais, on ne nous arrêta plus ma sœur et moi. Plus rien n'existait pour nous que le cinéma ; avec l'adolescence, nous obtînmes enfin la permission de nous y rendre, pourvu que nous fussions accompagnées par nos frères ou nos cousins, ou au moins par Ali. Au lycée, nous prîmes l'habitude d'y aller avec nos amies, chaperonnées par un serviteur qui s'occupait d'acheter les billets à l'avance afin de nous éviter de faire la queue et de nous mêler à la foule. Après chaque séance, nous passions une bonne semaine dans les nuages : « Tu te souviens la scène où il dit...? Tu te rappelles le moment où elle fait...? » Nous nous repassions inlassablement le film sur l'écran de notre mémoire. Si l'histoire avait été particulièrement poignante, je sortais me cacher derrière les haies du jardin pour pleurer tout mon saoul, ce qui m'attirait immanquablement les taquineries de ma sœur qui se faisait un plaisir de me traiter de « fleur bleue ». Il va sans dire que je m'identifiais aux vedettes féminines et me mourais d'amour pour leurs partenaires masculins.

A l'époque, les films ne parvenaient jusqu'à nous que bien longtemps après leur sortie en Occident. Ce n'est que bien plus tard que les dernières productions hollywoodiennes et européennes furent diffusées simultanément dans les capitales occidentales et à Téhéran. A l'école, nous faisions collection des photographies de stars de cinéma, hommes et femmes, que nous collions dans de beaux albums. Nous nous les échangions en guise de cadeaux, ornées au dos de dédicaces alambiquées. Nous comparions nos collections, et couvions d'un œil envieux celles des autres, qui nous semblaient toujours plus variées et plus intéressantes que les nôtres. Chacun avait ses stars préférées, et c'étaient des discussions sans fin sur leurs mérites, leur beauté et leur talent respectifs. Nous imitions leur coiffure, leur façon de s'habiller, jusqu'à leurs moues. Toute ressemblance avec une star de cinéma, aussi vague fût-elle, se devait d'être cultivée passionnément, car elle vous asseyait une réputation – que vous fussiez une fille ou un garçon. Au fil des jours, insidieusement, le cinéma modifia les canons de la beauté féminine : plus question de se conformer à l'idéal tel qu'il était représenté par les miniatures persanes et les frises de Persépolis, il fallait ressembler – oh, même un tout petit peu ! – à Hedy Lamarr ou Danielle Darrieux ou encore Ingrid Bergman.

Plus que toute autre chose, le cinéma contribua à introduire en Perse les idées et les valeurs libérales de l'Occident. Cela eut, entre autres, pour conséquence principale que les filles ne supportèrent plus l'idée du mariage arrangé. Portées par un puissant courant émancipateur, elles souhaitaient désormais être libres de choisir pour époux celui qu'elles aimaient et qui les aimait en retour. Comme les Persanes étaient en général pourvues d'un tempérament de feu, elles associaient l'amour à la jeunesse et à la beauté, et refusaient désormais de considérer comme un « bon parti » un homme qu'elles pouvaient juger repoussant. Ce qui provoqua des drames sans fin dans les familles traditionnelles, comme celle de ma cousine, Zabiheh.

Zabiheh était la fille unique d'oncle Sauvage, le cadet des demi-frères de mon père. Sauvage n'était pas son vrai nom, seulement le nom de plume qu'il avait adopté dans sa jeunesse, à l'époque où il se piquait d'être poète. Une fois sa verve poétique épuisée, ce qui ne se fit guère attendre, il avait néanmoins gardé son nom d'emprunt. Ayant cessé d'écrire, parce que « ce n'était pas assez bon », il avait continué à rendre hommage à la muse en apprenant par cœur les vers des autres, « meilleurs poètes que lui-même ». Il en connaissait une quantité innombrable – de merveilleux, de mauvais, de médiocres – souvent de la plume d'obscurs poètes dont nous n'avions jamais entendu parler, et qu'il récitait à la moindre occasion.

La mère d'oncle Sauvage, Amineh, lui avait trouvé une femme dès l'âge de quinze ans – une cousine lointaine qui, elle, n'avait que douze ans. Pendant les premières années, le couple avait dormi dans la même chambre qu'Amineh, chacun d'un côté du lit maternel. Ils passaient la journée à se chamailler, comme tous les enfants de cet âge, et Amineh avait beau tenter de les séparer par de sages discours, rien n'y faisait.

– Je ne l'aime pas ! Renvoie-la ! ne cessait-il de lui répéter.

Puis, un beau jour, quelques années après – oncle Sauvage avait dans les dix-sept ans et sa femme quatorze –, Amineh décida de partir en pèlerinage dans la ville sainte de Machhad et laissa le ménage seul dans sa chambre. Neuf mois plus tard naquit leur fille. Dès lors, mon oncle et sa femme présentèrent toutes les apparences d'un couple parfait.

Quand j'étais petite, oncle Sauvage, encore assez jeune, avait des allures de beau ténébreux. Il arborait un chapelet dont les perles étaient en ambre gris, portait des lunettes noires et fumait énormément. Dans sa jeunesse, il avait été un terrible coureur de jupons, mais à présent il vivait dans la tranquillité du foyer, en bon et affectueux père de famille, quoiqu'un brin sévère et autoritaire. Quant à sa femme, Zakieh (la Pure), c'était un modèle de patience et de dévouement : pendant toutes les années où il avait « découché » et « couru le guilledou », elle avait fermé les yeux et cultivé ses propres talents. Elle était une cuisinière de premier ordre, une habile couturière, une brodeuse hors pair, et j'en passe. Bien entendu, elle ne tirait aucun profit de ces dons, se contentant d'en faire profiter famille et amis.

Oncle Sauvage était d'une folle hospitalité : sous son toit, les réunions de famille prenaient des proportions de festins, qu'il animait plaisamment de ses poèmes, ses plaisanteries, les toasts qu'il portait. Il accueillait ses invités avec d'extravagantes manifestations d'affection, les couvrant de baisers.

– J'ai pour vous une passion « sauvage »! Bienvenue dans mon humble logis ! Lumière de mes yeux… baume de mon cœur !…

Il avait toujours les poches pleines de bonbons et de pistaches décortiquées pour les enfants. Je me souviens de sa façon de tenir les amandes qu'il nous offrait, entre le pouce et l'index : aussitôt que je tendais la main pour les attraper, il les faisait glisser dans sa paume, les faisant disparaître de ma vue. Ce tour de passe-passe se répétait, jusqu'à ce que, me voyant lassée de jouer, il me les donnât. Personne ne l'avait jamais vu en colère, mais c'est précisément parce qu'il était toujours gai et de belle humeur qu'il fallait craindre le pire si, par malheur, il venait à perdre patience. C'est en tout cas ce que l'on disait et, en effet, sa femme, sa fille et ses domestiques avaient peur de lui.

Comme il n'avait pas été particulièrement « sage », il veillait d'autant plus jalousement sur la vertu de sa femme et de sa fille, ne les autorisant pas à sortir sans voile – elles portaient d'élégants foulards en soie plutôt que le vieux tchador. Non que l'une ou l'autre lui donnât quelque motif de s'inquiéter, toutes deux étant d'une extrême pudeur, mais sa fille, Zabiheh, appartenant à la génération « post-émancipation », caressait certains rêves, ce qui ne plaisait guère à son père. Son nom (Agneau du sacrifice) lui allait bien : elle était la douceur même. Mais elle avait été tellement écrasée par son père, que cette douceur avait viré à la léthargie. Elle n'avait pas été scolarisée, et tout ce qu'elle savait, elle l'avait appris à la maison, de sa mère. Les deux femmes s'adoraient et, n'ayant que peu d'années de différence, elles étaient comme deux amies. Toutes les deux étaient potelées, pour ne pas dire plus, mais si ce détail importait peu à la mère, en revanche la fille s'en affligeait. Autrefois, les Persanes eussent tout fait pour être grosses. Elles se frictionnaient avec toutes sortes d'onguents et consommaient des kilos de graisse de poulet pour « se remplumer ». Mais dorénavant les canons de beauté avaient changé : vous ne pouviez pas porter ces ravissants vêtements occidentaux et ressembler à une star de cinéma si vous n'aviez pas « la ligne », à plus forte raison si vous étiez rebondie comme un ballon.

Après quelques vaines tentatives de régime, ma cousine Zabiheh avait fini par renoncer; elle sombra dans la tristesse et la mélancolie. Pourtant elle avait un joli visage, des yeux noirs à l'expression rêveuse et un adorable sourire. Personne ne se faisait de souci pour elle : un jour ou l'autre, elle trouverait un mari.

« Toutes ces histoires de ligne, c'est une mode des farangi », lui disait tante Ashraf pour lui remonter le moral. Les hommes adorent les filles bien en chair, même s'ils disent le contraire. Qui voudrait caresser un paquet d'os !

Mais ma cousine Zabiheh était inconsolable. Elle savait que son poids la desservait, d'autant qu'elle était « grosse du haut ».

« Ses bras et ses jambes sont bien, mais c'est la poitrine... on croirait des pastèques ! » disaient les gens.

Aujourd'hui, une simple opération résoudrait son problème, mais à l'époque il n'y avait rien à faire.

Quand elle eut dix-huit ans, mon oncle Sauvage commença à s'inquiéter et à se préoccuper de lui trouver un mari. Il se mit en quête d'un bon mari. Son charme et sa générosité faisaient a priori de lui un beau-père idéal. Néanmoins, personne de convenable ne se présenta. Il entreprit alors le siège d'un cousin fonctionnaire, d'assez belle prestance.

– Ma maison est la tienne, lui assura-t-il.

Et il l'invita plusieurs fois par semaine à dîner, si bien qu'au bout d'un certain temps, tout le monde dans la famille considéra le mariage comme imminent. Seulement, le cousin en question pensait que si on le recevait si souvent et avec tant d'effusion, c'était uniquement pour ses *beaux yeux* *! Finalement, ce fut son propre père qui mit la question sur le tapis :

– Alors, veux-tu que nous allions parler à oncle Sauvage de Zabiheh ?

– Parler de Zabiheh ? Que voulez-vous dire ?

– Tout le monde sait qu'elle t'intéresse ; tu es toujours fourré chez eux. Tu passes parfois la nuit là-bas, et...

– Mais je n'ai aucune intention de l'épouser ! Je vais chez eux parce que l'oncle Sauvage m'invite, et la plupart du temps avec d'autres gens. Jamais l'idée ne m'est venue... Pas un instant je n'y ai songé !

La dérobade du cousin Samad finit par arriver aux oreilles de mon oncle. Celui-ci réagit avec une dignité irréprochable, prétendant que jamais l'idée n'avait même traversé son esprit !

– Comment ? Ils sont comme frère et sœur, comment auraient-ils pu se marier ? s'écria-t-il, lorsqu'un parent eut l'indélicatesse de faire allusion à la chose.

Par la suite, mon cousin Samad épousa l'élue de son cœur – mince, moderne, cultivée, gaie – tandis que l'oncle Sauvage continuait à chercher quelqu'un pour sa fille.

Le temps passa.

Un beau jour, alors que, de l'avis général, Zabiheh avait de fortes chances de rester célibataire, un ami d'ami d'ami demanda sa main. Il était lui aussi fonctionnaire, était issu d'une bonne famille et touchait un salaire convenable. La seule réserve que l'on pût faire était qu'il avait quarante ans, c'est-à-dire le double de son âge à elle, et qu'en outre il n'était guère séduisant. Il était presque chauve, affublé de lunettes et maigre comme un coucou. En revanche, il était la douceur et la gentillesse mêmes. Après tout, « on ne peut pas tout avoir ». A cette époque, même dans les familles les plus traditionnelles, on permettait aux filles de juger sur pièce leur fiancé et de donner leur opinion avant qu'une décision définitive fût prise par les parents. Ainsi, une fois que l'oncle Sauvage eut accordé en principe la main de sa fille, il invita à dîner son futur gendre et le frère de celui-ci (ils avaient perdu leurs parents). Il convia également ma mère, tante Ashraf et quelques autres doyennes de la famille. Après le dîner, donc, on fit venir Zabiheh, mais celle-ci était bien trop timide pour oser lever les yeux sur son fiancé. Elle se contenta de jeter un rapide coup d'œil à la dernière minute, juste sur le point de partir, vers les deux inconnus : l'un vieux et chauve, l'autre plutôt jeune et beau garçon. Dans son esprit, ce ne pouvait être que le second, son cœur bondit de joie dans sa poitrine. Et quand, un peu plus tard, oncle Sauvage lui demanda :

– Alors, qu'en penses-tu ?

Elle s'efforça de ne pas paraître trop enthousiaste, et répondit :

– Vos désirs sont des ordres, monsieur.

Seulement, quand sa mère lui expliqua que son mari était « l'autre », elle éclata en sanglots.

– Oh, non ! Il est tellement vieux et moche ! Je ne peux pas l'épouser, maman. Arrêtez tout, je vous en supplie ! Avant qu'il soit trop tard...

Devant les doutes exprimés par sa femme, oncle Sauvage entra dans une rage aussi folle qu'elle était prévisible :

– Quoi ? rugit-il Qui lui a demandé son avis ? J'ai donné ma parole, pas question de me dédire. D'ailleurs a-t-on le choix ? On ne peut pas dire qu'ils se bousculent devant la porte, tes prétendants !

– Elle le trouve vieux et affreusement laid...

– Pour qui se prend-elle, enfin, Hedy Lamarr ?

– ...

La femme d'oncle Sauvage n'avait jamais entendu parler de Hedy Lamarr, ce qui, hélas, n'était pas le cas de Zabiheh : elle nous avait une fois accompagnés au cinéma, voir un film dont la vedette féminine était justement Hedy Lamarr, qui avait pour partenaire, je crois, Robert Taylor. Tant de sarcasme de la part de son père lui transperça le cœur avec un poignard ; ses larmes séchèrent instantanément, son désarroi cédant la place à un sentiment de colère et de désespoir.

– Ne te mets pas martel en tête, lui dit sa mère pour la réconforter. Tu auras une maison bien à toi, tu t'habitueras à lui, tu finiras par l'aimer, va... il a l'air si gentil... Tu pourras te maquiller, t'habiller. Tout finira par s'arranger, tu verras.

Entre-temps, oncle Sauvage s'était calmé.

– Ta mère et moi, au départ, on ne se plaisait pas tellement, et regarde-nous maintenant : deux pigeons qui s'aiment d'amour tendre !

Il essayait de dérider Zabiheh, mais cette dernière songeait à part elle : « Regardez-vous, en effet ! le Maître et l'Esclave ! Mais du moins aviez-vous presque le même âge qu'elle ; et vous étiez beau, vous ne ressembliez pas à ce hareng saur à crâne d'œuf ! » Elle garda ses pensées pour elle et se contenta de fondre de nouveau en larmes.

Je me rappelle son mariage : par un soir de fin de printemps – sa magnifique robe blanche en organdi confectionnée par sa mère, le banquet somptueux, les convives élégants, les limousines décorées... Zabiheh faisait de son mieux pour avoir l'air gaie – après tout, mieux valait n'importe quel mari que pas du tout – mais l'angoisse perçait néanmoins derrière son sourire rêveur. Après le dîner, un cortège d'automobiles partit avec les proches parents en direction de la nouvelle maison de Zabiheh, entièrement meublée par son trousseau. La voiture de la mariée, empanachée de blanches fleurs et de rubans blancs, transportait non seulement le jeune couple mais le garçon d'honneur, en l'occurrence le jeune frère beau garçon qui ressemblait vaguement – oh, très vaguement ! – à Robert Taylor avec sa fine moustache et ses cheveux ondulés. Assise entre ses deux compagnons, Zabiheh saluait de la main la foule qui applaudissait au départ du véhicule.

– Dommage qu'elle n'ait pas épousé le jeune, fit observer *sotto voce* un invité indélicat.

– Elle eût vraiment dû trouver quelqu'un de plus jeune – il a l'âge de son père ! murmurait une autre mauvaise langue.

Mais déjà la limousine de la mariée disparaissait au coin de la rue.

On l'avait appelé Zabiheh, « Agneau du sacrifice », parce qu'elle été née le jour du Sacrifice, le jour où les pèlerins qui se rendent à La Mecque tuent un agneau pour en faire l'aumône aux pauvres afin d'acquérir leur titre de « Hadji ». Eût-on pu trouver nom mieux approprié ? Mais Zabiheh n'était pas la seule dans son cas – dans ma propre famille, elles étaient fort nombreuses comme elle.

Au cours des décennies qui suivirent, on fit beaucoup pour améliorer le sort des femmes, mais seules celles qui avaient accès à la culture en bénéficièrent. Le changement ne pénétra pas assez profondément les couches sociales pour résister à la terrible régression des mœurs qui s'est produite depuis 1979.

Zabiheh donna le jour à deux fils, mais jamais elle ne s'habitua à son mari ; tout juste le tolérait-elle. Peu après la naissance de son second fils, elle s'arrangea pour faire chambre à part. Elle devint sujette aux migraines et à toutes sortes de douleurs qui la clouaient au lit, les rideaux tirés. Oncle Sauvage pensait que c'était « à cause du cinéma » :

– Ce sont tous ces films ! Avant, les filles acceptaient celui que leurs parents leur choisissaient. Maintenant qu'elles vont au cinéma, elles ont de ces idées ! Elles tombent amoureuses de ces maquereaux, gigolos, pédérastes, que vous appelez des « stars », et personne ne trouve plus grâce à leurs yeux ! C'est de la faute au cinéma, je vous dis…

Mais nous, nous chantions : *Put the blame on men, boys ! Put the blame on men !* La chanson de Rita Hayworth dans *Gilda*.

AROUS, LA MARIÉE DES MARIÉES

Notre quartier comptait plusieurs hammams, ces bains publics que l'on appelle parfois « bains turcs » en Europe. Le nôtre, à deux pas de chez nous, à l'entrée du bazarcheh, avait la réputation d'être le meilleur à cause de sa clientèle huppée. Tout village persan était dominé par le hammam, reconnaissable, émergeant de la mosaïque des toits plats, à ses petites coupoles percées d'œils-de-bœuf qui éclairaient en contrebas les bains aux murs aveugles. Depuis l'aube jusqu'au début de la matinée, puis après le coucher du soleil jusque tard dans la nuit, il était réservé aux hommes; les femmes, elles, pouvaient s'y rendre dans la journée : on partait du principe que les hommes s'y arrêtaient en partant ou en revenant du travail, tandis que les femmes avaient tout le loisir d'y aller à n'importe quel autre moment.

Pour les femmes de modeste condition, la visite aux bains, hebdomadaire, bimensuelle ou même mensuelle (selon leurs moyens) constituait une agréable distraction dans la routine – un moment de repos en même temps qu'une récréation. Elles s'y rendaient en compagnie de leurs enfants, et passaient la journée dans cette atmosphère saturée de vapeur chaude, à se tremper, se frotter, se masser, à nettoyer de la crasse et de la fatigue chaque pore de leur corps fourbu, jusqu'à en avoir la peau à vif. Elles emportaient leur déjeuner – boulettes de viande, purée de pois chiches, fromage et fruits de saison –, et tuaient le temps en s'échangeant les derniers ragots et toutes sortes de confidences et conseils de bonnes femmes. Les riches restaient beaucoup moins de temps au hammam, d'abord parce qu'elles s'y rendaient plus souvent, ensuite parce qu'elles pouvaient se laver chez elle.

Comme bien des aspects de la vie quotidienne en ce temps-là, les rituels du hammam se pliaient à un certain nombre de codes sociaux et économiques : les femmes les plus pauvres faisaient de leurs serviettes et vêtements propres un baluchon qu'elles transportaient elles-mêmes, tandis que les plus nanties chargeaient un domestique de les précéder avec leurs affaires de bain : un souzani pour s'asseoir et se rhabiller, deux grandes serviettes, un foulard en lin, un pagne, des bols en cuivre plaqué argent pour verser l'eau, plus un plateau rond pour s'asseoir sans toucher le sol brûlant et un peu douteux des bains.

Dans notre hammam, la vieille porte en bois décorée de ferronneries en cuivre et d'un lourd heurtoir donnait sur un petit vestibule fermé par un épais rideau qui cachait les vestiaires : une grande pièce hexagonale surmontée d'un dôme élevé et dont le centre était occupé par une piscine ronde peu profonde à carreaux bleus. Des pétales de rose blancs, jaunes et rouges valsaient à la surface de l'eau limpide et froide qui jaillissait de la petite fontaine au milieu ; tout autour étaient disposées des estrades en pierre recouvertes de tapis où l'on se déshabillait.

On confiait ses vêtements à la préposée, qui les rangeait dans les casiers individuels de l'arrière-salle, puis on s'enveloppait dans un pagne avant de pénétrer dans les bains. Il y avait d'abord une vaste salle publique noyée de vapeur, équipée de robinets d'eau chaude et froide le long des murs, à une trentaine de centimètres au-dessus du sol, dans lequel courait, tout autour, une rigole destinée à l'évacuation des eaux sales. Plus haut, dans de petites niches qui jadis avaient abrité des lampes à huile brillaient des ampoules nues. A l'extrémité de cette pièce se trouvait une piscine – ou plutôt une gigantesque cuve, car pour y accéder, il fallait grimper plusieurs marches –, dans laquelle vous vous immergiez, après vous être lavée et rincée, pour faire vos grandes ablutions.

Par l'un des côtés de la salle publique, on avait accès aux « salles de bains » privées – de petites cabines dont la location revenait beaucoup plus cher que le simple prix d'entrée et qu'il était possible de réserver. Ces cabines étaient équipées d'une douche, ce qui vous dispensait du passage par la piscine commune. Les douches, à l'époque, étaient une nouveauté, et seuls les meilleurs établissements s'en trouvaient équipés. Et comme tout ce qui nous arrivait de l'Occident, leur introduction chez nous souleva une controverse religieuse : la douche était-elle aussi « nettoyante » que la piscine ? Les grands mollahs de Qom avaient décrété que oui, puisque l'eau courante est l'élément purificateur idéal, pourvu qu'il s'en écoule sur le corps une quantité suffisante. A cette époque, les mollahs avaient l'esprit assez progressiste et collaboraient volontiers avec le gouvernement plutôt que de saisir toutes les occasions pour lui mettre des bâtons dans les roues. Néanmoins, l'habitude est tenace et les piscines – appelées « réservoirs » – survécurent longtemps dans les hammams traditionnels, de nombreuses femmes préférant le bain à la douche. Il y avait parfois une piscine d'eau supplémentaire, dans laquelle les enfants barbotaient et apprenaient à nager tout seuls. C'est là que mon père avait lui-même donné des cours de natation à mes frères, cours très efficaces je dois dire, mais comme notre hammam était dépourvu de cet agrément, ma sœur et moi n'avons appris à nager que beaucoup plus tard.

Le rite du bain et des ablutions constitue la première étape de la prière quotidienne, bien que le concept de « pureté » (*taharat*) se réfère plus à une certaine disposition de cœur et d'âme qu'à la propreté du corps. Il arrive d'ailleurs que ce souci de propreté dégénère en névrose, en manie, surtout chez les femmes. Ma mère elle-même n'en était pas exempte, mais son cas était bénin à côté de celui de quelques-unes de ses amies. L'une d'elles, une grande dame, sainte femme très cultivée, allait jusqu'à casser la couche de glace qui recouvrait sa piscine au creux de l'hiver pour se baigner chaque jour à l'aube, sans quoi elle ne se trouvait pas « propre » et jugeait ses prières indignes d'être entendues ! Une autre, pourtant très occidentalisée, se lavait constamment les mains, à la manière de Lady Macbeth, et portait des gants jour et nuit de peur de toucher quelque chose d'impur. Et j'évoquerai enfin cette dame de nos amies – elle vit aujourd'hui en exil en Californie, – à qui l'idée qu'une machine pût efficacement laver son linge semblait absurde. Par bonheur pour elle, son immeuble est équipé d'un jacuzzi, si bien qu'elle se lève très souvent au milieu de la nuit pendant que tout le monde dort, pour y descendre ses draps et ses vêtements. Dieu sait ce que diraient ses voisins, s'ils la surprenaient une nuit à transformer le jacuzzi en laverie !

Ma mère, quant à elle, estimait que nous étions toutes najis (impures) puisque nous étions devenues des farangi et que nous n'étions pas assez méticuleuses dans nos rituels ; aussi nous interdisait-elle de toucher à ses serviettes, à son chapelet, à son livre de prières et à ses autres objets de culte. Et mon père, qui était pourtant une autorité en la matière, avait beau la raisonner, rien n'y faisait : il n'y avait là rien de rationnel.

Quand j'étais toute petite, ma mère me portait elle-même à la piscine du hammam pour m'y immerger rapidement trois fois de suite conformément au rite. Terrifiée, la respiration coupée, je protestai, je criai, en vain : il fallait me « purifier » ! Plus tard, lorsque des salles de bains furent installées chez nous, nous cessâmes d'aller au hammam. Ma mère passait ce qui nous semblait des heures sous la douche, sans être pour autant certaine au bout du compte d'être tout à fait « propre ». Un jour, alors qu'elle séjournait chez moi à Londres, elle y resta si longtemps qu'elle épuisa toute l'eau chaude. Perdant patience, je lui soufflai doucement qu'assez d'eau avait coulé pour « purifier » un régiment.

– Tu crois vraiment ? demanda-t-elle. Eh bien, si mes prières ne sont pas entendues, tu devras répondre pour moi là-haut !

Je promis de prendre sur moi tous ses péchés et de brûler pour toujours en enfer s'il le fallait, pour peu qu'elle sorte de la salle de bains ! Je n'eus pas le courage de lui apprendre qu'en Occident, on se lavait quelquefois dans la baignoire, sans se doucher après !

Les jours de bain, Ali rassemblait notre « trousseau de hammam » et partait en avant nous réserver notre cabine. Ma mère arrivait en début d'après-midi, ma sœur et moi la rejoignions plus tard, en rentrant de l'école. Nous étions accueillies avec force taarof par la préposée, qui nous aidait à nous déshabiller et nous conduisait ensuite à l'intérieur. La salle publique que nous traversions pour nous rendre à nos bains privés était remplie de femmes de tous âges, dont les silhouettes dénudées – rondeurs à la Rubens ou maigreurs dignes de

Giacometti – se perdaient dans un épais brouillard blanc traversé des rais de jour qui tombaient des lucarnes du dôme ; on eût dit des sirènes alanguies sur un rivage tropical. De petits enfants tournaient en rond, barbotaient, mêlant leurs cris joyeux aux voix fortes de leurs mères dans un brouhaha qu'amplifiait l'immense voûte. La scène semblait une séquence onirique filmée par quelque érotomane, tout en ralentis et résonances étranges. Mais à mes yeux d'enfant, il ne s'agissait que d'une vision inquiétante, voire terrifiante.

Nous retrouvions notre mère dans notre cabine en train de se faire laver et masser par Arous, notre *dallak* personnelle. Chaque hammam employait un certain nombre de laveuses professionnelles pour une somme modique qui variait selon leur réputation et leur ancienneté ; chacune avait ses clientes, avec qui, au fil des années, elles nouaient des liens étroits. Quand nous sommes devenues plus grandes, ma mère ne nous accompagnait plus au hammam, se contentant de nous confier à Arous. Elle nous lavait les cheveux et le corps, nous rinçait, nous douchait, nous séchait, nous habillait, et nous rendait à Ali ou à Nounou qui venait nous chercher. En ce temps-là, le sèche-cheveux étant encore une chose inconnue, elle nous enveloppait la tête dans de grands carrés en lin, après nous avoir séchées du mieux possible avec une serviette, pour nous protéger de la morsure du froid. Mais les longues nattes que je portais dans le dos gelaient dans l'air glacé de l'hiver.

– Tu sais, Arous, lui dis-je un jour, quand j'arrive à la maison, mes nattes sont tellement gelées qu'il y a des morceaux de glace au bout, comme des diamants.

– Comme des larmes de glace, suggéra-t-elle.

La vie n'avait pas été tendre pour Arous. *Arous* signifie tout à la fois « mariée » et « belle-fille », et si on lui avait donné ce sobriquet à son entrée au hammam, bien des années plus tôt, c'est parce qu'à cette époque elle venait tout juste de se marier. Le jeune couple avait quitté son village natal pour venir chercher du travail en ville. Ils avaient trouvé un hébergement temporaire dans le caravansérail du bazarcheh, où était né leur premier et unique enfant, un fils ; son mari avait trouvé un emploi de terrassier. Peu après la naissance de l'enfant, il mourut, victime d'une épidémie de typhoïde. C'est ainsi que pour gagner sa vie Arous était devenue dallak. Elle l'était toujours, même si son fils était maintenant père de famille. Il lui avait proposé de venir vivre chez lui, mais Arous avait trop de fierté et d'indépendance pour accepter de devenir ainsi un fardeau.

– Les choses ont bien changé ; les fils ont assez de problèmes comme ça pour gagner leur pain, et leurs femmes n'ont pas envie d'avoir leur belle-mère sur le dos. Je travaillerai aussi longtemps que j'en aurai la force, et quand elle m'abandonnera, ma foi, je tomberai morte !

Et c'est exactement ce qu'elle fit.

Le hammam était au cœur de la vie de la communauté – une agence pour l'emploi doublée d'un service d'informations gratuit. Aviez-vous besoin d'une bonne, d'un menuisier, d'un homme pour balayer la neige ou pour bricoler, il vous suffisait de demander à l'employée de votre hammam. C'était aussi par là que circulaient et s'amplifiaient toutes les rumeurs et les confidences de chacune. En outre, les dallak servaient de marieuses et d'entremetteuses : elles décrivaient les jeunes filles qu'elles connaissaient aux femmes qui avaient des fils à marier. Nombre d'unions avaient ainsi été scellées grâce aux bons offices d'Arous, dont la bienveillance, l'expérience et la discrétion étaient garanties. Pour remercier la dallak, on l'invitait au mariage, on lui offrait de l'argent, de la nourriture, des vêtements, et elle restait pour toujours attachée à la famille.

Parmi les nombreuses alliances contractées avec l'aide d'Arous, on comptait celle de notre voisin, Mohsen, le fils aîné du professeur Bahram, avec une jeune héritière originaire de Shiraz. Peu avant le retour d'Europe de son fils, Mme Bahram s'était mise en quête d'une épouse digne de lui et avait interrogé Arous : elle devait être belle, de bonne famille et *najeeb*. Par un heureux hasard, Arous connaissait exactement la jeune personne qu'il lui fallait : la fille d'un grand propriétaire terrien qui venait d'emménager dans une grande demeure du quartier. Elle promit à Mme Bahram de lui faire signe la prochaine fois que la jeune fille annonçait sa visite au hammam.

Quelques jours plus tard, se présenta un messager d'Arous annonçant que « la Gazelle était au bord du piège ». La jeune héritière était déjà là lorsque Mme Bahram arriva au hammam ; Arous conduisit cette dernière au bain privé de la jeune fille, sous prétexte que la journée était très chargée : la jeune demoiselle ne s'opposerait certainement pas à l'idée d'accueillir l'épouse de l'éminent Professeur. La jeune fille répondit aimablement qu'elle était heureuse de ce qui était pour elle un honneur. Dans l'heure qui suivit, Mme Bahram réussit à obtenir tous les renseignements qu'elle désirait sans paraître indiscrète aux yeux de l'innocente : sa mère était morte après lui avoir donné le jour, son père inconsolable avait juré de ne pas reprendre femme et de se dévouer entièrement à sa fille unique, promesse qu'il avait eu la noblesse de tenir en dépit de multiples tentations et d'un bon nombre de propositions alléchantes. Récemment, cependant, sa fille avait réussi à le persuader d'épouser l'une de ses meilleures amies à elle qui, malgré une différence d'âge de vingt-cinq ans, était pour lui la compagne « idéale » et « un bonheur qui emplissait la maison ».

Mme Bahram avait été séduite par la simplicité et les manières raffinées de la jeune fille, par son joli minois et son délicieux accent de Shiraz – sans parler de tous les villages dont son père était propriétaire dans une des régions les plus fertiles du pays –, et elle n'eut pas de mots assez enthousiastes pour la décrire à son fils quand elle revint chez elle. Par les voies détournées coutumières, grâce à l'entremise d'intermédiaires et d'amis, il fut convenu entre les deux familles que la possibilité d'une union n'était pas exclue. Une somptueuse *tea-party* fut organisée chez le père de la jeune fille afin de ménager une rencontre entre les deux intéressés – concession qui n'était pas sans rapport avec le fait que Mohsen eût séjourné dans une université française –, et on annonça leurs fiançailles. Nous entendîmes dire que le père de la mariée avait accepté de déposer dans la corbeille de sa fille un de ses villages, *rayat*, champs, vergers, forêts et canaux compris.

– Il était temps ! commenta tante Ashraf. La jeune belle-mère ne va pas tarder à donner des fils, et il faudra bien que le brave homme partage son affection ; elle risquait de ne plus rien avoir !

Plusieurs fils en effet naquirent de l'union du riche seigneur féodal et de sa jeune épouse, et si sa fille n'avait déjà eu sa part, elle n'eût sans doute rien reçu avant qu'il fût mort.

Le mariage de Mohsen reste pour moi un souvenir magique. Le

jardin des Bahram était décoré comme dans un conte de fées : des lanternes de couleur se balançaient aux arbres, des bougies illuminaient les allées et les fleurs des parterres, les tables croulaient sous les cornes d'abondance regorgeant de fruits et de petits fours, des serveurs en livrée circulaient parmi les invités dont les verres et les assiettes ne désemplissaient pas… La fête dura deux jours. Le premier jour était réservé aux proches et aux amis de tous âges, avec un orchestre traditionnel jouant de la musique classique persane. Le lendemain, il se donna une grande soirée *pour la jeunesse* * où étaient conviés les amis et relations des mariés. Un orchestre de jazz fit virevolter à un rythme endiablé les jeunes couples sur la piscine recouverte. Ma mère avait été invitée le premier jour ; ma sœur et moi étions normalement trop jeunes pour être invitées le jour suivant, mais Mme Bahram, qui nous aimait bien, insista pour que nous pussions malgré tout être de la fête. Nous restâmes sagement dans un coin à regarder, les yeux écarquillés devant la beauté et la nouveauté du spectacle.

Arous était présente, elle aussi, les deux jours, vêtue d'un tchador léger à motif fleuri, cadeau de Mme Bahram. Assise à l'intérieur devant une fenêtre ouverte, elle contemplait la scène avec la satisfaction d'avoir joué un rôle décisif dans cet heureux événement. Les prières qu'elle marmonna pour le bonheur des époux furent, à ma connaissance, entendues : le mariage se révéla aussi durable que fertile.

A l'époque où j'étais au lycée, plusieurs bains s'étaient ouverts dans notre quartier, beaucoup plus modernes que les anciens, et sans salle commune : une série de douches particulières luxueuses et bien équipées, donnant sur de petits vestiaires privés. Un de ces établissements, sur le chemin de l'école, s'appelait *Les Bains Brillants*. On y allait entre amies et, nous passant des services d'une dallak, nous nous lavions nous-mêmes les cheveux avec du shampooing – tout nouveau produit bien plus facile d'emploi que notre vieux savon. Par la suite, on aménagea chez nous des salles de bains, mais nous autres, les enfants, étions déjà éparpillés aux quatre coins du globe. Arous vint laver ma mère à domicile.

Bien plus tard, au début des années soixante-dix, je me suis rendue en Perse méridionale pour réaliser un film sur les migrations des tribus bakhtiyaris. A l'issue de six semaines de marche en haute montagne, sans autre bain que les torrents glacés de neige fondue, je m'étais enquise, lors de notre dernière étape, de l'existence d'un hammam au village. Il y en avait un, en effet, et je m'y rendis avec mon hôtesse, la fille d'un chef de tribu. Sans cabine privée, munie d'une seule et unique douche, éclairée par une ampoule électrique nue et solitaire qui se balançait au plafond, la salle baignée de vapeur chaude était remplie de femmes occupées à se désincruster de la couche de crasse accumulée au cours des longues semaines de voyage. Pour me prouver son amitié, mon hôtesse insista pour jouer les dallak et me frictionner. Elle avait beau ne pas avoir le toucher aussi professionnel qu'Arous, j'avais oublié quel délice c'était ! J'avais oublié quelle convivialité règne en ces lieux où une intimité spontanée et chaleureuse s'instaure entre les femmes.

Aujourd'hui encore, il m'arrive parfois, dans mon bain, de laisser affluer les souvenirs de notre vieil hammam, de la cabine où je me rendais avec mes amies, où nous bavardions en riant pendant qu'Arous nous frottait. Je revois Arous me rinçant les pieds dans un petit bassin où flottent des pétales de rose ; Arous peignant et nattant mes cheveux… Que n'est-elle là encore, apaisant de ses doigts de fée le Temps et la Mémoire.

LE RAMADAN

Équivalent musulman du Carême, le ramadan tombe au septième mois du calendrier lunaire. Pendant trente jours, les musulmans jeûnent du lever au coucher du soleil, se privant non seulement de nourriture et de boisson, mais aussi de tabac et de rapports sexuels. Le calendrier lunaire, fondé sur la rotation de la lune autour de la terre, étant d'une dizaine de jours plus court que le calendrier solaire, la date du ramadan change selon les années. Lorsqu'il a lieu en hiver, où les journées sont courtes, l'abstinence est relativement facile, mais en été, avec les quinze heures qui séparent « le repas de l'aube » du « déjeuner-dîner », la faim et la soif – surtout la soif – sont presque insupportables. Cependant, le jeûne, au même titre que les prières quotidiennes, est un des devoirs essentiels du musulman. On peut à la rigueur en être dispensé pour des raisons de santé, car le respect du corps a une importance primordiale dans l'islam. Les femmes doivent s'arrêter de jeûner au moment d'accoucher et lorsqu'elles ont leurs règles, ce qui leur accorde quelque répit dans le mois. Mais, quelles que soient les raisons pour lesquelles a été interrompu le ramadan, il faut ensuite rattraper les jours perdus à d'autres moments de l'année, faute de quoi les « dettes de jeûne » s'accumulent pour le jour du Jugement dernier. Ma mère jeûnait souvent en hiver :« J'ai beaucoup de dettes à payer », disait-elle, rattrapant les jours où elle avait été souffrante ou « indisposée ».

Les hommes fortunés qui mouraient sans avoir accompli tous leurs jours de jeûne, laissaient de l'argent pour « acheter des prières et du jeûne », accomplis en général dans les madrasas par de pauvres étudiants en théologie qui arrondissaient leurs maigres revenus en jeûnant en hiver et en priant toute la journée.

A cette époque de tolérance religieuse et d'effervescence sociale, tout le monde n'observait pas le ramadan : les agnostiques, les faibles, les enfants, les minorités religieuses, tous ceux-là n'en avaient cure, même si aucun musulman adulte qui se respectait ne s'y dérobait. Il y avait moins de monde pendant la journée dans les lieux publics, les cafés et les restaurants, tandis que les mosquées se remplissaient pour la prière de midi et le sermon qui s'ensuivait, le ramadan étant le mois de l'abstinence et de la prière, de la méditation et du repentir. Tous ceux qui s'étaient un peu oubliés pendant l'année tâchaient alors de s'amender.

Chez nous, pendant le ramadan, la vie quotidienne changeait du tout au tout. Quelques heures avant l'aube, Nounou et Ali se réveillaient afin de préparer le « repas de l'aube » assez copieux pour nous permettre de tenir jusqu'au soir : riz, ragoût, salade, fromage, yoghourt, jus de fruits et plusieurs litres de thé. Une fois le repas prêt, une heure environ avant l'aube, Ali faisait le tour des chambres pour réveiller la maisonnée. Oh, le calvaire d'être tirée du plus profond des sommeils ! Mes yeux qui refusaient de s'ouvrir, mes pieds de plomb, mes mains si engourdies que je parvenais à peine à soulever ma cuillère…

En hiver, la table dressée sur le grand korsi de ma mère regorgeait de plats aromatiques. Mais nous avions tellement sommeil que nous eussions volontiers échangé le caviar et le champagne contre la permission de retourner nous coucher. A vrai dire, jamais on ne nous força à observer ces rites : nous le faisions parce que nous avions la foi, et parce qu'il nous semblait naturel de participer à la vie collective, avec ses rituels et ses diverses activités. Dans un sens, le ramadan était une période amusante. Par la suite, pour certains, la foi devait vaciller. Devant ce mépris des pratiques les plus rigoureuses – au premier rang desquelles le jeûne – l'angoisse de ma mère faisait peine à voir. Elle était sûre et certaine que nous irions droit en Enfer, et pire encore, que nous serions séparés d'elle ! Sans articuler la moindre menace, le moindre reproche, elle se contentait de nous supplier. Et, comme manifestement cela ne servait à rien, elle fit appel à mon père :

– Vous ne pourriez pas leur dire quelque chose ?

Il ne se berçait cependant d'aucune illusion. Tous les sermons de la terre, toutes les remontrances auraient l'effet contraire à celui souhaité et ne serviraient qu'à exalter la révolte des adolescents que nous étions. La seule solution consistait à donner l'exemple en espérant que tout s'arrangerait. La foi devait venir de l'intérieur et, si nous l'avions perdue, pour le moment du moins, personne n'y pouvait rien. Il ne s'était pas trompé : l'un après l'autre, chacun au long de son propre chemin, nous avons tous, tôt ou tard, renoué avec une forme ou une autre de pratique spirituelle ; mes parents n'étaient malheureusement plus de ce monde pour s'en réjouir.

L'été, la table était dressée dans le jardin. Mon père présidait, et chacun avalait son repas en silence. Seuls le ronron du samovar et le cliquetis des glaçons dans le pot à eau ponctuaient doucement les rites nocturnes. Au-delà des murs, on apercevait les petites lumières des maisons voisines et, de temps à autre, nous parvenait un léger bruit de couverts : d'autres familles mangeaient dans le même silence ensommeillé. Tous les insectes du jardin venaient tourner autour de la table, attirés par la clarté. Une nuit, un énorme scorpion jaune grimpa sur le mur derrière ma mère. Tante Ashraf enleva sa pantoufle pour l'aplatir d'un grand coup, sans souffler mot, afin de ne pas provoquer de panique. L'horrible créature tomba par terre, morte.

– Les jaunes sont mortels, déclara-t-elle.

Le lendemain, elle nous raconta qu'à Kashan, une ville réputée pour la beauté de ses tapis et le venin de ses scorpions, les gens trempaient les pieds de leur lit dans des bols pleins d'eau pour empêcher les bestioles de grimper jusqu'à eux ; mais malgré ces précautions, elles causaient chaque année la mort de plusieurs personnes.

La morsure du scorpion ne procède pas de sa méchanceté,
Mais de sa nature.

Elle cita le poète et nous conta la fable suivante : une grenouille traversait une rivière quand elle avisa un scorpion en train de se noyer qui appelait au secours : « Je ne sais pas nager ! Sauve-moi ! » s'écria l'insecte. La grenouille, brave et serviable, lui proposa de le porter jusqu'à la berge opposée sur son dos. Mais, à mi-parcours, voilà le scorpion qui mord sa bienfaitrice. « Pourquoi as-tu fait ça ? fit la grenouille. Maintenant nous allons tous les deux mourir ! » « Je ne peux pas m'en empêcher, c'est dans ma nature », répondit le scorpion d'un ton d'excuse.

Nous nous exclamâmes :

– Moralité : il ne faut surtout pas proposer aux scorpions de les aider !

– Non, il faut aider les scorpions au contraire, mais vous attendre à être mordus, donc prendre des précautions !

Parfois, on entendait la voix d'un chantre entonnant le *monajat* – une prière du ramadan où la poésie se mêle à l'improvisation, sorte de supplique adressée à Dieu, dont les accents ressemblent à s'y méprendre à la déclamation lyrique d'un amoureux se pâmant devant sa belle. En été, ceux qui possédaient une belle voix montaient sur leur toit pour chanter tout leur saoul. Lorsqu'ils étaient plusieurs dans un quartier, un chœur d'arabesques et de modulations vocales flottait dans l'air nocturne, imprégnant l'atmosphère d'une harmonie mélancolique et empreinte de spiritualité.

Le noir du ciel virait bientôt au gorge-de-pigeon, les étoiles s'évanouissaient et le muezzin faisait entendre son appel. Nous nous dépêchions d'aller prononcer nos prières de l'aube avant que le soleil apparût à l'horizon, puis nous retournions au lit. Tout le monde dormait tard, même Nounou et Zahra, d'ordinaire si matinales. Quand j'étais petite, trop petite pour observer le jeûne, on me donnait à midi un repas préparé avec les restes de la nuit. D'ailleurs, même plus âgée, je n'ai jamais réussi à jeûner plus de quelques jours d'affilée, au milieu du mois – le ramadan étant difficilement compatible avec le programme scolaire, et je n'étais pas assez robuste pour supporter la privation.

A midi, Nounou se rendait parfois à la mosquée du quartier pour prier et écouter le sermon. Elle revenait détendue et souriante.

– Le mollah a bien parlé aujourd'hui, cela m'a réchauffé le cœur !

– Qu'a-t-il dit, Nounou ?

– Je n'en ai pas la moindre idée, mais c'était très bien !

– Comment le sais-tu, si tu n'as rien compris ?

– Je n'ai pas été à l'école comme vous ! Ne me posez donc pas vos questions savantes ! Tout ce que je peux dire, c'est qu'il a bien parlé et prononcé de sages paroles !

Il y avait aussi à la radio un prédicateur célèbre. Nous l'écoutions de temps à autre, mais lui non plus ne disait rien de particulier, il avait seulement de l'éloquence. Il se servait de sa voix mélodieuse comme d'un instrument de musique, parcourant toute la gamme des crescendo et des decrescendo pour soutenir sa rhétorique. J'avais pour ma part mis au point un numéro d'imitation et singeais ses intonations en racontant n'importe quoi, ce qui faisait rire nos amis aux éclats.

– Quelle bande de parasites obtus, ces charlatans de mollahs ! nous disions-nous tous. Mais ils sont complètement inoffensifs...

Si seulement cela avait pu être vrai !

Le moment le plus pénible de la journée arrivait deux heures avant le coucher du soleil. Mon père arpentait alors le jardin en murmurant des prières tandis que les derniers rayons quittaient le sommet des arbres et que les ombres s'allongeaient sur la pelouse. Ali mettait le couvert et apportait le samovar. Les bonnes odeurs de la cuisine de Nounou, soufflant par la fenêtre, nous faisaient tourner la tête. Enfant, je restais assise sur un tabouret à la regarder s'activer autour du feu, elle faisait griller des côtelettes, des aubergines, des courgettes, le visage ruisselant de sueur.

– Ce n'est pas la faim qui me tue, disait-elle, mais cette soif !

Elle m'inspirait de la pitié, et je me sentais coupable de pouvoir boire à ma guise. Mais les ouvriers du bâtiment et les cantonniers étaient encore plus à plaindre. On les voyait lutter contre la fatigue, la faim, la soif, pour terminer leur journée de travail.

« Ma langue est comme un bâton qui cogne contre mon palais », fit un jour remarquer Ali, commentaire qui exprimait bien les sensations de tous ceux qui trimaient l'été sous le soleil de midi, alors que le thermomètre montait jusqu'à trente-sept degrés à l'ombre. Ils continuaient cependant leur ouvrage, soutenus par une foi plus puissante que les exigences de leur corps. Cela leur procurait de grandes satisfactions, et donnait un sens à la vie. Que de telles réserves de sincérité et de confiance puissent être impitoyablement exploitées par des hommes ivres de pouvoir, des démagogues, voilà qui semble aujourd'hui une évidence.

Enfin, le cri du muezzin annonçait l'interruption du jeûne. Nous prenions place autour de la table. D'instinct, on eût tendu la main vers le verre d'eau glacée, mais comme c'était déconseillé pour la santé et que boire coupait l'appétit, il fallait se retenir encore, jusqu'à ce que nous eussions pris un peu de nourriture. Contrairement au repas de l'aube, ce « déjeuner » se déroulait dans la bonne humeur. Nous avions toujours des invités – cousins, tantes, oncles, amis. D'autres personnes se joignaient souvent à nous après le dîner, et nous passions de joyeuses soirées à avaler quantité de noix et de fruits, jusque tard dans la nuit.

Il y avait pour les chiites une dimension supplémentaire au mois de jeûne : l'anniversaire du martyre, le vingt et unième jour du mois, de l'imam Ali, gendre du Prophète et premier des douze imams de la secte chiite. On peut lire dans les livres d'histoire le récit de sa mort aux mains d'un terroriste, un de ses disciples traître à sa cause ; il suffit de dire que cette mort a engendré par la suite le premier schisme de l'Islam. Depuis lors, la majorité des musulmans dans le monde se réclament de la secte sunnite (orthodoxe), sauf en Perse où la majorité des croyants sont chiites et où le chiisme est religion nationale depuis le XVIe siècle.

L'imam Ali est le saint patron des soufis et des derviches. Certains adeptes du soufisme vont jusqu'à penser qu'il est un être divin ; tous les autres, même les mystiques sunnites, le considèrent comme le plus grand saint et homme d'État de l'histoire islamique. Il représente l'Homme parfait, dont le premier exemple n'est autre que le Prophète, incarnation de toutes les vertus – courage, justice, tolérance, sagesse.

Le martyre de l'imam Ali tombe le même jour que la nuit de l'Expiation – manifestement une variante de la fête de l'Expiation juive, le Yom Kippour –, au cours de laquelle le destin de chacun pour l'année qui vient est scellé par la Providence et inscrit par les anges dans son « grand livre ».

Pendant trois jours et trois nuits, dans les mosquées, on se lamente et on prie, on veille et on écoute les sermons. Nous n'assistions jamais aux séances nocturnes, préférant comme toujours éviter de nous mêler à la foule et prier à la maison. Un jour, ma sœur et moi, ayant supplié qu'on nous laissât aller à la mosquée avec des amies et Nounou, obtînmes la permission de nous y rendre.

La mosquée du quartier était pleine à craquer. La foule débordait sur la chaussée. Des haut-parleurs retransmettaient le sermon du mollah qui avait pour thème la bonté et la grandeur du Premier Imam, lequel n'allait pas manquer d'intercéder en la faveur des dévots en cette nuit de l'Expiation. A la fin de son discours, il se mit à entonner un chant de lamentations à la mémoire du martyre de l'Imam, auquel la foule répondit par des cris, des suppliques, des invocations. Quand tout fut terminé, la congrégation se dispersa. C'est évidemment en y repensant qu'on s'aperçoit à quel point ce genre de manipulation des émotions populaires peut être dangereux. Si seulement on l'avait compris à temps ! Si seulement on avait pris les mesures nécessaires pour éviter la catastrophe qui allait anéantir le pays plusieurs dizaines d'années plus tard…

Après ces trois jours de deuil à la mémoire de l'imam, le ramadan touchait à sa fin. Il ne restait qu'une semaine avant la nouvelle lune.

Les derniers jours du ramadan étaient les plus durs. Après presque trente jours de jeûne, on était physiquement affaibli, les nerfs à vif, les réserves de volonté au bord de l'épuisement. En revanche, on se sentait euphorique et fier d'avoir réussi à se dominer et à maîtriser sa volonté.

Personne n'était vraiment sûr de la date de la fin du ramadan, car elle dépendait de l'apparition de la nouvelle lune et pouvait tomber un jour avant ou après la date annoncée par le calendrier. Jamais la « fiancée du ciel » n'était aussi minutieusement et amoureusement observée qu'au cours de ce mois où de croissant lumineux, elle se métamorphosait en disque doré, puis reprenait son aspect de pâle et mince fil au firmament. Le dernier soir, les gens grimpaient sur les toits au coucher du soleil pour voir la nouvelle lune avant qu'elle disparaisse. Ce n'était pas facile, car elle se levait tôt et s'évanouissait presque immédiatement dans la lumière laiteuse du couchant.

– Je la vois ! Je l'ai vue !

– Où ? Où çà ? Je ne la vois pas…
– Là-bas, vers la gauche, au-dessus des peupliers…
Et on criait de joie ; et on pointait vers l'orient. Alors, un coup de canon retentissait : on avait vu la nouvelle lune ! le ramadan était terminé !

Plus tard, à la maison, cela ne se passa plus exactement de cette manière. Mon frère aîné partit pour son premier poste diplomatique en Europe. Nous autres, les plus jeunes, avions perdu la foi et étions passionnés par les nouvelles idéologies. Nous jugions la religion obsolète, résidu d'un passé obscurantiste et superstitieux, vouée à disparaître totalement une fois que tout le peuple aurait reçu cette éducation qui pour l'instant était notre privilège. Ali nous avait quittés, Nounou aussi, et notre nouvel Ali n'était pas très pratiquant. Le ramadan appartenait déjà à un autre temps, que déjà nous considérions avec une pointe de nostalgie. Pourtant, du dix-neuvième au vingt-troisième jour du mois, ma mère continuait à égrener les cérémonies de commémoration pour le martyre de l'Imam. De nombreux amis venaient y participer et, une fois la séance de lamentations terminée, la réunion se terminait naturellement par une fête. Bien plus tard, je retournai en Perse avec mes fils, alors petits garçons. Ils furent stupéfaits par la cérémonie, le passage en deux heures à peine du deuil aux réjouissances ! A notre retour, je les entendis raconter ainsi la chose à leur père :
– Tu sais, les Perses sont des drôles de gens ! Ils se réunissent autour d'un mollah qui leur chante des chansons tristes qui les font pleurer, et ensuite ils s'amusent en mangeant des tas de gâteaux et de fruits !
Au bout du compte, tout le monde ou presque cessa de jeûner.
– Le monde change, déclara un jour ma mère, les gens ne croient plus en rien. Que va-t-il se passer lorsque plus personne ne priera et que Dieu oubliera les hommes ?
A quoi mon père répondit :
– Ne t'inquiète pas, la lueur de la foi brillera toujours au plus profond des ténèbres. Dieu n'abandonnera jamais complètement l'humanité.
Est-ce si sûr ?

La fin du ramadan est marquée par un jour férié – le plus populaire du calendrier islamique dans le monde entier. Mais, en Perse, c'était à l'époque un jour de congé comme un autre, sans cérémonie spéciale. Car les Persans ont gardé leurs antiques coutumes zoroastriennes, leurs fêtes et leurs célébrations saisonnières, les adaptant souvent au calendrier islamique, qu'ils respectent encore plus fidèlement. La plus grande fête est le Nouvel An, Norouz qui tombe le 21 mars, à l'équinoxe de printemps. Une fête qui remonte aux temps de Zarathoustra et correspond aux Pâques chrétienne et juive. Mais c'est une autre histoire.

NOROUZ – LE NOUVEL AN

Les origines de la fête du Norouz se perdent dans la nuit des temps. Nous savons seulement que les Perses de l'Antiquité célébraient la fin de l'hiver et l'arrivée d'une nouvelle saison marquée par la fertilité et l'abondance. Ils l'appelaient Norouz, qui signifie « jour nouveau » et en firent le début de leur calendrier solaire. Lorsque les Arabes conquirent la Perse au VIIe siècle, les Perses se convertirent progressivement à l'islam. S'ils conservèrent Norouz et ses rites, ils n'entrèrent pas moins dans une nouvelle ère à partir de la date de l'an I de l'ère musulmane, l'hégire de Mahomet, en 622, pendant que tous les autres territoires conquis adoptaient le calendrier lunaire arabe. C'est ainsi que la fête de Norouz a traversé les siècles, inchangée, même si les significations symboliques exactes des différentes coutumes qui y sont attachées échappent aujourd'hui au Persan moyen.

Chez nous, Norouz se préparait des semaines à l'avance. Il arrivait que l'hiver retardât quelque peu les choses, des tempêtes de neige pouvant se produire jusqu'au début du mois de mars. Mais en général, à l'approche de Norouz, il flottait dans l'air comme une odeur de printemps. La qualité de la lumière changeait imperceptiblement, des bourgeons apparaissaient sur les branches dénudées, et après de brusques et abondantes averses, le paysage reluisait sous un doux soleil. Ensuite c'étaient les hirondelles qui revenaient du sud nicher sous nos toits – elles avaient un nid au-dessus de ma fenêtre, et dès que j'entendais remuer là-haut, je savais que les oiseaux retapaient leur foyer avec des brindilles et des plumes, et que l'hiver était terminé pour de bon.

Ma mère soumettait alors la maison à un grand nettoyage de printemps, les korsi démontés étaient rangés, les fourneaux à la paraffine nettoyés et préparés au cas où le temps se refroidirait brusquement. On avait toujours des problèmes d'argent, étant donné la taille de notre maisonnée et nos obligations sociales : ma mère accomplissait des prouesses pour satisfaire les besoins et les espérances de chacun tout en sauvant l'aberou. Il y avait les vêtements neufs qu'il fallait acheter pour chacun, les étrennes des domestiques, les « pourboires » à distribuer aux serviteurs des maisons où l'on était invité, l'argent de poche des enfants… Je ne sais comment elle se débrouillait, mais elle avait l'air plus riche et certainement plus généreuse que bien des châtelaines, quoique plus soucieuse et plus nerveuse. *L'honneur est sauf!* * disait-elle toujours, et peu lui importait le reste.

Mes frères se faisaient confectionner costumes, chemises et chaussures par le tailleur et le bottier de l'oncle Alem. Ma mère nous emmenait, ma sœur et moi, faire les courses de Norouz à Lalehzar – les gens occidentalisés n'achetaient plus leurs étoffes au bazar mais dans les nouvelles boutiques de luxe du centre qui vendaient de la soie importée de France et des lainages d'Angleterre. Elle passait un temps fou à contempler et à comparer, à discuter avec les vendeurs, avant de choisir les tissus de nos nouvelles robes et manteaux de *demi-saison* *. Quelques années plus tard, nous choisirions toutes seules car, ayant atteint l'adolescence, nous nous mîmes à avoir des idées bien arrêtées, et elle se contentait désormais de régler nos achats. Ces achats faits, nous nous rendions chez Emily, la couturière. Celle-ci habitait non loin de Lalehzar. Nous passions des heures à boire le thé et à bavarder avec ses autres clientes, souvent des amies de ma mère, tout en feuilletant les derniers numéros des magazines de mode parisiens. Sur certaines pages figuraient des mères de famille accompagnées de leurs enfants, tous vêtus de la même étoffe dans des coupes appropriées à chacun. Les enfants nous ressemblaient si peu : ils étaient en général blonds, avec de petits nez *retroussés* *, des cheveux bouclés et des yeux bleus, tandis que nous avions le teint mat, le cheveu raide et les yeux noirs… Leur air exotique nous fascinait, nous leur trouvions une élégance, un charme et une assurance indéfinissables. Je me souviens en particulier d'un mannequin, flanqué d'une fillette et d'un petit garçon ; je trouvai le garçon adorable, avec ses cheveux ondulés, son bout de nez, son sourire lumineux et moqueur.

– Tu ne voudrais pas avoir des enfants comme ça plus tard ? demandai-je à ma sœur.

– Les nôtres seront différents, plus bruns, mais tout aussi mignons, répondit-elle en réaliste.

Je n'avais pas idée alors qu'un jour je donnerai naissance à des petits garçons semblables à celui du magazine – que c'était « écrit sur mon front » !

Ma mère, qui ne faisait jamais la cuisine, préparait elle-même les pâtisseries, les confiseries, les amandes au sucre, les massepains, et autres délices réservées à Norouz. C'était tout un art trop délicat et trop complexe pour être confié à personne d'autre qu'à une pâtissière émérite, ce que ma mère était devenue. Comme il n'y avait en ce temps-là ni gaz ni électricité, elle devait se contenter d'un fourneau à charbon pour le moins primitif. Ce four était sujet à des sautes d'humeur, et avait tendance à monter sans raison apparente jusqu'à des températures infernales. Pourtant, elle finissait toujours par avoir raison de lui, et brûlait rarement ses œuvres. Des centaines de visiteurs déferlant à la maison pendant les fêtes du Nouvel An qui se prolongeaient treize jours, il fallait prévoir des monceaux de friandises pour que chacun en eût sa part. Ma mère passait des semaines à confectionner en abondance toutes sortes de variétés qu'elle enfermait au fur et à mesure dans des bocaux et rangeait au frais dans le garde-manger.

Elle confectionnait sa pâte avec différentes farines – blé, riz, pois chiche –, du beurre et du sucre, puis elle l'étalait en couche mince et, au moyen de minuscules moules métalliques, la découpait en cœurs, ronds, croissants, étoiles, trèfle… C'était la partie qui nous amusait le plus car nous avions le droit d'y mettre la main. Assis autour de son korsi le soir, nous pressions les moules renversés sur la pâte, puis arrangions les galettes obtenues sur de grands plateaux allant au four, pendant que tante Ashraf nous racontait des histoires et des anecdotes sur les Norouz d'autrefois dans l'andaroun de son père, chez ses beaux-parents, ou en pèlerinage.

Deux semaines environ avant Norouz, notre mère commençait à préparer les *haft-sin* – un ensemble de sept comestibles dont les noms commencent en persan par la lettre *s*, comme l'herbe, la pomme, certaines épices et baies, chaque chose symbolisant la fertilité dans différents domaines de la vie. D'abord elle plantait le *sabzi*, immergeant l'équivalent d'une tasse de graines de blé ou de lentilles vertes dans de l'eau pendant trois jours. Quand celles-ci avaient germé, elle les sortait pour les répandre sur une assiette qu'elle recouvrait d'un torchon humide. En l'espace de quelques jours, les germes grossissaient et verdissaient. Elle les vaporisait quotidiennement, de sorte que la veille du Nouvel An, elles étaient longues de plusieurs centimètres – symbole de renouveau.

Les haft-sin variaient en taille. Il y en avait qui tenaient sur un plateau, d'autres avaient besoin pour se déployer d'une table entière, selon l'ampleur et les goûts de la famille. Le nôtre était une fête pour les yeux, avec des œufs peints, un poisson rouge dans un bocal (la fertilité marine), une orange avec sa branche et ses feuilles dans un bol d'eau (métaphoriquement la terre tournant dans l'atmosphère), des bougies, un miroir, des plateaux de friandises et de fruits confits.

L'excitation montait à l'approche du Nouvel An. Le dernier mercredi avant Norouz, se tenait la fête du feu, coutume datant des temps zoroastriens. Les paysans apportaient en ville des charrettes débordant d'aubépine qu'ils vendaient aux passants. Tout le monde en achetait pour le mercredi du Feu. Ce jour-là, juste avant le crépuscule, les rues s'illuminaient de feux d'aubépine au-dessus desquels les enfants sautaient en criant « Feu ! Feu ! Donne-moi tes joues rouges et chasse ma pâleur ! » Du ciel, la ville devait paraître parsemée d'étoiles scintillantes. Les branches sèches brûlaient vite avec de grandes flammes, et le feu s'éteignait sans laisser de débris. Quant à nous, nous ne sortions pas dans la rue, mais Ali nous apportait de l'aubépine pour allumer une flambée sur les allées dallées du jardin, et nous sautions par-dessus le feu avec nos amis.

Tandis que le feu s'éteignait, vous pouviez faire un vœu et aller vous poster au coin d'une rue sombre pour écouter ce que les passants disaient et interpréter leurs paroles comme des oracles. Des jeunes filles comme Ozzie et Zahra, avides de savoir si leur mariage était inscrit dans les étoiles, passaient leur début de soirée, le mercredi du Feu, à écouter aux portes. C'était un moment joyeux car, dans l'atmosphère de bonne volonté et de liesse générale, on avait tendance à interpréter tout et n'importe quoi en sa faveur.

La veille du Nouvel An, Nounou nous préparait toujours le dîner traditionnel composé de riz et d'herbes printanières, en général servis en accompagnement d'un poisson et d'une omelette aux fines herbes. La rue exhalait des arômes d'ail sauvage, de safran, de poisson grillé, de pain chaud. A cette époque de l'année, les fines herbes, le riz et le poisson n'étaient pas bon marché, les marchands augmentant leur prix devant la demande. Les plus démunis devaient s'en priver, mais on ne manquait jamais d'envoyer des plats aux nécessiteux trop fiers pour étaler leur pauvreté. Il y avait ainsi dans notre quartier deux familles auxquelles ma mère envoyait de la nourriture et des sucreries à Norouz. Leur sort devait s'améliorer par la suite avec le boom économique, et leurs enfants finirent par « réussir ». L'un des fils devint vendeur de voitures, et millionnaire. Mais, en ce temps-là, toute aide discrète était à leurs yeux bienvenue.

Contrairement à la nouvelle année chrétienne fixée à minuit, Norouz varie selon l'instant où le soleil atteint l'équinoxe. Le premier jour de l'année pouvait ainsi démarrer avant ou après midi. A moins que la nouvelle année n'arrivât pendant la nuit, au cours de notre sommeil, nous attendions impatiemment assis autour du haft-sin. On disait que lorsque la Terre tourne et entre dans la nouvelle année, l'orange dans son bol d'eau bascule en même temps que la planète. Avec notre candeur d'enfants, nous avions les yeux fixés sur l'orange. Si jamais le fruit, pour une raison ou pour une autre, bougeait un tant soit peu, nous éclations en applaudissements et acclamations. A un moment donné, le canon faisait entendre sa voix sur la place de l'Armée, au centre-ville, et la radio nous transmettait des vœux de bon Norouz. Après force effusions et embrassades, on mangeait les sucreries « pour adoucir le nouvel an » et mon père distribuait les cadeaux.

« Qui va sortir et entrer le premier ? » s'enquérait ma mère, car la première personne à franchir le seuil de la maison y apportait soit le bonheur soit le malheur. Ma sœur était en général chargée d'accomplir ce petit rituel – « son pied portait chance ». Parfois, c'était Nounou dont la pieuse bonté était également un gage de bonheur.

A peine nous étions-nous levés de table, que le flot des visiteurs commençait. Suivant un ordre de préséance très strict, on rendait d'abord visite aux proches, puis aux amis – l'âge, la position sociale, l'autorité, rentrant chacun en ligne de compte. Les frères et sœurs de ma mère arrivaient avant tout le monde – elle était leur sœur aînée et mon père le chef de la famille –, suivis des proches de mon père, beaucoup plus nombreux. Les jours suivants, la porte restait grande ouverte, le samovar ronronnait depuis l'aube jusqu'à minuit et des extra venaient en renfort servir les convives éparpillés dans la maison. Ma mère recevait sa famille et ses amies dans le grand salon, tandis que mon père, lui, accueillait les hommes – proches parents, étudiants, collègues universitaires et amis – dans son bureau. Ce qui ne l'empêchait pas de se déplacer fréquemment pour saluer les invitées de ma mère.

L'étiquette était soumise à des règles si sévères que tout le monde s'y astreignait en dépit du bon sens. Par exemple, il fallait quoi qu'il arrive rendre visite le premier jour à ma grand-mère et aux deux frères aînés de mon père, prérogative de l'âge, et cela malgré le flot incessant de visiteurs à la maison : l'art de jongler avec les minutes donnait lieu à bien des énervements inutiles. Mais « cela s'était toujours passé ainsi et se passerait toujours ainsi ».

Au bout de quelques jours, ma mère se mettait à « rendre les visites » en compagnie de ma sœur et de moi-même : une douzaine de visites en l'espace d'une demi-journée, à raison de quelques minutes par maison, à peine de quoi échanger des baisers et quelques mots affectueux. Avec un minuscule bonbon et un dé à coudre de thé à chaque arrêt, nous étions repues en rentrant chez nous. Si, enfants, nous étions aux anges, cela devint un enfer lorsque, adolescentes, nous nous efforcions de suivre un régime et devions résister de toutes nos forces à la tentation.

Plus tard, les obligations attachées à Norouz devinrent si contraignantes, entre les visites réciproques qui n'en finissaient pas, les multiples pourboires, les dépôts de cartes de visite et le fait qu'il fallait toujours veiller à ne vexer personne, que ceux qui en avaient les moyens filaient à cette époque en Europe ou dans leur maison de campagne au bord de la Caspienne. Mais quand nous étions enfants, nous adorions toute cette mise en scène – les vêtements neufs, les visiteurs, les cousins éloignés que nous n'avions jamais l'occasion de voir autrement, les plats délicieux, les bonbons.

La fête de Norouz durait en tout treize jours, pendant lesquels écoles et bureaux étaient fermés, toute l'activité étant paralysée dans l'ensemble du pays. On en profitait pour renouer avec de vieux amis, témoigner son amitié à ses voisins, échanger cadeaux et pardons.

Le treizième jour après Norouz, tous ceux qui en avaient la possibilité quittaient la ville pour faire un grand pique-nique à la campagne au cours duquel on jetait son assiette de sabzi, et avec elle les soucis de l'an passé. Comme toujours, toute la tribu participait à cette sortie – grands-parents, parents, enfants, domestiques… Chacun emportait des paniers de nourriture et de boissons, des samovars, des tapis à étendre sur le sol. Les gens simples utilisaient les transports en commun, et s'entassaient dans des autobus si bondés qu'ils roulaient avec des grappes d'hommes accrochées à l'extérieur. La rue était en folie depuis l'aube jusqu'à la fin de l'exode, qui durait à peu près jusqu'à midi, puis de nouveau au coucher du soleil, au moment des retours. Un train monorail reliait la capitale à Ray, à une vingtaine de kilomètres au sud. C'était le premier train de Perse, construit au début du siècle, à l'origine un prototype du réseau qui devait s'étendre un jour ou l'autre sur tout le pays et qui avait été surnommé « la machine à fumée ». Au treizième jour de Norouz, il multipliait sa capacité par dix : les gens s'agrippaient aux portes, se couchaient sur le toit, tandis que la locomotive soufflait péniblement comme un dragon épuisé en route vers les enfers. Les gens simples l'aimaient bien, parce qu'il était bon marché, et ils s'installaient pour pique-niquer dans les champs autour du sanctuaire d'Abdul Azim. Les plus nantis cependant poussaient au nord, jusqu'à Shemiran et dans les villages de montagne. Ceux qui possédaient des maisons de campagne louaient des voitures pour emmener la famille et les amis.

Notre famille participait rarement à ce genre d'expédition – on fuyait par principe la foule, c'était même une de nos principales règles de conduite. Une ou deux fois, en dépit du refus et des protestations de ma mère, des amis vinrent nous chercher en voiture pour nous emmener avec eux. Nous autres les enfants, nous mourions évidemment d'envie d'y aller, mais elle n'était pas d'accord. Quant à mon père, il était ravi à l'idée de rester seul à travailler dans son bureau.

Dès la sortie de la ville, chaque bout de champ était occupé par une famille qui pique-niquait, chaque vallée verdoyante résonnait de la musique d'orchestres improvisés, de radios, de gramophones. De minces panaches de fumée s'échappaient des samovars et des petits braseros à charbon pour s'évanouir dans la brise : une odeur de grillades et de ragoûts embaumait l'air.

A l'époque où nous étions adolescentes, nous partions avec toute une bande d'amis dans un autocar de location pour séjourner dans une maison à la montagne qui appartenait à un frère et une sœur, héritiers d'un riche propriétaire terrien. La sœur en question, une jeune fille de dix-huit ans plutôt ronde, était très mondaine et passait sa vie à donner bals, dîners et déjeuners. C'étaient les deux dernières années de ma vie en Perse et bien que je fusse la plus jeune, mes frères et ma sœur m'emmenaient pour que je ne me sente pas abandonnée. Et, bien sûr, comme je savais chanter, j'étais prête à divertir l'assemblée dès que l'on m'en priait.

On emportait de la nourriture en abondance, préparée par Nounou et emballée par Ali. Le personnel à notre arrivée déballait les paniers et préparait le déjeuner pendant que nous nous promenions dans les vergers et les champs. Au début d'avril, notre printemps si bref battait son plein : les vergers déroulaient jusqu'à l'horizon leur luxuriant tapis rose et blanc, les montagnes encore chapeautées de neige étaient tapissées de fleurs sauvages – tulipes, crocus, iris, narcisses – qui remplissaient l'air limpide de leurs parfums capiteux. Nous dévalions les sentiers, nous dispersant çà et là dans les jardins et les vergers, passant une porte en bois qui s'ouvrait sur les bois, disparaissant par petits groupes de deux ou trois. Des paysans occupés à ramasser des champignons et des herbes sauvages nous regardaient en souriant et nous offraient ce qu'ils avaient dans les mains. Le sous-bois emperlé de rosée luisait dans la clarté bleutée des myosotis, des violettes et des secrètes touffes d'asphodèles. Spectacle si idyllique, si favorable à la rêverie romanesque, que l'on sentait la sève monter en nous aussi sûrement que dans la végétation alentour. Les ailes de Cupidon frôlaient les joues des filles comme celles des garçons, même si tout le monde faisait semblant de ne pas le remarquer : nous étions efficacement chaperonnés ! Pourtant l'amour naissait en dépit – ou peut-être à cause – des interdits, et menait inéluctablement au mariage : une fille « honnête » ne « se donnait » jamais avant ! Après mon départ en Europe, c'est ma sœur qui se chargeait de me mettre au courant des différentes unions, jusqu'au jour où elle m'annonça ses propres fiançailles avec un de ses admirateurs, un juriste tout juste rentré au ministère des Affaires étrangères.

A la fin de la journée, on jetait son sabzi aussi loin que possible, puis on rentrait chez soi. Pendant des semaines après Norouz, s'il vous arrivait d'aller à la campagne, vous pouviez voir éparpillées dans les champs des brassées de sabzi en décomposition ; par la suite, le blé en herbe les recouvrait.

Après le pique-nique du treizième jour, Norouz était terminé. Nous retournions à l'école avec nos nouvelles chaussures et nos nouveaux manteaux ; chacune racontait aux autres ses vacances.

Tous les ans au printemps, je repense à cette grande fête du Nouvel An : la table chargée de haft-sin multicolores, de cornes d'abondance pleines de fruits et de bonbons, de plats en porcelaine et en cristal débordant des œuvres délicieuses de ma mère – baklavas, mûres confites, amandes au sucre. Je repense aussi à l'ambiance chaude et affectueuse, et mon cœur saigne au souvenir des morts, des exilés, des victimes de la révolution et de la guerre, et par-dessus tout au souvenir de la Perse elle-même, humiliée, déchirée en mille morceaux. Mon chagrin, cependant, ne dure qu'un moment : une nation qui a su inventer et préparer des mets aussi délicats, aussi sophistiqués et beaux à regarder que ces minuscules confiseries en forme de cœurs, de croissants, d'étoiles, de fleurs, renaîtra un jour de ses cendres. Lorsque le jour viendra où le fondamentalisme ne sera plus qu'un cauchemar, où Khomeiny et ses suppôts, ayant sombré dans l'oubli, ne figureront plus que dans une triste note en bas de page dans les livres d'Histoire, la Perse continuera à célébrer le printemps avec ses rites anciens surgis d'un temps immémorial, qui n'appartiennent qu'à elle et que nul ne pourra jamais lui voler.

LE CABINET DU DOCTEUR HIPPOCRATE

La mort du Dr Amran nous avait laissés sans médecin de famille. Mon père comptait parmi ses relations et ses collègues plusieurs éminents praticiens auxquels nous faisions appel lorsqu'il le fallait, en particulier trois frères d'un certain âge, qui avaient été parmi les premiers à faire leurs études en France, à la Sorbonne, au tournant du siècle. A leur retour en Perse, ils avaient été nommés médecins de la Cour, et mariés avec des jeunes filles de l'aristocratie. Ils avaient soigné les deux derniers shahs qadjars, lesquels les avaient remerciés en leur donnant des terres et des titres ronflants en rapport avec leur vocation : l'un d'eux s'appelait « l'Hippocrate des Temps modernes », le second « le Guérisseur du Royaume » et le troisième « le Médecin des Rois ». Ils avaient la réputation de guérir en combinant les récentes découvertes de la médecine occidentale et nos remèdes traditionnels à base d'herbes médicinales. Une ou deux fois, ma mère m'emmena voir le Dr Hippocrate des Temps modernes, mais la plupart du temps, nous faisions ce que les gens avaient toujours fait depuis des siècles, et comme cela se faisait encore à la campagne, nous avions recours à la médecine naturelle de nos ancêtres.

Basée sur la diététique et l'emploi de substances naturelles renforçant l'immunité, la médecine traditionnelle était très efficace la plupart du temps. Comme dans l'Europe médiévale, chaque village avait son apothicaire, dont la boutique regorgeait de sacs, pots et bocaux de feuilles, baies, racines, poudres et onguents de toutes sortes dont il connaissait l'usage. Ce savoir, transmis oralement, de père en fils, de génération en génération, reposait sur l'idée que toute substance est soit « chaude » soit « froide », un peu comme le Yin et le Yang des Chinois, ou les vitamines C et B d'aujourd'hui. Chacun apprenait en grandissant, et savait ensuite équilibrer son alimentation en fonction de ces deux composantes. Les agrumes, le yoghourt, certaines herbes, certains légumes étaient « froids », tandis que le chocolat, les fritures et les noix étaient « chauds », et ainsi de suite.

Au premier symptôme de rhume, ma mère nous faisait presser des oranges et des citrons, sucrés, « pour empêcher la température de monter et de provoquer des convulsions » ; elle nous donnait aussi des herbes médicinales qu'elle préparait elle-même, et nous servait du bouillon de poulet à tous les repas, « pour nous rendre plus forts ».

A part les herbes, fleurs et baies qui constituaient son fond de commerce, l'apothicaire du quartier vendait des remèdes très *recherchés* * à prescrire pour certaines maladies, par exemple « la crotte d'ânesse » pour la laryngite et l'encombrement des bronches. Pourquoi d'ânesse et pas d'âne, et comment reconnaissait-on l'une de l'autre ? Je ne l'ai jamais su. Mais on achetait ces boulettes desséchées, que l'on faisait bouillir puis infuser comme du thé. Quelques gorgées de ce breuvage noir et écœurant arrivaient à bout des toux et des congestions les plus tenaces – c'est en tout cas ce qu'on nous disait. Mais c'était tellement répugnant que l'on s'en servait seulement en dernier recours, préférant souvent rester enrhumé tout l'hiver que d'avoir à boire de la crotte d'ânesse.

Un jour, ma mère eut une laryngite et perdit complètement sa voix. On essaya des sirops, des cachets, même des antibiotiques : elle restait muette.

– Vous savez ce qu'il vous reste à faire, murmura doucement tante Ashraf. Vous préférez ne pas y penser, mais il faut vous résigner maintenant, seule la crotte d'ânesse vous guérira.

Après bien des protestations, ma mère accepta de subir le traitement. Tante Ashraf lui prépara elle-même son « thé ».

– Fermez les yeux, bouchez-vous le nez et avalez d'un seul trait.

Ma mère obéit. Je ne sais si sa maladie était arrivée à son terme naturel ou si le choc infligé à son système l'en délogea, mais le lendemain matin, elle avait retrouvé sa voix et sa laryngite guérit en quelques jours.

Dans une biographie récente de la reine Victoria, j'ai lu que le prince Albert est mort des suites d'un rhume, à ce que du moins l'on raconte. Ses médecins lui avaient prescrit quelques gorgées quotidiennes de cognac, promettant à la Reine qu'il serait bientôt guéri, alors que son état s'aggravait au fil des heures. En Perse, l'alcool est considéré comme la substance la plus « chaude » que l'on puisse trouver – un paysan persan vous dirait même qu'il prend feu si l'on en approche une allumette ! Il n'y a donc pas de pire prescription en cas de rhume ou de grippe, lesquels doivent être traités par des substances « froides » comme les agrumes ou le yoghourt. En fait, les médecins du prince Albert donnaient à leur malade une dose quotidienne de poison. S'ils avaient consulté un vieil apothicaire persan, il eût sans doute eu la vie sauve et le cours de l'histoire en eût été changé ! Le brandy du prince Albert est l'équivalent moderne du « nez de Cléopâtre » dont Pascal disait que, s'il avait été plus court, il eût changé la face du monde.

En plus des remèdes traditionnels, on attaquait la maladie par des prières, des vœux, des actions de charité, des ex-voto, et des exorcismes. La forme la plus commune d'exorcisme consistait à « casser le mauvais œil ». Si, par exemple, vous faisiez l'éloge des rondeurs d'un bébé ou de la beauté d'un jeune homme, il fallait ajouter : « Que Dieu en soit loué », sinon vous risquiez de lui jeter le mauvais œil. Il arrivait que celui-ci vous soit jeté délibérément, par méchanceté ou jalousie. Mais quelle qu'en fût la raison, il fallait coûte que coûte s'en débarrasser. Comme on ne pouvait s'attaquer directement à l'œil lui-même, on se contentait de casser un œuf, suivant un certain rituel.

Un jour, le dos de ma sœur se couvrit d'un eczéma qui se mit à suppurer, à la démanger, bref à lui faire souffrir le martyre. Aucun remède n'agissait, et on avait tout essayé, les médicaments des médecins comme les onguents traditionnels. Alors on s'avisa qu'elle était peut-être victime du mauvais œil. Après tout, n'était-elle pas une jeune et jolie fille d'âge nubile ? En désespoir de cause, ma mère fit appel à une « casseuse d'œufs », une veuve d'âge mûr, corpulente et transpirante, qui vivait non loin de la porte du Sud et parlait avec une respiration sifflante. Elle s'assit par terre en tailleur au chevet de ma sœur. Nous nous approchâmes tous pour assister à l'exorcisme. On alla lui chercher une petite bassine, un œuf, deux pièces de monnaie et un morceau de charbon. D'une main, elle tint l'œuf entre les deux pièces, tout en dessinant de l'autre avec le charbon deux minuscules cercles sur la coquille pendant que ma mère citait les noms de tous ceux qui étaient entrés en contact avec la malade et pouvaient lui avoir jeté le mauvais œil. Tout en traçant ses petits cercles sur l'œuf, elle le pressait doucement entre les pièces, tant et si bien qu'il finit par se casser et tomba dans la bassine. La personne dont le nom avait causé le bris était la coupable. En l'occurrence, il s'agissait de Nounou, ce qui signifiait qu'il n'y avait pas eu intention de nuire, mais simple élan d'admiration affectueuse. Le sort était rompu et la malade allait bientôt guérir – la « casseuse d'œufs » n'avait là-dessus aucun doute. Elle avait peu de chance de se tromper car, simultanément, les remèdes classiques commençaient à faire leur effet.

A cette époque, nous n'avions que mépris pour ces vieilles superstitions. Mon père les tolérait sans rien dire, du moment qu'elles étaient inoffensives et pouvaient avoir des effets psychologiques positifs. Lui-même avait étudié la médecine traditionnelle et faisait autorité sur le traité d'Avicenne, *Le Livre de la Guérison*. Il se méfiait des médecins et les évitait autant que possible, pensant que la modération et un régime équilibré associé à un peu d'exercice constituaient la meilleure médecine préventive. Il mangeait peu, marchait beaucoup et ne tombait jamais malade. Il recommandait souvent des remèdes inconnus qui se révélaient efficaces. Un jour, ce fut au tour de mon frère Nasser de développer une maladie de peau semblable à de l'eczéma, qui rendait la peau de ses mains squameuses et rouges, comme les écailles d'un poisson séché. Il avait consulté plusieurs spécialistes à Paris, mais rien ne semblait vouloir le guérir. Comme il était artiste peintre, nous pensâmes qu'il s'agissait d'une allergie aux produits, mais les tests ne montrèrent rien de la sorte. Il prit donc son mal en patience sans se plaindre. A l'occasion d'un voyage en Perse, il montra ses mains à mon père qui lui prescrivit un onguent à base de henné et de sa propre urine. Ce n'était pas un traitement très agréable, mais il s'en enduisit les mains la nuit en les protégeant avec des gants. Une semaine plus tard, les écailles avaient disparu et ses mains avaient repris leur aspect normal. Mon frère ne souffrit plus jamais de ce mal.

Une autre fois, nous étions à la campagne pour l'été, à des kilomètres du premier médecin. Une de nos invitées eut une brusque rage de dents, laquelle empira d'heure en heure jusqu'à devenir intolérable. Mon père jeta un coup d'œil et prescrivit une infusion de safran à boire lentement. La douleur disparut en l'espace de quelques minutes.

– Pourquoi du safran ?

Il nous répondit :

– Il n'y a aucun signe de carie, ni abcès, ni lésion, de sorte que ce doit être les nerfs, peut-être le signe d'un souci ou d'une angoisse. Le safran est, entre autres choses, un tranquillisant.

Ces anecdotes sont très anciennes, car, à mesure que s'est répandue la médecine moderne, les apothicaires ont progressivement disparu, du moins dans les villes, remplacés par des pharmaciens. Certains marchands de légumes continuèrent à vendre quelques-unes des herbes et des baies médicinales les plus populaires, mais seuls les gens âgés savaient s'en servir. La nouvelle génération ne croyait plus en la division entre « chaud » et « froid », pas plus qu'elle ne croyait aux vertus de l'abstinence.

« Pourquoi supporterions-nous d'être malades et de nous priver de bonnes choses pendant des semaines alors qu'avec des antibiotiques on est guéri en quelques jours ? » se disaient-ils. Par une ironie du sort, tandis que les Persans occidentalisés jetaient aux orties des centaines d'années de connaissance en partant du principe que tout ce qui était occidental était bon et tout ce qui était oriental dépassé, les Occidentaux redécouvraient les thérapies traditionnelles – médecines parallèles, traitements par les plantes, homéopathie… Dans la Chine marxiste-léniniste (allez trouver plus occidentalisé !), on remettait l'acupuncture au goût du jour. Au Japon, qui détient le record mondial de la longévité, les deux types de médecine coexistent. Malheureusement, une fois qu'une tradition se perd, c'en est fini pour toujours, surtout si elle s'est transmise oralement et n'a jamais été transcrite.

Quand le mal devenait trop sérieux, on appelait le Dr Hippocrate des Temps modernes ou son frère, le Guérisseur du Royaume, ou bien quelque autre ponte. Le Dr Hippocrate était célèbre pour la sûreté de son diagnostic et on disait de lui qu'il lui suffisait de poser le regard sur un patient pour savoir exactement ce dont il souffrait, et ce qu'il fallait faire pour le guérir. Comme, en ce temps-là, les gens mouraient souvent, par suite d'erreurs de diagnostic et de soins mal appropriés, de maladies qui pouvaient en fait parfaitement être soignées, l'art de ce grand savant était fort apprécié. On ne l'avait, par exemple, jamais vu prendre une crise de malaria pour une typhoïde, deux maladies dont les symptômes presque identiques nécessitent un traitement radicalement différent. Hélas, le Dr Hippocrate était souvent appelé trop tard, alors qu'un autre médecin avait déjà presque tué son malade.

Le Dr Hippocrate était un petit homme vêtu d'un costume gris qui paraissait trois fois trop grand pour lui. Les quelques cheveux blancs qui lui restaient, réfractaires au peigne – s'il lui arrivait jamais de se peigner –, lui donnaient un air hirsute. Il portait des lunettes cerclées de fer qu'il empêchait de glisser sur son nez en fronçant constamment celui-ci, ce qui lui donnait en outre une expression revêche. Comme de surcroît il avait mauvais caractère et ne supportait pas les imbéciles, il s'était taillé une solide réputation de personnage antipathique. Mais sous ses airs bougons, il était en fait la gentillesse et la générosité mêmes ; un homme de vocation qui soignait les pauvres gratuitement, allant jusqu'à leur donner de l'argent pour acheter les médicaments qu'il leur prescrivait. Son degré de compétence était d'autant plus remarquable qu'il avait une faiblesse pour l'arak et était perpétuellement en état d'ébriété. Son haleine empestait l'ail, qu'il consommait avec ses petits verres, et il avait tendance à parler en criant. Un stéthoscope était suspendu à son cou, mais il s'en servait rarement, se fiant davantage à ses doigts pleins de délicatesse et de taches de nicotine. Comme par une sorte d'osmose, au fil des années, son valet en était arrivé à lui ressembler comme un frère : il rudoyait quelque peu les patients, mais protégeait les nécessiteux, qu'il faisait souvent passer avant les autres.

Un beau matin, je me pinçai le doigt dans une porte, me blessant assez gravement. Une douleur fulgurante me transperça des pieds à la tête. J'étais encore toute petite, et je me tordis de douleur pendant ce qui me sembla une éternité, pour, bientôt, ne plus ressentir qu'un élancement sourd accompagné de frissons. Ma mère, craignant une infection, la gangrène, et enfin l'amputation, m'emmena consulter le Dr Hippocrate, à son cabinet de l'avenue de l'Électricité. Le bon docteur habitait une vieille bâtisse coincée entre deux immeubles, un andaroun et un biroun séparés par un jardin. Sa salle d'attente et son cabinet de consultation donnaient sur le jardin et, comme c'était l'été, les fenêtres étaient grandes ouvertes. On apercevait les arbres tutélaires s'élançant dans le grand ciel pur, les pelouses et les parterres de fleurs pleins d'oiseaux et de papillons.

Il y avait beaucoup de monde dans la salle d'attente. Ma mère s'assit sur la seule chaise vide, à côté d'une femme avec un enfant malade, et me prit sur ses genoux. La femme portait une robe légère, sans manche, et n'avait pas de bas ; son visage était pâle et tiré, son chignon brun tout décoiffé. Elle fixait la porte du cabinet d'un air angoissé et suppliant. D'une main, elle soutenait la tête de l'enfant qui reposait sur ses genoux, de l'autre elle l'éventait doucement. Difficile d'évaluer l'âge de l'enfant – un an, deux ans – tant ses membres étaient grêles, son visage ravagé. Il levait sur sa mère de grands yeux noirs implorants, secouant de temps en temps ses jambes maigres et ouvrant à demi sa bouche comme pour articuler une plainte, mais ne laissait échapper que de faibles gémissements.

– Cela fait une semaine qu'il a la diarrhée, mais depuis hier, c'est encore pire. Il ne garde plus rien, même l'eau… expliqua la femme à ma mère.

En ce temps-là, les troubles gastro-intestinaux étaient une des principales causes de mortalité infantile. On prescrivait alors du riz avec du yoghourt : le riz pour contracter les muscles, et le yoghourt pour tuer les microbes. Mais cette femme, d'après son accent et ses vêtements, était arménienne – les musulmanes n'allaient jamais aussi découvertes en public –, et elle l'ignorait peut-être.

Ma mère s'était fait nommer auprès du médecin et, peu après, le Dr Hippocrate sortit en personne pour nous recevoir. Mais ma mère fit un signe en direction de la femme à l'enfant malade, priant le bon docteur de la voir avant nous.

Le Dr Hippocrate n'avait pas plus tôt posé les yeux sur l'enfant qu'il se mit à hurler :

– Et c'est maintenant que vous me l'amenez ! Maintenant qu'il est trop tard ! Ce qu'il vous faut, c'est l'archange Izraïl, pas un médecin !

Au nom de l'archange de la mort, la femme émit un bref sanglot, semblable à une explosion étouffée, et un flot de larmes ruissela sur ses joues. L'attitude du Dr Hippocrate s'adoucit aussitôt. Il retourna dans son cabinet pour en ressortir une minute plus tard avec une ordonnance qu'il tendit à son valet, lui enjoignant d'aller « comme le vent ». Entre-temps, il avait jeté un coup d'œil à mon doigt, assuré à ma mère que ce n'était rien et m'avait demandé de faire bien attention pendant deux jours. En vérité, j'avais été si bouleversée par le petit garçon, que j'avais complètement oublié mon doigt. Nous sommes parties. Mais comme je ne pouvais chasser la scène de mes pensées, je demandai à ma mère si nous ne pourrions pas faire quelque chose.

– Seulement prier, me dit-elle, et elle me donna quelques pièces à distribuer aux mendiants sur la route du retour de la part de l'enfant. Le Dr Hippocrate l'a peut-être sauvé, ou peut-être est-il mort peu après, comme des milliers d'enfants chaque été avant l'ère de l'eau potable, comme des milliers d'enfants aujourd'hui encore dans le Tiers-Monde.

Après mon départ de Perse, le Dr Hippocrate et ses deux frères moururent de leur belle mort, et j'oubliai l'incident. Puis, au début des années soixante-dix, je suivis les migrations printanières des tribus bakhtiyaris depuis les plaines du Khuzistan, au Sud, non loin du golfe Persique, jusqu'aux pâturages d'été des montagnes Zagros non loin d'Ispahan. L'objectif étant de trouver à paître pour le troupeau lorsque les plaines sont rases et que chaque touffe d'herbe se désintègre en poussière, même ceux qui n'ont que deux malheureuses chèvres entreprennent ce dur périple. Seuls ceux qui n'ont rien, ni bête ni argent pour se payer le voyage, restent dans les quartiers d'hiver, où le thermomètre grimpe jusqu'à 48 °C à l'ombre, et où les villages désertés se transforment en enfer de chaleur et de poussière.

J'effectuais un reportage sur ces tribus dont je voulais étudier le mode de vie. Je me mis donc en quête des laissés-pour-compte – de véritables indigents dont la *raison d'être* * même se trouvait mise en question. J'en trouvai quelques-uns abrités dans une vieille bâtisse en ruine, aux abords du village. Dans un coin, une jeune femme se tenait à croupetons, un bébé sur les genoux ; d'une main, elle lui soutenait la tête, de l'autre agitait un petit éventail en paille au-dessus de lui... J'eus alors un vif sentiment de *déjà vu* * ; cette scène, j'en avais déjà été témoin, bien des années plus tôt... Me revinrent aussitôt à la mémoire le cabinet du Dr Hippocrate, l'Arménienne, l'enfant mourant... Sauf que nous étions vingt-cinq ans plus tard, qu'un boom économique sans précédent battait son plein en Perse où « les rues étaient pavées d'or noir », et où cet « or noir » jaillissait précisément du sol sur lequel se tenait accroupie cette femme avec son enfant malade, contemplant avec les yeux de l'envie et du désespoir le départ de voisins mieux nantis. Pendant ce quart de siècle, le pays s'était couvert d'hôpitaux et de cliniques ; des milliers de médecins avaient été formés en Perse comme à l'étranger, dont un grand nombre devaient en principe faire leur service militaire dans les régions les plus reculées, afin de s'occuper des pauvres et des parias. Pourtant il n'y avait pas l'ombre d'un médecin dans ce village ; ils étaient tous à Téhéran et dans les villes, où s'alignaient le long des rues leurs plaques en cuivre et où de superbes cliniques prodiguaient les meilleurs soins à ceux qui en avaient les moyens. Quelque chose n'allait pas mais, en attendant, que pouvait-on faire pour cet enfant qui était en train de mourir ?

J'envoyai chercher un médecin dans la ville la plus proche, proposai de payer de ma poche ses honoraires, et menaçai de tout raconter au shah à mon retour si on ne faisait pas le maximum pour sauver le pauvre petit. Les hommes de la tribu discutèrent un moment entre eux. Ils parlaient leur dialecte, je n'y comprenais goutte, mais je voyais bien qu'ils se moquaient de moi.

Finalement, mon hôte, un chef de tribu, me déclara :

– Si seulement il n'y avait que celui-ci, mais il y en a des milliers. Vous êtes ici cette année, mais l'année prochaine, et la suivante ? Allons, khanoum, partons !

Nous sommes partis le lendemain à l'aube. Je n'ai jamais su ce qu'étaient devenus la mère et l'enfant.

A mon retour à Téhéran, je demandai un entretien au shah pour mon film. Par un hasard extraordinaire, le grand chambellan chargé de m'accueillir n'était autre que le fils du Dr Hippocrate, un diplomate de carrière maintenant attaché à la Cour. Nous avons bavardé un moment, évoqué le souvenir de son père, de son vieux valet, de la maison, du jardin. Puis on m'appela auprès du souverain.

Depuis la révolution de 1979, j'ai souvent repensé à ces tribus : qu'est-il arrivé à tous ces gens avec qui je m'étais liée d'amitié ? Il semblerait que la révolution soit loin d'avoir amélioré leur sort, au contraire. Aujourd'hui, l'or noir qui coule sous leurs pieds est dépensé à l'achat d'armes qui tuent leurs enfants à la guerre [1] ou dans les prisons.

Parfois, lorsque la médecine moderne s'avérait impuissante, même les plus occidentalisés des Persans se tournaient en dernier recours vers les remèdes traditionnels. Un jour, la cheville de ma mère se mit à enfler sans raison apparente. Elle souffrait terriblement. On consulta un médecin, on appliqua des onguents, sans résultat.

– Vous devriez essayer les sangsues, suggéra tante Ashraf.

Il y avait dans le bazarcheh un « M. Sangsue », un marchand de légumes dont le passe-temps favori était l'application de sangsues aux malades. On le convoqua à la maison. Il arriva avec une boîte en fer-blanc où grouillaient des douzaines de hideux vers noirs. Il en sortit quelques-uns à l'aide d'une pincette et les fixa à la cheville de ma mère. Quand l'un d'eux se décrochait, il le remettait en place jusqu'à ce qu'il y en eût plusieurs accrochés à sa peau. En l'espace de quelques minutes, les sangsues doublèrent, que dis-je quadruplèrent de taille, gorgées de sang. On eût dit de grosses limaces noires. Une fois repues, elles se laissèrent tomber dans le plat de cendres au-dessus duquel le pied était posé, puis on les jeta. En principe, elles avaient sucé le poison qui causait la douloureuse tumescence. Et en effet, en l'espace de quelques jours, la cheville dégonfla, et ma mère cessa d'avoir mal.

1. Il s'agit de la guerre avec l'Irak, le livre ayant été écrit en 1988.(*NdA*)

Un autre jour, on appela une femme pour poser des ventouses sur le dos de tante Ashraf. Elle incisa légèrement la peau à la base de la nuque de ma tante avant d'y appliquer les petites cloches de verre. Lentement, ces dernières se remplirent de sang, d'un sang épais et noirâtre. Puis elle les vida dans un bol. Un quart de litre de sang. Ce n'était pas un spectacle pour une petite fille de neuf ans aussi facilement impressionnable que moi.

– Ne fais donc pas ces grimaces, à croire qu'on est en train de m'assassiner ! s'écria-t-elle devant mon malaise. C'est bon pour moi. Quand le sang s'épaissit, la tension monte et on risque la crise cardiaque. Alors que de cette manière mon sang se purifie ; cela m'empêche de tomber raide morte.

Une semaine plus tôt, en rentrant de l'école, nous avions vu une femme étendue de tout son long dans la rue, le visage recouvert d'un mouchoir, entourée d'une foule d'enfants et d'adultes. Un policier avait soudain surgi en compagnie d'un médecin ; ce dernier avait examiné la femme dont le visage était rouge comme une betterave, et l'avait déclarée morte.

– Le cœur, s'était-il contenté d'observer.

Nous avions été bouleversées. Nous en parlâmes à tante Ashraf, qui en conçut sans doute l'idée de son traitement prophylactique. Ensuite, elle nous raconta l'histoire suivante :

– Jadis, il y a bien longtemps, un homme a été foudroyé par une crise cardiaque. On le décréta mort et on le mit en bière. Mais sur la route du cimetière, le grand philosophe Avicenne remarqua le cortège funèbre. Il ordonna que le cercueil fût déposé à terre. Il remua les membres du mort, et y fit quelques incisions pour laisser s'écouler le sang. Lentement, le mort revint à la vie. Quand on lui demanda comment il avait deviné que l'homme n'était pas mort, Avicenne répondit avoir remarqué qu'il tenait ses pieds tout droits et non en éventail, comme un cadavre. Alors, vous voyez, une petite saignée à point nommé fait des miracles !

Je ne sais pas si cette histoire est vraie, mais elle illustre merveilleusement la réputation d'Avicenne, « le plus grand médecin de tous les temps ».

Un jour, je devais avoir onze ou douze ans, le téléphone sonna. Je me précipitai pour répondre et, en courant, me pris le pied dans le tapis et tombai dans l'escalier, atterrissant sur mon poignet. Celui-ci avait l'air cassé ; j'avais très mal. Il se mit à enfler. On envoya Ali chercher un fiacre et ma mère m'emmena au bazar voir Mashdi Habib, le rebouteux. Il avait une boutique où il vendait des pièces de terre cuite fabriquées dans sa ville natale du nord-ouest de la Perse, Hamadan : bols, pichets, assiettes, pots, carreaux et toutes sortes de plats, certains ornés de motifs émaillés de ce bleu turquoise qui fait la réputation de la région. Faire le rebouteux était son passe-temps favori et sa réputation s'étendait bien au-delà des frontières du bazar. On disait que même quand un os était réduit en bouillie, il parvenait à le remettre. Il s'exerçait sur les pièces de poterie. On racontait qu'il brisait un pichet, en une douzaine de morceaux, mettait le tout dans un sac, et reconstituait l'objet par le seul toucher, de l'extérieur, comme un puzzle ! Je ne sais si c'est vrai ou s'il s'agit d'exagération poétique, mais sa réputation se répandit au bazar comme le lierre sur un mur de pierre. « Donnez aux bazari une fourmilière et ils vous la transformeront non pas en montagne, mais en une chaîne entière ! » disait tante Ashraf.

Une chose était sûre : Mashdi Habib était extrêmement habile. S'il avait seulement abîmé un seul de ses clients en lui remettant mal une fracture, cela eût fait le tour du bazar, et c'en eût été fini de sa réputation.

Mashdi Habib avait déjà remis le bras de mon frère Nasser. Nasser était si coquin et possédait des réserves d'énergie tellement inépuisables, qu'il ne cessait de collectionner les bleus – il avait toujours les genoux couronnés, les vêtements déchirés par les branches des arbres auxquels il grimpait, les mains couvertes d'égratignures. Ce jour-là, il faisait le singe sur son vélo lorsque quelqu'un lui était rentré dedans et l'avait renversé, sur son bras. Mashdi Habib l'avait soigné en lui conseillant de faire attention pendant quelque temps. Mais il n'avait pas plus tôt le bras en écharpe, qu'il recommençait ses bêtises, lesquelles se soldèrent cette fois-ci par une triple fracture. Mashdi Habib fit montre d'un calme imperturbable ; le bras de mon frère guérit parfaitement.

A notre arrivée, Mashdi Habib était assis sur un tabouret devant son magasin. En nous voyant, il se leva, nous salua respectueusement et nous fit signe d'entrer. Avec une douceur infinie, il palpa mon poignet. Il n'était pas cassé, seulement fêlé, ce n'était rien. Il prit des cendres tièdes dans son brasero, les versa dans un sachet de calicot dont il pansa mon poignet. (Si j'avais eu une fracture, après l'avoir remise et enduite de cendres chaudes, il eût maintenu mon bras immobile entre deux attelles de bois) Puis il déchira un morceau de drap dont il me fit une écharpe pour soutenir mon bras et déclara : « Gardez-le deux jours ainsi – dans une semaine, vous aurez un poignet neuf ! »

On pourrait écrire un chapitre entier sur l'emploi des cendres dans la médecine persane : de nos jours encore, il fait usage d'antiseptique universel. Avant l'ère de la pénicilline, on s'en servait, entre autres, pour arrêter une hémorragie, désinfecter des plaies, apaiser les douleurs rhumatismales. Sans parler de la dimension symbolique et mystique associée aux cendres, qui représentent l'humilité et la soumission, et sont une métaphore du martyre humain et du caractère éphémère de la vie.

Hélas, Mashdi Habib, comme les autres rebouteux, a fini un jour ou l'autre par battre en retraite devant les assauts des méthodes modernes, la chirurgie et le plâtrage des membres fracturés. De temps en temps, il arrivait qu'on enlevât le plâtre pour s'apercevoir que les os s'étaient ressoudés de travers : il fallait alors les briser de nouveau et les remettre en place ! C'était arrivé à un de mes cousins, qui avait boudé les services de Mashdi Habib pour s'en remettre aux mains d'un médecin fraîchement débarqué d'Amérique.

– A quoi donc est-ce que tu t'attendais ? s'écria tante Ashraf. Ces farangi ne savent que ce qu'ils lisent dans les livres ! Mashdi Habib ne sait même pas lire, mais lui n'a jamais abîmé les os de quiconque ! Il eût été lynché si jamais il avait commis une erreur ! Mais ces nouveaux docteurs, on leur passe tout, sous prétexte qu'ils sont diplômés d'une université étrangère !

Mashdi Habib disparut avec ses superbes pots et ses pichets bleus – le plastique était tellement moins cher et tellement plus pratique, pensait-on. Lorsque la poterie persane redevint à la mode, à partir des années 60, on monta des ateliers à Hamadan et dans d'autres centres traditionnels afin de favoriser, face à une demande grandissante, une renaissance de cet artisanat ancien. Mais le secret des colorants qui pendant des siècles avaient donné ce bleu turquoise lumineux et opalescent était perdu pour toujours, aussi sûrement que l'art du rebouteux Mashdi Habib. Le bleu des nouvelles poteries semblait terne, il n'était plus ce translucide abi – ce fameux « bleu d'eau », la plus ravissante et la plus évocatrice des couleurs de notre pays de ronces et de rocailles.

L'AMITIÉ

> Ni lunes ni étoiles,
> ni aucune partie du firmament
> N'ont de volonté propre
> Seul l'Ami détermine
> leur course
>
> HAFIZ DE CHIRAZ

Le verbe « aimer » en persan se traduit littéralement par « avoir un ami ». Ainsi « Je vous aime » devient « Je vous ai pour ami » et « Je ne vous aime pas », « Je ne vous ai pas pour ami ». L'infinie variation, les mille et une nuances du sentiment, telles que tendresse, sympathie, passion, extase... s'expriment par d'innombrables mots et expressions. Reste que le verbe essentiel, le verbe générique qui signifie « aimer » se dit « avoir pour ami ».

Le soufisme, qui a trouvé son plein épanouissement dans la poésie persane, tourne autour de ce concept central : le poète mystique est à la poursuite de l'Ami, rêve de s'unir à l'Ami, se lamente d'être séparé de l'Ami, traverse toutes sortes d'épreuves en quête de l'Ami. L'Ami est tout à la fois le bien-aimé, le centre de tout et le but ultime.

Le culte de l'amitié en Perse est peut-être une émanation de cette aspiration transcendantale, l'ami humain servant souvent de catalyseur en vous ouvrant les portes de la perception; il vous guide dans le pèlerinage de l'âme vers l'Ami céleste.

Autrefois, le culte de l'amitié était pratiqué dans toutes les couches de la société, formant l'assise de tous les rapports sociaux. Jusque dans la vie quotidienne, le travail et les affaires, où toute négociation se faisait sous ses auspices et était marquée de son sceau. La fameuse hospitalité persane en procède : les meilleurs morceaux étaient toujours réservés aux amis, au même titre que la plus jolie chambre de la maison, les plus beaux cadeaux.

Mes parents avaient un large cercle d'amis et de connaissances.

Ils menaient tous les deux une vie mondaine active qui, en ce temps-là, séparait encore les femmes des hommes. Mon père était la générosité même et ne demandait jamais rien pour lui. Il était toujours disponible pour ceux qui avaient besoin de son aide. Il recevait souvent ses étudiants à la maison, entre la prière de l'aube et l'heure du départ pour l'université, ou en début de soirée, leur donnant éventuellement des cours de soutien ; on venait le voir à toute heure du jour. Ali jouait les cerbères, éconduisant poliment les importuns et les raseurs. Il leur demandait de se présenter et disait : « Je vais voir si le Maître est là », puis il allait aux ordres dans le bureau de mon père. Si mon père refusait de recevoir le visiteur, Ali retournait lui annoncer : « Désolé, le Maître est sorti ; puis-je lui transmettre un message ? » Il agissait de même au téléphone, et on l'entendait parfois déclarer :

– Si le Maître recevait tout le monde et répondait à tous les appels, il n'aurait pas le temps de travailler.

Mais si quelqu'un se présentait avec un problème précis, jamais il n'était éconduit. Et mon père ne s'étonnait guère quand tel ou tel solliciteur qui lui avait promis un dévouement éternel en présentant sa requête disparaissait définitivement une fois sa demande satisfaite. C'était un homme avisé et habile, mais il n'avait que mépris pour les choses matérielles. Il avait le détachement et la prescience du véritable soufi. Parfois, il semblait agir en dépit du bon sens, mais il avait toujours ses raisons, qui se révélaient par la suite. Un jour, le prince Ali Riza, frère cadet du shah, sollicita un entretien. Mon père tergiversa longtemps. Des sept fils de Riza Shah, le prince Ali Riza était celui qui ressemblait le plus à son père : il était grand, bel homme, avait hérité de l'intelligence et du courage physique de son père et s'intéressait de plus en plus aux questions spirituelles. Il avait lu les grands poètes soufis, s'était initié à la mystique et, ayant entendu parler de mon père, souhaitait le rencontrer.

– Pourquoi ne voulez-vous pas le voir, père ? m'enquis-je. Vous ne refusez jamais rien à personne, pourquoi à lui ?

– Ce n'est pas que je ne veux pas le voir – c'est sans doute un jeune homme charmant et sincère – mais pas maintenant…

Quelques mois plus tard, le prince Ali Riza trouva la mort dans un accident d'avion : il pilotait son propre appareil au-dessus des montagnes alors qu'il rentrait des bords de la Caspienne, transportant à son bord un serviteur malade qu'il voulait faire hospitaliser à Téhéran. La météo n'était pas bonne, mais comme l'homme se trouvait dans un état critique, il avait bravé l'orage. Il s'était perdu et avait percuté le flanc de la montagne.

– Tu comprends maintenant pourquoi je ne voulais pas le voir, déclara mon père. Si je l'avais reçu, je fusse devenu son ami et aujourd'hui j'aurais le cœur brisé, au lieu de quoi je suis seulement attristé de voir quelqu'un de cette qualité mourir dans la fleur de l'âge.

Un des meilleurs amis de mon père était un poète soufi, célèbre figure littéraire, grand spécialiste de Rumi. Fils d'un scheikh, il avait néanmoins, comme tout le monde, adopté le costume occidental pour occuper ses hautes fonctions au ministère de la Culture – il devint d'ailleurs ministre, poste qu'il n'occupa guère longtemps car, devant la charge de travail que cela impliquait, il démissionna pour ne pas avoir à sacrifier ses autres activités. Sa femme et ses sœurs étaient des amies intimes de ma mère, et nos familles se connaissaient depuis longtemps. Il adorait mon père, et tous ceux qui lui étaient apparentés ; pour notre part, nous l'appelions oncle Hadi.

Oncle Hadi habitait une maison double divisée en un andaroun et un biroun, luxe que peu de personnes pouvaient encore se permettre à l'époque. Sa femme tenait salon dans ses appartements, lui dans les siens, tandis que les enfants et le personnel naviguaient de l'un à l'autre. A la mort de sa femme et lorsque les enfants devenus grands quittèrent le toit paternel, il conserva cette immense maison par horreur du changement, mais il cessa de l'entretenir. Les serviteurs étant trop vieux pour s'en occuper, elle ne tarda pas à être ensevelie sous la poussière et les toiles d'araignée, visitée par les chauve-souris et les fantômes ; les plates-bandes furent envahies par les mauvaises herbes, les arbres prirent un air morose, le jardin sombra dans un état de désolation automnal permanent ; mais son salon littéraire se tenait toujours une fois par semaine, et le reste du temps il tenait table ouverte.

Je lui rendais visite chaque fois que je me trouvais en Perse, en général dans son bureau qui avait l'air d'avoir été mis à sac par des pilleurs – livres et papiers traînaient épars, débordant des corbeilles, au milieu d'objets et de meubles tapissés d'une épaisse couche de poussière. Quand il ramassait un livre, pour m'en lire un passage ou bien vérifier une date, il se contentait de souffler dessus, soulevant un épais nuage de poussière qui restait un instant suspendu en l'air avant de retomber doucement, sans qu'il y prêtât la moindre attention.

Oncle Hadi rendait de fréquentes visites à mon père, pour la grande joie de la maisonnée. C'était un personnage haut en couleur, un original. Grand et fort, il avait les cheveux blancs, des moustaches tombantes, un nez aquilin, des yeux noirs et perçants. Sa voix de basse, forte, sonore, résonnait dès le seuil de la maison, et tout le monde accourait pour lui dire bonjour. Ali se dépêchait d'aller chercher des cendriers et des sodas, nous descendions de nos chambres pour l'entourer, en général dans le salon de ma mère où notre père venait peu après se joindre à nous. C'était alors de sa part un feu d'artifice de jeux de mots en plusieurs langues, d'anecdotes, de poèmes de toutes sortes qui jaillissaient de la malle au trésor qu'était son étonnante mémoire. Il connaissait l'œuvre de Rumi par cœur, des dizaines de milliers de vers. le plus extraordinaire est qu'il se servait de la poésie pour étayer la logique, et chacun de ses arguments était appuyé par une citation appropriée.

Lorsque mon père mourut quelques années avant les événements de 1979, oncle Hadi fut inconsolable. Il écrivit une élégie magnifique que l'on a gravée sur sa pierre tombale, et que j'ai recopiée la première fois que je suis allée me recueillir sur la tombe de mon père lors de mon dernier voyage en Perse. Ayant appris qu'oncle Hadi avait été hospitalisé pour une fracture de la hanche et plusieurs autres ennuis, je lui rendis visite. Il avait toute sa vie été un gros fumeur, et avait eu un cancer de la gorge, que l'on avait opéré, les médecins l'avertissant que s'il n'abandonnait pas la cigarette, ses poumons pourraient bien être atteints à leur tour.

– Les imbéciles ! avait-il rugi. J'ai besoin de mes poumons pour fumer, et non pas de vivre pour préserver mes poumons !

Il avait eu une rechute. Je le trouvai au lit, la jambe suspendue à un appareil attaché au plafond ; son visage était amaigri, blême, son nez presque transparent ; il souffrait manifestement d'une façon abominable. Avec ses yeux de feu, ses joues creuses, sa barbe et ses cheveux blancs, il ressemblait à un aigle blessé. Dès qu'il m'aperçut, il essaya de se soulever et m'entraîna dans un tourbillon de rimes extravagantes exprimant sa joie de me voir.

– L'eau de rose exhale le parfum de la rose, récita-t-il en souvenir de mon père. Lumière de mes yeux ! Mon cœur, ma chère enfant.

– Comment allez-vous, cher oncle ? m'enquis-je, une fois tari le flot des paroles affectueuses.

– Moi, je vais parfaitement bien. Un derviche se sent toujours bien, n'est-ce pas ? C'est cette jambe qui me fait mal !

Il se mit alors en devoir de me divertir avec un florilège de calembours, limericks, poèmes… Nous riions bientôt comme si sa maladie n'existait plus et qu'il n'eût plus un souci. Finalement, je lui dis que j'avais été sur la tombe de mon père et combien j'avais été touchée par son merveilleux poème. A ces mots, il changea d'expression, un voile de tristesse obscurcit son regard, ses narines frémirent, et des larmes ruisselèrent sur la peau ridée de ses joues.

– Hélas ! Dire que mon cher vieil ami est mort et que je suis encore vivant ! J'espère que ce ne sera plus long maintenant ; pourquoi continuer à vivre quand on a perdu un tel ami ?

J'allai le voir une fois encore avant de rentrer en Angleterre.

– Je ne te verrai plus jamais dans ce monde, ma chère enfant, mais ce sera merveilleux de retrouver ton père !

Un peu plus tard, on m'apprit sa mort. J'aime à les imaginer ensemble, assis sur un tapis à l'ombre d'un arbre, dans les jardins du paradis, bavardant et riant…

Un autre vieil ami et visiteur assidu de mon père était un cousin d'oncle Hadi. Un scheikh, fils d'ayatollah et seul membre d'une famille fort nombreuse à avoir gardé son costume de mollah, « la cape et le turban ». Pourtant il n'officiait guère comme membre du clergé, mais était propriétaire terrien. Extraordinairement progressiste et éclairé pour un mollah, il soutint le mouvement de modernisation du pays et envoya ses enfants faire leurs études supérieures en Europe – les filles aussi, chose rarissime en ce temps-là. Il était fin connaisseur de la littérature moderne européenne, en particulier d'Anatole France, pour lequel il professait une grande admiration. Nous l'appelions Diogène car, comme Diogène avec Alexandre, il avait repoussé l'offre d'un grand homme : Riza Shah. Cette histoire ne lui avait d'ailleurs pas seulement valu ce sobriquet, c'était la raison pour laquelle il avait eu le droit de garder son costume de mollah à une époque où son port était interdit sauf à une poignée de mujtahed de Qom.

Le domaine de notre Diogène se trouvait en Arak, une province du sud-est de la Perse. Bien avant son avènement, Riza Shah, au temps où il était officier dans un bataillon cosaque, avait été envoyé en mission en Arak. La veille du sabbat, le jeudi, il avait interrogé ses compagnons sur les sources de distraction dans la région. On lui raconta que le propriétaire du coin, un scheikh, donnait une plaisante soirée où étaient invités tous les notables de la ville. Désœuvré, Riza Shah (alors seulement Riza Khan) accepta de les accompagner. A leur arrivée, le salon était déjà bondé. Ils se réfugièrent dans un coin discret, loin de leur hôte et des invités d'honneur. Personne ne fit attention à eux. A la fin de la soirée, ils se levèrent pour partir. Diogène avisa les officiers qui s'en allaient et pria Riza Khan de rester encore un peu. Il lui confia que, tout simple soldat qu'il était, il irait loin et deviendrait un jour colonel, voire général, ajoutant :

– Croyez-moi, un jour, vous serez peut-être le shah.

L'objet de cette extravagante prédiction éclata de rire, imité par ses compagnons. Ils prirent congé.

Les années passèrent.

Un jeudi soir, Riza Khan, qui était à présent colonel, effectua un pèlerinage au mausolée d'Abdul Azim à Ray, non loin de Téhéran. A l'intérieur, il vit un scheikh qu'il ne reconnut pas tout de suite. L'autre l'aborda en disant :

– Vous ne vous souvenez pas de moi ? Vous êtes venu chez moi en Arak, il y a des années de cela. Je vous avais bien dit que vous iriez loin et deviendriez colonel, n'est-ce pas ? Bientôt vous serez général, et un jour vous serez le shah !

Riza Khan se contenta de rire, bavarda encore un moment avec lui et partit.

Bien des années plus tard, Riza Khan devint secrétaire général, premier ministre et finalement shah. Cette fois-ci, il se souvint de l'oracle et convoqua le scheikh.

– Demandez-moi ce que vous voulez, vous l'aurez, lui dit-il.

Mais, semblable à son illustre homonyme grec, Diogène répondit :

– Je ne veux rien, j'ai déjà tout ce que je veux – une conscience limpide, un esprit libre. Je vous souhaite d'avoir la même chose. Simplement, ne m'obligez pas à changer d'habits, non que la façon dont je suis vêtu m'importe, mais je suis habitué aux miens !

Cela n'empêcha pas Riza Shah de lui envoyer un gros paquet d'argent. Combien ? Nous n'en avons jamais rien su, car Diogène le renvoya sans l'ouvrir, avec un poème griffonné sur le papier d'emballage. Malheureusement je l'ai oublié, sauf pour le premier vers : « Nous ne pouvons déshonorer la Pauvreté et le Contentement… en acceptant votre cadeau. » C'est ainsi que notre Diogène a continué de porter « la cape et le turban », ce qui lui valut son sobriquet. Tous les autres membres de sa famille ont abandonné l'habit clérical et se sont élevés dans la hiérarchie jusqu'à des postes gouvernementaux très élevés, y compris ses enfants.

La vie sociale de ma mère était différente. Elle sortait beaucoup, recevait souvent à déjeuner, à dîner, à l'heure du thé. Elle avait un vaste cercle d'amies comprenant quelques intimes qu'elle adorait et à qui elle faisait une confiance totale. Elle était souvent « sortie pour le thé » lorsque nous rentrions à la maison après l'école, à quatre heures et demie. Nous nous en apercevions tout de suite – la maison avait un air morose, vide, silencieux. Zahra ou Nounou nous donnait notre goûter, puis nous faisions nos devoirs. Lorsque Mère rentrait pour le dîner, nous étions prêts à aller nous coucher. Cela ne me plaisait pas et, bien des années plus tard, je me suis efforcée, dans la mesure où mon travail me le permettait, d'être à la maison au moment où mes deux enfants rentraient de l'école – d'autant plus qu'ils n'avaient ni Zahra ni Nounou pour les accueillir avec des mots gentils et un bon repas.

Parfois, en rentrant, nous trouvions la maison bourdonnante d'invitées. Le brouhaha des rires et des conversations nous parvenait avant que nous poussions la porte d'entrée. En Perse, le rituel du thé est soumis à des règles bien précises – du moins l'était-il en ce temps-là. Les convives étaient accueillis par un verre de sherbet, puis on servait le thé dans de petits verres protégés d'un lacis d'argent et d'émail, avec des pâtisseries. Pour accompagner la seconde tasse, on passait un assortiment de biscuits, suivis de noix et des graines de pastèque que l'on dégustait cependant que la conversation battait son plein. Au bout d'un moment, arrivait une grande coupe de fruits de saison. Et en hiver, enfin, on proposait quelque chose de chaud, tandis qu'en été un peu de glace mettait un point final à la réception. Qu'on pût songer à dîner après pareil goûter dépasse l'entendement, et il n'y a rien d'étonnant à ce que, passé un certain âge, les femmes de milieux aisés fussent plutôt « potelées », c'est le moins que l'on puisse dire. Mais la jeunesse dorée avait découvert l'art du « régime » et s'affamait pour rester mince.

Quand elle donnait des déjeuners ou des dîners, ma mère surveillait ce qui se passait en cuisine où se mijotaient des plats aussi luxueux que du poulet, du canard et des rôtis, ainsi que des préparations traditionnelles : pilaf et ragoûts. La table était servie avant que l'on y invitât les convives : elle se devait donc d'être aussi belle et élégante pour les yeux qu'appétissante. Une fois le repas terminé, le reste de la maisonnée pouvait se mettre à table. Je me souviens de Nounou à la cuisine me donnant des abattis dans une minuscule assiette; j'étais trop petite encore pour me joindre aux grandes personnes.

Dans ces réceptions, les générations se mêlaient, les grand-mères étant invitées avec leurs filles et leurs petites-filles. Les plus âgées discutaient problèmes de santé, pèlerinages et mariages, devisaient de l'efficacité de certaines prières et de certains vœux, de la compétence des spécialistes médicaux, des difficultés d'un genre nouveau générées par la déliquescence des temps modernes. Les plus jeunes parlaient bals, soirées, cinéma et stars. Des discussions passionnées s'engageaient sur tel ou tel film, sur les mérites respectifs des vedettes, la dernière mode parisienne, les rumeurs de mariage de tel ou telle célibataire fraîchement débarqué d'Europe ou d'Amérique et à présent sur « le marché ». J'étais trop jeune pour participer à la conversation, mais j'ouvrais tout grand mes oreilles. Je me souviens des noms de certains jeunes gens faisant l'objet d'intenses spéculations : ils sont devenus par la suite députés, ministres, premiers ministres même pour deux d'entre eux – deux amis, qui finirent par se faire tuer, l'un par un terroriste, l'autre par la révolution en 1979.

Ayant grandi, je préférais souvent rester dans ma chambre quand ma mère avait des invités, sauf s'il y avait des amies que j'aimais particulièrement. Mais, souvent, elle me faisait appeler ou venait elle-même me chercher :

– Qu'est-ce que tu fabriques enfermée ici alors que Mme Untel est en bas avec ses filles, et qu'elles brûlent de te voir.

– Personne ne brûle de me voir, Mère, et je suis en train de lire !

– Eh bien, laisse ton livre ! Qui a jamais vu chose pareille, une fille toujours fourrée dans un livre – tu vas t'user les yeux ! Viens donc passer un moment avec nous, ensuite tu t'éclipseras – juste pour être polie !

Je faisais *acte de présence* *, puis disparaissais. On ignore ce qu'est la solitude quand on n'est jamais seule, et je ne savais pas ce que cela pouvait signifier ni même combien cela pouvait être pénible jusqu'à mon arrivée en Europe. Pourtant il y a un prix à payer pour cette chaleureuse et agréable compagnie : l'absence d'intimité. Ce qui ne m'empêche pas, en repensant à cette époque-là de me demander dans quelle mesure l'exaltation de la vie privée et de l'indépendance ne sont pas tout bonnement des excuses que l'on s'invente pour ne pas avoir à s'occuper de ses semblables. Indépendance par rapport à quoi ? l'amour, l'affection ? Y a-t-il un être au monde qui ait envie d'être tout le temps seul ? Greta Garbo regrette-t-elle aujourd'hui d'avoir dit : *I want to be alone !* Je me le demande.

Lorsque mon père recevait, j'allais m'asseoir à côté de lui pour écouter la conversation. Mais dès que j'eus dix ans, cela me fut interdit, à moins que la soirée ne fût mixte et ma mère également présente. Cela me remplit de regrets. Les invités de mon père parlaient de philosophie, de poésie, et des événements marquants, et leur conversation s'émaillait d'anecdotes, de plaisanteries, de reparties fulgurantes. Parfois, je restais assise dans la pièce voisine pour les écouter, surtout quand les jeunes amis de père chantaient le *Mathnavi* [1] ou récitaient de la poésie.

Les hommes exprimaient leur affection verbalement et se juraient fidélité et amitié éternelles dans un style fleuri, tandis que les femmes étaient plus physiques – elles se caressaient, s'embrassaient ; elles se disaient combien elles s'aimaient. Il est clair qu'aujourd'hui ces conduites susciteraient les interprétations pseudo-psychanalytiques les plus grotesques, qu'elles seraient perçues comme un signe de déviance sexuelle. C'est on ne peut plus faux. Les femmes s'épanouissaient en offrant à l'amitié son dû d'amour et de tendresse, et s'enrichissaient des mille nuances de leurs sentiments. Des hommes, les femmes attendaient la sécurité, l'amour, la protection pour elles-mêmes et leurs enfants ; mais elles comptaient sur leurs amies pour l'affection, la sympathie, la compagnie et l'assistance matérielle.

Suivant l'exemple de mes parents, j'ai grandi en vénérant l'amitié comme l'un des rapports humains les plus essentiels. Par bonheur, quand je fus plus âgée, il était devenu possible d'avoir des amis des deux sexes. Bien sûr, à une certaine époque de la vie, le désir d'amour et de mariage éclipse tout, mais l'amitié s'adresse à d'autres régions de l'âme et elle est un sentiment plus noble. « Les amants vont et viennent, mais les amis restent », eût sûrement dit tante Ashraf ! Je chéris plus que jamais mes amis, d'eux dépend mon bien-être affectif. Peut-être qu'ayant perdu le soutien de ma famille en quittant mon pays et en épousant un étranger, ils ont été plus importants pour moi que pour la plupart des gens. J'ai eu beaucoup de chance avec mes amis – je ne peux, en toute honnêteté, en dire autant des personnes avec qui j'ai eu des liens plus romantiques…

1. Chef-d'œuvre en vers du poète Jalal al-Din Rumi (1207-1273), dans lequel se trouve détaillée la doctrine du soufisme. (*NdT*)

A LA CAMPAGNE

> Bientôt nous plongerons dans les froides ténèbres,
> Adieu, vive clarté de nos étés trop courts.
>
> BAUDELAIRE

Chaque été, nous trouvions refuge loin de la canicule citadine dans le Demavend, une verte vallée nichée au creux des profonds replis de l'Alborz, à quelque quatre-vingts kilomètres au nord-est de Téhéran. La région avait pris le nom du mont Demavend, le point culminant de Perse, dont le cône blanc se profilait vaguement dans les nuages sur la ligne lointaine de l'horizon. C'est un volcan éteint qui boude sous ses neiges éternelles comme un géant drapé de sulfureuses exhalaisons. C'est l'Olympe de la mythologie persane, le séjour des rois et des héros, des bêtes de légende : Zahak le Tyran y fut enchaîné dans une grotte non loin de son sommet après avoir été vaincu par Kaveh le forgeron dont le tablier de cuir hissé sur une lance avait donné le signal de la révolte : ce tablier devint le premier drapeau persan. On dit aussi que c'est là le mont Kaf où jadis vivait le Simurgh, le souverain fabuleux en quête de qui les oiseaux entreprirent leur périlleux voyage dans *La Conférence des Oiseaux*.

Pendant des années, avant ma naissance, mes parents avaient pris leurs quartiers d'été à Shemiran, lieu de villégiature situé au pied des montagnes, à moins de quarante kilomètres de Téhéran. Riza Shah y avait fait construire sa résidence d'été, imité aussitôt par ses courtisans et ses ministres, ainsi que par une poignée d'ambassades étrangères. Mais Téhéran s'étendant vers le nord, Shemiran finit par être absorbée par son urbanisation tentaculaire, et la région devint en quelque sorte la grande banlieue de la capitale, attirant les vieux et les nouveaux riches – surtout ces derniers – qui vendirent leurs maisons en ville pour « monter au Nord ». Avant qu'il en fût ainsi, mes parents y louaient donc, pour les deux mois les plus torrides de l'été, une maison avec un jardin. Du début à la fin de la saison, c'était un défilé permanent de visiteurs, qu'ils fussent ou non invités. Parfois, il s'agissait tout bonnement d'inconnus, toujours des rescapés de la fournaise citadine, qui se présentaient à la porte armés d'une lettre d'introduction de la belle-famille d'un cousin d'un vieux serviteur de… Il existe pour ce genre de situation une expression dont voici la traduction : « Je suis la manche du manteau du cousin de… »

Mon père prenait les choses comme elles venaient, mais ma mère, qui devait recevoir tout ce joli monde, avec autant de faste aristocratique qu'elle manquait de moyens, finit par se révolter :

– Ce n'est plus une maison, déclara-t-elle un jour, mais un caravansérail !

Elle chercha une solution. Parmi ses meilleures amies, elle comptait les trois filles aînées de l'ayatollah Kia-Nouri (leader des absolutistes pendant la révolution de 1905), qui avaient des propriétés de vacances dans le Demavend. Elles lui proposèrent de venir essayer la région l'été suivant. C'est ainsi qu'aussi loin qu'il m'en souvienne, nous y avons passé les mois de juillet et août, à camper au milieu d'un *bagh*, dans des conditions idylliques.

Les préparatifs en vue de la saison chaude commençaient des semaines à l'avance : la maison était nettoyée de fond en comble, et garnie d'antimite. Puis les meubles étaient recouverts de draps et la plupart des pièces fermées. On faisait appel à des vieux serviteurs pour garder la maison – ce furent Ali et sa famille qui s'en chargèrent dans les dernières années. Si la farine, les fruits et les légumes pouvaient être achetés sur place à la campagne, il fallait emporter des provisions de riz, de légumes secs, de condiments, d'épices… On passait donc une commande à un grossiste du bazar et on faisait les bagages, comprenant l'ameublement et les ustensiles de cuisine indispensables, ainsi que nos vêtements et linge, le tout enroulé dans les tapis. La grande tente à quatre mâts choisie par ma mère arrivait dans un camion la veille de notre départ.

La nuit précédente, nous avions du mal à trouver le sommeil ;

nous restions assis sur nos lits installés sur le toit, à bavarder tard dans la nuit. A l'aube nous réveillaient les bruits des derniers préparatifs qui montaient du jardin. Nous jetions un coup d'œil en bas pour voir le bus parqué devant la porte d'entrée, et Ali était en train d'aider les acolytes du conducteur à charger les tapis sur le porte-bagages. Nous enfilions vite nos vêtements et prenions notre petit déjeuner à la diable pendant que ma mère donnait ses dernières recommandations et marmonnait des prières de protection contre les impondérables. Enfin, tout était prêt, nous embarquions et le bus démarrait. Nous partions chacun avec notre meilleur(e) ami(e), tous invités à séjourner chez nous pendant une semaine ou deux ; notre cousin Mohammad faisait toujours partie du voyage, et lui resterait jusqu'à la fin. Son âge le situait entre mes deux frères, et il s'entendait aussi bien avec l'un qu'avec l'autre. Sa mère était morte quand il était petit et son père s'était remarié. En fait, Mohammad nous avait adoptés comme sa seconde famille. Il fréquentait le même lycée que mes frères, et pour ma sœur et moi, il était comme un troisième frère, « juste plus gentil » ! Tout le monde aimait beaucoup le cousin Mohammad : il était doux et courtois, doté d'un sens de l'humour tranquille et pince-sans-rire, très intelligent. Il obtint des bourses tout au long de ses études et était toujours en tête de sa classe. Mais ce qui comptait pour nous, c'est qu'il était sans cesse partant pour se joindre à nos aventures.

Le bus faisait toujours un saut au « garage » – le terminus – prendre quelques passagers qui rempliraient les sièges du fond, des paysans pour la plupart, qui rentraient chez eux avec des paniers de volailles vides et des ballots de nouveaux vêtements achetés avec les maigres bénéfices de la vente. Un voyage qui de nos jours dure un peu plus d'une heure nous prenait à nous toute la journée, avec une halte pour le déjeuner. La route, qui n'était pas encore goudronnée, était pleine de trous et d'ornières creusés par les camions et les voitures pendant les boueux mois d'hiver. A intervalles réguliers, on dépassait des terrassiers nivelant la route avec du gravier à l'aide de râteaux et de pelles à long manche. Ils se rangeaient à l'écart quand le bus passait dans un grand nuage de poussière et nous faisaient des signes, la tête enveloppée dans un mouchoir blanc en guise de chapeau.

Je me tenais assise à côté de Mère, devant. Elle faisait glisser les perles de son chapelet en murmurant des prières pour nous protéger des périls de la route. Nous ne tardions pas à laisser la ville derrière nous et, après une vingtaine de kilomètres de désert, se profilaient les premières collines. Alourdi par sa montagne de bagages et surchargé de passagers, le bus grimpait à une allure d'escargot sans qu'aucune brise ne vînt rafraîchir la fournaise. Vertes et tapissées de fleurs sauvages au printemps, les collines étaient à présent brûlées par le soleil, couvertes de ronces et de cailloux. Seul le jeu de l'ombre et de la lumière sur les rochers brisait la monochromie fauve. Finalement, nous arrivions à *Hezar-Darreh* – Le Millier d'Abîmes – ainsi nommé parce que la route s'enroulait autour de vertigineuses montagnes, bordée d'un côté par un précipice, de l'autre par l'à-pic rocheux. Il arrivait que des véhicules basculassent dans le vide. Par la vitre du bus, on apercevait tout en bas du gouffre de minuscules sanctuaires édifiés à la mémoire des accidentés. Par la suite, une nouvelle route goudronnée fut construite à travers les montagnes, raccourcissant le trajet et supprimant les dangers du Millier d'Abîmes mais, avec l'intensification de la circulation, le nombre d'accidents ne devait pas diminuer, bien au contraire.

– *Allah Akbar!* criait le compagnon du conducteur pour maintenir le moral des passagers à l'approche du col.

– Gloire au Prophète et à Son Peuple ! répondaient les passagers de sexe masculin chaque fois que nous croisions tant bien que mal un véhicule.

Une fois de l'autre côté du col, nous faisions halte pour déjeuner dans une maison de thé au bord de la route. C'était une petite oasis, avec un minuscule torrent qui courait sur le flanc de la montagne et disparaissait dans le sol quelque part dans l'abîme. A l'ombre d'un bouquet de peupliers, de saules et de chênes, on étendait pour nous un tapis. Mère se méfiant de la cuisine de la maison de thé, avait emporté un pique-nique que Nounou faisait réchauffer sur un brasero prêté par les aubergistes. Après le repas, nous ingurgitions quantité de thé pendant que le conducteur faisait la sieste et que les paysans fumaient à l'ombre leurs *chopoq*. Puis on nous invitait à remonter en voiture pour la dernière étape du voyage.

Au crépuscule, on entrait dans le goulet de la vallée. Un ruisseau se mettait alors à courir parallèlement à la route qui se bordait de peupliers et de saules. Peu à peu, l'étroit passage s'élargissait pour révéler des champs, des pâturages, des vergers, des bois, entourés de hautes montagnes. Sur la ligne d'horizon se dressaient, majestueux, « la Tête de Lion », « le Berceau des Colombes », « le Géant qui Dort » – noms que nous avions donnés à ces montagnes en nous inspirant de leurs formes. Puis, enfin, le bus klaxonnait et s'immobilisait au sommet d'une colline, à quelques pas de la porte d'entrée de notre maison, dissimulée par un rideau d'arbres. Notre excitation ne connaissait alors plus de bornes : nous étions arrivés à la Terre promise pour y passer les deux mois les plus heureux de l'année.

Nous louions notre bagh à Mashdi Abdullah, le boulanger du village, dont la femme, Soltan, était la sœur de Nounou. Il avait deux fils Hossein et Akbar, les autres enfants étant tous morts en bas âge. L'aîné aidait son père à la boulangerie, se levant à l'aube et ne rentrant que tard le soir; le plus jeune aidait sa mère à la ferme. Avec son grand verger, ses deux champs de blé et son four, Mashdi Abdullah était considéré comme riche par les gens du pays, d'autant qu'il avait peu de bouches à nourrir comparé à une famille de paysans normale; rien cependant ne laissait deviner cette richesse, car il avait aussi la réputation d'être très avare. Vers la fin de sa vie, il avait de fait accumulé assez d'argent pour partir en pèlerinage à La Mecque et prétendre au titre de hadji. Mais en ce temps-là, lui et sa famille se nourrissaient pratiquement de yoghourt, de pain et de soupe, et leurs vêtements étaient rapiécés à en perdre leur couleur originelle.

Tout au long de l'été, Akbar et sa mère faisaient la cueillette, séchaient des abricots et des prunes, ainsi que des baies et des raisins, sur le toit de leur masure, les emballant ensuite pour les vendre au marché. En octobre, quand les arbres fruitiers étaient dénudés et la moisson terminée, la famille quittait le bagh pour retourner vivre au village, au-dessus de la boulangerie.

Mashdi Abdullah avait construit sa bicoque de ses propres

mains : deux pièces autour desquelles courait une vaste véranda. Les murs étaient irréguliers, aveugles : le jour passait par les trous entre les briques. Mais la vie en été se menait au grand air, la maison servait seulement de réserve ou de protection contre les averses du début de l'automne. Il y avait une petite cuisine au bout de la véranda, équipée de deux braseros en brique et d'un four à pain en terre. Sous le four était ménagé un espace pour abriter les poules et les coqs de Soltan qui le jour picoraient librement dans la propriété mais qu'on enfermait la nuit dans le noir pour les protéger du « méchant renard ». Nous achetions les œufs de leurs poules, que Soltan ramassait quotidiennement, encore tout chauds et couverts de duvet blanc, pour nous les apporter à la table du petit déjeuner. Mashdi Abdullah avait construit pour nous un lieu d'aisance des plus primitifs derrière la bicoque; les paysans, eux, préféraient se soulager dans la nature – le torrent le plus proche leur servant de chasse d'eau !

Nous trouvions notre bagh le plus joli de tout le village. Il était proche de la route tout en étant en retrait, à quelques kilomètres du village et de la foule des estivants, sans en être cependant trop éloigné. Et surtout, il avait un ruisseau. Un des trois torrents qui arrosaient la vallée formait une boucle autour de notre véranda, entre la maison et la clairière où nous avions planté notre tente, et coulait parallèlement à la route jusqu'au bout des champs cultivés où se trouvait le cimetière juif de Gilliard. Un petit pont de branchages et de boue enjambait le ruisseau vers le verger et les sentiers menant aux fermes du voisinage. Au-delà s'étendait le tapis d'herbe sur lequel était dressé notre « salon » – la grande tente –, à côté d'un noyer centenaire qui étendait son feuillage au-dessus des autres arbres, semblable à un colosse protégeant son domaine de la brûlure du soleil. A une de ses massives branches horizontales, à peine arrivés, Akbar et mes frères avaient suspendu deux longues cordes qu'ils avaient ficelées autour d'une planche en guise de balançoire. Lorsque l'on s'envolait tout là-haut, on voyait le pays alentour, et la balançoire avait autant de succès auprès des jeunes que des moins jeunes.

Une des premières choses que nous faisions, c'était de nous tailler des cannes dans des branches de saule. Le sol étant irrégulier et en pente, il fallait souvent s'aider d'un bâton pour grimper et balayer de son chemin orties et branches. Nous en sculptions l'écorce humide du bout d'un canif, produisant de jolis motifs abstraits, verts et blancs. Je regrette de ne pas en avoir gardé un ou deux exemplaires, comme souvenirs – car chaque canne était en soi un véritable chef-d'œuvre d'art primitif! Akbar était devenu expert en la matière, il arrivait même à vendre ses cannes pour cinq *touman* – ce qui représentait pour lui beaucoup d'argent à l'époque. Il était d'ailleurs notre mentor et notre guide : pas plus haut que trois pommes, tout maigre, il courait plus vite qu'un lapin et grimpait aux arbres comme un écureuil; il savait cuire des pommes de terre dans les bois à l'aide de quelques brindilles, allumer un feu en frottant deux cailloux l'un contre l'autre ou en tenant un morceau de verre au soleil, tuer les oiseaux à l'aide d'une minuscule catapulte confectionnée à partir d'un morceau de cuir et d'un bout de ficelle. « Je n'en ai jamais manqué un ! » se vantait-il. Il rapportait souvent de ses expéditions des pigeons ramiers et des cailles, qu'il plumait et faisait griller sur un feu de brindilles pour les partager ensuite avec nous. Un été, le cousin Mohammad lui offrit un couteau suisse, muni de toutes sortes de gadgets. Akbar le considéra désormais comme ce qu'il avait de plus précieux au monde, une source inépuisable de plaisirs et d'espiègleries !

Le Demavend était une région de petits propriétaires terriens, de paysans, possédant des lopins de terre qu'ils cultivaient eux-mêmes. Ils travaillaient dur pour tirer tout juste de quoi vivre d'un champ de blé, d'un verger, d'un pâturage, de quelques têtes de bétail. Pour arrondir les fins de mois, ils vendaient, en été, leur produit laitier aux estivants et, l'hiver, louaient leurs bras aux entrepreneurs.

Dès que la nouvelle de notre arrivée leur parvenait, nos voisins venaient nous saluer, les bras chargés de cadeaux : des fruits, de la crème, du miel. Ensuite, tout l'été, nous leur achetions leurs produits.

A côté de chez nous, sur la gauche, vivait la Vieille Tisserande, une veuve qui habitait avec son fils et la famille de celui-ci. Pendant qu'ils étaient aux champs, elle restait à son métier toute la journée. Elle tissait une étoffe de calicot à bordure bleue qu'elle vendait pour servir de torchon, de serviette, de nappe, etc. Elle était la seule paysanne du pays à encore porter le *sheliteh* – une jupe plissée qui ressemble à un tutu de ballerine. On raconte qu'un shah persan avait visité la France au XIXe siècle : on l'avait emmené voir un ballet, et il avait été si enthousiasmé, en particulier par le costume des danseuses, qu'à son retour il fit confectionner des robes semblables pour les femmes de son harem. Plus tard, la mode s'était répandue dans le pays. On voit en effet, sur les peintures du siècle dernier, des courtisanes vêtues de sortes de tutus sur des pantalons bouffants. D'autres prétendent au contraire que le tutu a été inspiré de la mode orientale. Toujours est-il que la Vieille Tisserande portait un sheliteh, le seul qu'il m'ait jamais été donné de voir. J'allais parfois la regarder travailler, fascinée par la dextérité de ses mouvements de pieds et de mains, par le déplacement de la navette entre les fils de chaîne, par sa façon de peigner la trame tout en manœuvrant le métier avec ses orteils, cela pendant des heures et des heures. De temps à autre, elle se levait pour disparaître dans un placard où elle rangeait ses pièces, puis revenait avec une soucoupe de crème sucrée et un morceau de pain qu'elle m'offrait gentiment. De mon côté, je lui apportais des bonbons et des biscuits de la ville. Un été, à notre arrivée, Soltan nous annonça que la Vieille Tisserande était morte pendant l'hiver. Je me rendis chez elle pour voir si son métier était encore là, mais il avait disparu ; à sa place il y avait une nouvelle vache dont le lait nous fut vendu tous les matins de notre séjour par la bru. Son fils, lui, avait acquis un âne, qui vivait en coexistence pacifique avec la vache et venait rendre parfois une petite visite d'amoureux à l'ânesse de Soltan.

Cette année-là, une rumeur circulait sur la présence dans la région d'une créature bizarre qui enlevait les petits enfants. Personne ne l'avait vue, mais d'après ses empreintes, on supposait qu'il s'agissait d'une bête à mi-chemin entre le loup et l'ours ! Ma mère aussitôt « pressa le bouton d'alarme » à mon sujet, me gardant la nuit auprès d'elle. A plus de trois mille mètres, les étoiles brillaient tant que même par une nuit sans lune, on y voyait presque comme en plein jour mais, pour qu'aucun mouvement suspect ne passât inaperçu, ma mère prit soin de suspendre une lampe-tempête aux branches d'un arbre non loin de la véranda : cela effrayerait peut-être « le mangeur d'enfants ».

Une nuit, nous fûmes réveillés par un bruit de pas pesants sur le petit pont en bois.

– Le mangeur d'enfants ! Le mangeur d'enfants ! Au secours !

En un instant le branle-bas de combat fut à son comble. C'était à qui allumerait les lampes, ramasserait les bâtons et les couteaux de cuisine pour combattre la bête ! Et là, immobile au milieu du pont, qui vit-on ? L'âne du voisin, venu sans doute faire la cour à sa belle après avoir rompu ses liens ! Il avait l'air surpris, se demandant visiblement la cause de ce remue-ménage. Nous partîmes d'un éclat de rire général. L'âne, décontenancé par tout ce tintamarre, fit mine de rentrer chez lui, mais Soltan voyant s'échapper son rêve d'ânon, le prit par la crinière et, l'encourageant du bout de son bâton, le mena à sa dulcinée. Cette nuit marqua la fin de nos angoisses concernant le « mangeur d'enfants ».

Sur notre droite vivaient Mashdi Ahmad le fermier et les siens. Il avait tant d'enfants que nous en avions perdu le compte – sa femme semblait constamment enceinte. Les fils aînés aidaient leur père aux champs. Quant aux filles, elles étaient mariées dès l'âge de quatorze ou quinze ans. Le fils aîné, un jeune homme qui allait sur ses vingt ans, venait plusieurs fois par jour derrière notre tente ouvrir un minuscule barrage qui permettait à l'eau du ruisseau d'irriguer leurs champs. Une heure ou deux plus tard, il revenait le reboucher au moyen de cailloux, car les fermiers prenaient soin de consommer la précieuse eau avec parcimonie sans qu'aucun d'entre eux pût se sentir lésé.

Un jour, à l'aube, nous fûmes réveillés par des cris déchirants provenant de chez eux – des cris d'hommes et de femmes pleurant et gémissant, appelant Dieu et le Prophète à la rescousse – des cris d'angoisse qui ne pouvaient signifier qu'une chose : la mort avait frappé. Ali fut envoyé aux nouvelles. Il s'avéra que le fils aîné de Mashdi Ahmad, celui qui s'occupait de l'irrigation, était mort brutalement. Sans doute une péritonite : maux de ventre violents, nausées, poussée de fièvre. Devant ces symptômes, ils avaient pensé qu'il s'agissait seulement d'une vilaine indigestion, supposant qu'il avait mangé trop d'abricots pas mûrs. Il y avait plusieurs médecins parmi les estivants de la région : pourquoi n'avaient-ils pas fait appel à l'un d'eux ? Hélas, ces pauvres gens n'avaient pas l'habitude du « docteur » – il n'y en avait qu'un pour toute la vallée, et ils avaient laissé la nature suivre son cours. La plupart du temps, cela s'arrangeait tout seul en effet, mais les choses tournaient parfois au tragique. Bientôt une foule émergea des bois, portant un cercueil et marchant en direction du village en chantant : « Il n'y a pas d'autre dieu que Dieu. Nous venons en vérité du Seigneur, et à Lui nous retournerons. »

Tout le monde offrit à la famille soutien moral, nourriture, argent, vêtements… Deux semaines plus tard, la vie avait repris son cours normal, sauf que c'était le second fils de Mashdi Ahmad qui maintenant venait ouvrir l'eau, et que la mère avait perdu son teint de rose et n'était plus enceinte.

Ceci est mon seul mauvais souvenir de ces séjours dans le Demavend. Sinon l'été s'écoulait dans un bonheur ininterrompu, sous un ciel toujours pur. Nous avions pour compagnons de jeu les enfants des amies de ma mère qui avaient élu domicile dans des bagh voisins. Si j'embrouille un peu les dates et confonds les années, je me rappelle que chaque promenade était une expédition, chaque escalade un exploit d'alpiniste. Tous les matins, après le déjeuner, nous descendions à la rivière retrouver nos amis. Nous partions pour de longues marches, explorant les bois, savourant des mûres, ramassant des plantes et des fleurs sauvages ; nous rendions visite au *ghaleh* (fort), une communauté de paysans de l'autre côté de la rivière dans la montagne, ou bien nous restions à jouer au ballon et à sauter à la corde jusqu'à ce qu'il fît assez chaud pour permettre aux garçons de se baigner près du barrage. Au début de l'été, ce barrage était soit reconstruit soit réparé selon l'état dans lequel l'hiver l'avait laissé. Une douzaine de garçons, menés par Akbar et mes frères, ramassaient des cailloux de différentes tailles qu'ils entassaient entre deux berges là où la rivière était la plus large. Peu à peu, l'eau montait le long de ce mur de fortune, formant un bassin d'une profondeur de deux mètres au plus que des truites ne tardaient pas à venir peupler. Nous inventions toutes sortes de pièges pour les pêcher, mais elles étaient trop rusées pour se laisser chatouiller. Finalement, nous abandonnions la pêche et nous nous contentions de les admirer, éclairs d'argent et d'or frétillant entre les nageurs. Bien entendu, en ce temps-là, il était hors de question pour les filles de se baigner – les paysans en eussent été scandalisés : pareille atteinte à la pudeur ! Mais les garçons plongeaient et nageaient pendant que nous restions sur la berge à les regarder.

Peu après midi, nous rentrions à la maison. Sur le chemin, nous passions prendre notre eau potable à la source, à deux mètres en aval de la rivière, dans un endroit où l'eau de pluie, filtrée par la montagne, jaillissait des rochers pour retomber dans un bassin protégé par un bouquet de peupliers, de bouleaux et de platanes. L'eau était si froide qu'on n'y gardait la main que quelques secondes, et si limpide qu'elle étincelait comme du cristal. Nous y arrivions souvent morts de chaleur et de soif après notre « expédition » matinale, et nous nous penchions sur la source pour lamper dans la paume de nos mains cette eau exquise comme si nous buvions à la fontaine de l'Éternelle Jeunesse – le *kowthar* des Jardins du paradis promis aux justes par le Livre saint. Je n'ai jamais bu depuis quelque chose d'aussi désaltérant ni d'aussi délicieux ! Dans mon souvenir, cette source est devenue pour moi une métaphore du bonheur que procurent les choses simples de la vie, le quotidien sanctifié.

Nous remplissions nos grand brocs et prenions le chemin du retour. Parfois, nous nous arrêtions en route pour acheter des fines herbes à Zeynab, la femme du forgeron : radis, ciboulette, menthe et estragon... Zeynab avait de très beaux enfants, aux cheveux noirs et raides, aux grands yeux sombres et aux joues roses ; on eût dit des poupées exotiques. Je les trouvais très mignons et j'aimais bien tenir le bébé – elle en avait toujours un dans les bras – qu'elle me tendait pour couper les herbes et les attacher en petits bouquets bien arrangés. Une des fillettes, qui ne devait pas avoir plus de quatre ans, était particulièrement adorable – maligne, coquette, affectueuse. Elle me suivait parfois sur le sentier, et je la prenais sur mon dos pour la ramener déjeuner chez nous. Bien des années plus tard, à l'occasion d'un voyage en Perse, je me rendis dans le Demavend pour la journée et y revisitai nos anciens terrains de jeu. Rien n'avait l'air d'avoir changé, c'étaient les mêmes sentiers, les mêmes champs, les mêmes vergers clos par des ruisseaux et de petits taillis. Il y avait, dans le jardin de Zeynab, une jeune fille occupée à couper des herbes ; à mon approche, elle suspendit son geste, me considéra pendant une seconde puis se précipita sur moi pour m'embrasser en m'appelant par mon nom. Malgré le temps passé qui avait laissé sur moi sa marque, malgré mes lunettes noires, elle m'avait reconnue.

– Comment pourrais-je oublier ? s'exclama-t-elle. Vous rappelez-vous de m'avoir porté sur votre dos jusqu'en haut de la colline pour m'amener déjeuner chez vous ?

« Le cœur a ses raisons que la raison ne connaît pas », a dit Pascal, peut-être y a-t-il aussi des souvenirs qui transcendent la mémoire.

Le déjeuner étant le repas principal de la journée, nous avions souvent des invités, des amis que nous ramenions à la maison. Après le repas, tout le monde faisait la sieste – même les paysans, ces travailleurs acharnés, laissaient leurs outils et attachaient leurs bêtes à l'ombre pour quelques heures. La chaleur était telle que l'on n'eût rien pu faire d'autre. Le soleil restait alors suspendu au-dessus de nos têtes, à la verticale, comme un ballon d'or en fusion dans le bleu immaculé du ciel ; le paysage tremblotait sous son implacable regard. A la fin de l'été, certains paysans, assis sur leur batteuse, à demi assoupis, se laissaient tirer par leurs bœufs qui tournaient et tournaient encore autour des meules de blé.

– Soyez les bienvenus ! s'écriaient-ils lorsqu'ils nous voyaient passer pendant qu'ils déjeunaient à l'ombre d'un arbre, d'un peu de pain et de fromage, de concombre et de fruits…

– Merci ! Que Dieu vous prête longue vie ! répondions-nous, en nous servant de leur propre expression.

Nous étions trop jeunes pour faire la sieste, préférant descendre en bas du verger jouer aux cartes ou au jacquet sur un tapis que nous déroulions sur l'herbe. Nous autres les filles profitions parfois de la torpeur de cette heure pour aller nous baigner en catimini dans le ruisseau.

A quatre heures, la chaleur baissant, la vallée renaissait. Nous donnions de grands goûters ou allions rendre visite à des amis. De temps à autre, nous partions en groupe pour le village et passions le pont sur la rivière pour retrouver les autres estivants, dans les prairies où ils se rassemblaient. Il n'y avait pas de café, mais toutes sortes de stands de fortune qui vendaient du maïs grillé, des noix fraîches, des glaces, des mûres blanches... Au coucher du soleil, nous reprenions le chemin de la maison et du dîner.

Mais la plupart du temps, nous nous contentions d'escalader la colline située en face de chez nous. A mi-chemin de la côte, se dressait un énorme rocher blanc et plat, semblable à un tapis, où nous nous installions pour admirer le paysage. Plus rarement, nous autres, les enfants, grimpions jusqu'au sommet, d'où on avait une vue plongeante sur la vallée et au-delà. On était encerclé par des rangées et des rangées de montagnes qui chatoyaient, ondoyantes, comme des moires de couleur fauve, et la route de la mer Caspienne y enroulait ses méandres, à la façon d'un serpent. On y distinguait les caravanes de tziganes qui avançaient doucement, avec chameaux, chevaux, mulets, et le tintement de leurs clochettes résonnait dans la vallée.

Oh Caravane ! Va doucement, toi qui emportes ma bien-aimée...

Au premier plan s'étendait le tapis vert émeraude de la vallée où serpentait la rivière. Nous fabriquions tout là-haut des « monuments » au moyen de pierres et de cailloux, pour les trouver détruits l'année suivante par les orages de l'hiver. Un été, nous découvrîmes un nid d'aigle dans un quadrilatère que nous avions édifié. L'oiseau était là, qui tournoyait dans le ciel au-dessus de nos têtes, inquiet, se demandant qui pouvaient bien être ces intrus.

Lentement, nous descendions rejoindre les autres sur le rocher blanc où nous échangions commentaires et plaisanteries, où nous chantions et regardions le paysage, profitant de la brise du soir avant l'heure du dîner.

Soudain, une douce mélancolie gagnait la vallée tandis que le soleil glissait derrière la lointaine chaîne de montagnes dans un somptueux flamboiement de couleurs. Quel spectacle paradisiaque ! Toutes les créatures se préparaient pour la nuit – les troupeaux de moutons, de chèvres, de vaches prenaient le chemin de l'étable, les paysans rangeaient leurs outils, des lumières apparaissaient au milieu des arbres comme des étoiles tombées du firmament... Nous apercevions Nounou et Soltan, semblables à deux petits points de couleur, allumant le *tanour* pour y faire cuire le pain. Elles nous faisaient monter un peu de pain frais avec du yoghourt, des fines herbes et du fromage.

Dès que les derniers rayons du soleil avaient sombré derrière la ligne d'horizon, une clarté laiteuse envahissait la vallée et un curieux hululement se faisait entendre : « *Haq ! Haq !* » – un son triste et nostalgique, comme une note de musique qui se prolonge dans la nuit. Sans doute un hibou, mais personne ne l'avait jamais vu, et son nom onomatopéique avait tissé autour de lui plusieurs légendes. *Haq* signifie « vérité », « droiture », « justice » ou « équité », selon le contexte. De sorte que cette créature finit par être surnommée « l'oiseau de vérité ». D'après Nounou, c'était un méchant homme qui avait volé la moisson d'une veuve et de son enfant ; Dieu l'avait puni en le changeant en un oiseau et en lui coinçant pour l'éternité un grain de blé dans le gosier, il était condamné à crier jusqu'à la fin des temps : « Haq ! Haq ! » – justice, équité, vérité – pour s'éclaircir la gorge… Au jour du Jugement dernier, il redeviendrait un homme et répondrait du mal qu'il avait fait. Comme pour le rossignol, nous entendions son cri, mais ne parvenions jamais à l'apercevoir dans les arbres. L'histoire de Nounou nous semblait donc plausible.

Ali ne tardait pas à allumer les lampes et à apporter le samovar sous la tente. Puis il sortait et gesticulait énergiquement des bras pour nous indiquer que le dîner était prêt.

Les jours de clair de lune, après le dîner, des amis venaient nous voir à pied des quatre coins de la vallée. Nous restions alors longtemps assis sur le Rocher. La lune était si lumineuse à cette altitude que lorsqu'elle était pleine, les étoiles pâlissaient et s'évanouissaient dans le ciel, jusqu'à ce que sa course la conduisît derrière les montagnes. Sinon, on voyait la voie lactée et toutes les constellations aussi brillantes que des diamants dans un écrin de velours noir.

C'était toujours à regret que nous redescendions tard dans la nuit du Rocher pour nous séparer et rentrer chacun chez soi. De quoi parlions-nous ? Je serais en peine de le dire aujourd'hui. Toutes ces heures de conversation, et je ne me souviens de rien ! Sinon des sensations, du sentiment de bien-être et des différents tableaux qu'offrait le paysage suivant le cours de la saison. Je me souviens aussi des chansons que je chantais pour distraire nos amis – dont je devais enregistrer un grand nombre des dizaines d'années plus tard à Londres, quoique à cette époque cette possibilité ne me serait même pas venue à l'idée.

Un soir de pleine lune, nous emportâmes un pique-nique jusqu'au lac de la Lune, à une quinzaine de kilomètres au-delà des montagnes, de l'autre côté de la rivière. La nuit était si claire que nous n'avions besoin ni de lampes ni de torches, mais par prudence, nous prîmes une lampe-tempête, au cas où nous en aurions besoin au retour. Il nous fallut deux ou trois heures pour atteindre la minuscule oasis, nichée au milieu des collines, petit étang rond entouré d'arbres. La pleine lune, suspendue au firmament comme une lanterne, se reflétait dans l'eau, son reflet se ridant parfois à la faveur de la brise. Pas un bruit ne venait rompre le silence profond de cette scène onirique. D'instinct, nous chuchotions, de peur sans doute de briser le rêve de la Nature. Nous nous assîmes et prîmes notre repas en buvant le spectacle des yeux. Puis il nous fallut reprendre les chemins caillouteux traversant les bois et les collines. Nous arrivâmes au moment où la lune s'était couchée, nous laissant dans de noires ténèbres. Tout le monde dormait. Nous nous sommes discrètement glissés dans nos lits, fiers d'avoir enfin vu le lac de la Lune !

Au moment de la moisson, vers la fin de l'été, il régnait une grande effervescence la nuit de la pleine lune : tous les paysans de la vallée se mettaient à vanner leur blé, des nuages de brins de paille flottaient dans les airs, poussés par la brise. On travaillait toute la nuit, profitant du vent et, à l'aube, on avait mis les grains dans des sacs prêts à emporter au moulin. Pas une seule machine en vue ! Les choses s'étaient faites comme elles s'étaient toujours faites depuis des temps immémoriaux, à la force du poignet, toujours à la merci des caprices de dame Nature. C'était une catastrophe si les pluies d'automne arrivaient trop tôt, avant que l'on eût rentré la moisson, ou si la grêle de printemps criblait les fruits.

Un soir sur le Rocher, nous avons vu les nuages noircir le ciel au-dessus de nos têtes et entendu le grondement lointain du tonnerre. Puis quelques gouttes d'eau nous mouillèrent les cheveux, et il se mit à pleuvoir. Nous avons dévalé la pente pour attendre la fin de l'averse à l'abri de la véranda. Le temps était venu de faire nos bagages et de rentrer en ville. Début septembre, presque tous les estivants étaient partis. Chaque jour, on voyait passer devant notre porte des autobus chargés de bagages et de passagers. Et puis, un triste jour, l'un de ces bus venait nous chercher. Nous savions que nous allions passer le reste de l'année à rêver de l'été.

DERNIÈRES ANNÉES

Quel que soit l'endroit où je me trouverai à l'avenir,
je me demanderai, je crois, s'il pleut à Ngong.

Isak Dinensen

Au fil des années, de plus en plus de gens de Téhéran s'achetèrent des terrains dans le Demavend pour y édifier des villas d'été. C'étaient des bungalows tout simples dont nous apercevions les toits plats au milieu de la végétation luxuriante, du haut de la colline en face de chez nous. Nous n'avons jamais rien acheté. Nous n'en avions pas les moyens et, de toute façon, nous n'aimions que notre bagh, ou plutôt celui de Mashdi Abdullah, que ce dernier n'avait pas la moindre intention de vendre. Peu importait d'ailleurs, puisque nous étions sûrs de pouvoir revenir chaque été. D'autres avaient offert à Mashdi Abdullah de lui verser un loyer beaucoup plus élevé que le nôtre mais, en dépit de sa réputation d'avarice, il avait toujours repoussé ces offres, disant que le Maître et les siens étaient prioritaires.

Puis, un beau jour, nous fûmes adolescents. Certains d'entre nous entrèrent à l'université de Téhéran, certains partirent à l'étranger, en Europe et en Amérique, d'autres se marièrent tandis que les plus jeunes, comme moi, préparaient leur baccalauréat.

Chaque été, nous comptions un ou deux amis en moins, que nous évoquions au crépuscule au cours de nos conversations sur le Rocher, nous demandant ce qu'ils pouvaient bien faire à cet instant précis « de l'autre côté du monde », s'ils pensaient à nous par une sorte de télépathie.

Certaines des anciennes familles cessèrent de venir dans le Demavend, soit que leur vie eût changé, soit que n'y ayant pas de propriété, elles ne se sentaient pas obligées de passer tous les étés au même endroit. En revanche, nous rencontrions des gens nouveaux. Parmi ceux-ci, il y avait la famille du colonel Deen. Ils possédaient deux vergers et quelques champs au bord de la rivière, mais comme ils n'avaient rien fait construire, ils louaient une petite maison de deux pièces au fermier de l'autre côté. Le colonel Deen avait été en poste dans d'autres coins du pays, ce qui expliquait pourquoi nous ne l'avions encore jamais vu dans le Demavend. Maintenant qu'il était à la retraite et habitait Téhéran, il était venu voir sa propriété. Comme il connaissait mon père, il était venu le saluer dès son arrivée. Il était enchanté par la vallée en général et ses vergers en particulier, et envisageait d'y construire une villa de vacances pour sa famille. Le lendemain il revint avec sa femme et ses enfants. Nous fûmes bientôt amis.

Les Deen avaient six enfants : le fils aîné était en classe avec mon frère au lycée, le plus jeune marchait à peine. C'étaient des originaux, pensions-nous, car ils n'appartenaient pas à notre milieu, et leur mère était russe. Elle parlait le persan avec un accent prononcé et, bien que courtoise, ne se pliait pas à notre style un peu recherché et formel. Sa famille avait fui la Russie au moment de la révolution de 1917 pour s'installer en Azerbaïdjan. C'était là-bas que le colonel Deen, alors en garnison dans le pays, l'avait rencontrée. Il avait eu pour elle un véritable coup de foudre et ne l'avait pas lâchée avant d'obtenir le consentement de sa famille. On voyait bien qu'elle avait été très belle – des pommettes saillantes, des traits d'une parfaite régularité, de grands yeux noirs, une chevelure de jais, un teint de pêche – même si l'âge et six enfants avaient laissé leur marque.

La fille aînée du colonel Deen, Mimi, venait d'entrer aux Beaux-Arts de Téhéran en même temps que mon frère Nasser. Ils s'étaient déjà liés d'amitié avant cette rencontre. Selon les critères classiques persans, on ne pouvait pas dire que ce fût une beauté, mais elle était grande, avec un air exotique, européen, qui la rendait extrêmement séduisante. Elle se maquillait, ce qui nous était interdit à ma sœur et à moi, et ce qui rehaussait son aura de sophistication. Elle parlait sur un rythme lent, d'une voix douce, réservée et distante, tout à l'opposé de nos autres amies, en général plutôt extraverties et exubérantes. Elle devint mon « amie plus âgée que moi » et mon modèle ; nous fûmes bientôt confidentes, échangeant secrets, rêves et aspirations.

A l'université, Nasser plaisait à tout le monde – jeune peintre talentueux promis à la gloire. Il était entouré de nombreux artistes et intellectuels en herbe, dont certains étaient devenus ses intimes et fréquentaient la maison. Un été, nous persuadâmes quatre d'entre eux – poètes et écrivains en herbe – de venir passer leurs vacances dans le Demavend. Ils campèrent dans un verger d'abricotiers de l'autre côté de la rivière, au bout de la vallée, mais ils étaient presque tout le temps avec nous. Nous faisions de grandes promenades, nous bavardions sur le Rocher où nous entamions d'interminables discussions sur la politique, la poésie, la littérature, l'art, avec toute la passion de la jeunesse. C'était l'époque du premier ministre Mossadegh et de la nationalisation du pétrole, de l'embargo international qui s'ensuivit et de la banqueroute. Notre crise adolescente coïncidait avec ces crises politiques, et chaque jour, dans les grandes villes, se produisaient d'énormes manifestations, des affrontements avec la police qui exprimaient la ferveur patriotique... L'intelligentsia était divisée comme le reste de la population entre les nationalistes qui soutenaient Mossadegh avec la bénédiction du clergé, et les communistes qui s'y opposaient. Nous étions tous sympathisants communistes, quoiqu'il nous manquât l'éducation politique nécessaire pour envisager les conséquences de cet engagement. Mais les grands idéaux internationalistes soulevaient notre enthousiasme. Un grand nombre de livres ont été écrits sur la crise du pétrole et ses suites dans le Moyen-Orient. Nous n'avons fait que de la figuration dans cette histoire, sans savoir quels graves retentissements allaient avoir les slogans que nous hurlions à tue-tête. Si la croisade de Mossadegh échoua en Iran, elle établit un précédent qui fut suivi dans d'autres pays, avec plus de succès – la nationalisation du canal de Suez, le fait que les puissances occidentales aient accepté de payer le pétrole au prix de marché comme les autres matières premières, ce qui à son tour amena des contreparties – les ventes d'armes par exemple – qui devaient leur permettre de rattraper leurs pertes...

Comme nous n'étions plus des enfants, ma sœur et moi, on nous enjoignait d'être bien attentives à notre réputation, d'éviter d'être vues seules en compagnie de garçons, ce qui risquait de provoquer des ragots. Mais l'amour était pourtant là – on le sentait dans l'air qu'on respirait. Tous les garçons de notre groupe étaient secrètement amoureux de ma sœur ou de Mimi. Cela s'exprimait par des signes infimes : un regard, une jolie fleur sauvage qu'on leur offrait en cours de promenade, un gentil billet doux glissé dans un livre qu'on leur donnait. Ils n'eussent pas osé aller plus loin. Mais les temps changeaient, et le fait que nous pussions nous voir, nous parler, échanger nos idées et nos sentiments suffisait à nourrir nos pensées romanesques. J'étais trop jeune pour participer à ces jeux subtils, et avec mes nattes et mon air studieux, je n'avais aucune chance ! Ce qui n'empêchait pas mon cœur de battre pour tel ou tel jeune homme qui nous approchait. J'étais pleine de rêves, je ne savais pas ce que je voulais : un jour, j'avais envie de rompre les liens qui m'emprisonnaient dans le carcan familial et social, de partir pour l'Europe, de bâtir ma propre destinée, et le lendemain, j'étais follement amoureuse d'un jeune poète, rêvais de l'épouser et d'avoir beaucoup d'enfants… Je me confiai à Mimi, qui me soutenait dans mes ambitions européennes, partageant mes rêves d'aventure et de réussite artistique.

Le matin, après le petit déjeuner, je courais en bas, à la rivière, retrouver Mimi : nous marchions le long de la berge dans l'ombre des arbres, foulant le sol spongieux tapissé de myosotis et de marguerites. Nous parlions interminablement de nos sentiments et de nos rêves. Elle me montrait les lettres d'amour et les poèmes que lui envoyaient ses nombreux admirateurs.

Un de ses adulateurs lui avait prêté un gramophone manuel et quelques disques. Nous grimpions souvent le raidillon glissant qui menait jusqu'à chez elle, sur le plateau où la vallée s'élargissait en une plaine couverte de champs de blé à perte de vue. Une rangée de saules bordait le ruisseau qui s'écoulait au pied des collines. Nous y restions assises à l'ombre, à écouter de la musique : Beethoven, Brahms, Schumann, Chopin, Lehar, Rimski-Korsakov, Tchaïkovski… les morceaux les plus romantiques des plus grands compositeurs romantiques. Mimi peignait les paysages sous des angles différents pendant que je lisais allongée dans l'herbe. A midi, sa mère envoyait quelqu'un nous appeler pour le déjeuner. Nous faisions la sieste sous la véranda, puis nous rentrions chez moi pour passer la soirée sur le Rocher tous ensemble, savourant les longues heures fraîches du couchant.

Un soir d'hiver, à Téhéran, un messager vint nous annoncer que le colonel Deen était mort brusquement d'une crise cardiaque. Nous nous précipitâmes tous chez lui pour être auprès de la famille en cette heure douloureuse. Sa veuve était dans tous ses états – comment allait-elle élever six enfants toute seule ? avec seulement deux d'entre eux à peine sortis de l'adolescence ? Pendant la semaine des funérailles, nous fîmes la connaissance des proches de Mme Deen, sa vieille mère qui ne parlait pas un mot de persan après quarante ans dans le pays, ses sœurs qui avaient épousé des « chrétiens », son frère qui n'était encore jamais venu chez eux. Mme Deen commença par tenir le choc, puis son esprit vacilla, et elle sombra dans la dépression. Elle finit dans un hôpital psychiatrique où la mort vint la prendre. Mais elle avait eu le temps d'élever ses enfants.

Je n'arrive pas encore à croire que mes parents m'aient autorisée à partir. Étant donné ce qui se passait dans le pays, ils avaient peut-être peur de me voir m'engager dans un militantisme d'extrême gauche et leur apporter le déshonneur ? Ou peut-être craignaient-ils de me voir rejoindre les rangs des « libres penseurs » et adopter un comportement « libéré »? Ou est-ce parce que l'attitude générale vis-à-vis de l'occidentalisation avait changé et qu'ils avaient le sentiment de n'avoir pas le choix ? Ou souhaitaient-ils encore mon épanouissement ? Toujours est-il qu'il fut décidé que j'irais en France après mon baccalauréat. Mon frère aîné, Nassir, était entré au ministère des Affaires étrangères et était en poste en Allemagne : il me surveillerait de là-bas.

Notre dernier été dans le Demavend fut un moment bien mélancolique. Nombreux étaient les amis absents : le cousin Mohammad avait terminé l'université et trouvé un emploi dans la Compagnie nationale pétrolière (NIOC), à la raffinerie d'Abadan (il devait finir sous-secrétaire d'État à la Santé), Nassir était en Allemagne, d'autres cousins et amis étaient éparpillés dans des universités aux quatre coins du monde ou s'étaient mariés. Peu après mon départ, ma sœur épousa un jeune diplomate et partit s'installer à l'étranger. Dès lors, mes parents cessèrent d'aller dans le Demavend, comme d'ailleurs beaucoup d'amis à eux dont les enfants avaient eux aussi quitté le nid familial. A la place, ils se firent installer la climatisation à Téhéran.

Le boom pétrolier des années cinquante et soixante enrichit tellement de monde que beaucoup de gens eurent tout à coup les moyens de s'acheter des maisons de vacances. Bientôt, il fut très à la mode de passer l'été au bord de la Caspienne – en quelques années, la côte se « bétonna ». Une chaussée goudronnée raccourcit considérablement la route du Demavend, puisqu'on y allait désormais en un peu plus d'une heure. « Si elle n'était pas bloquée par la neige en hiver, cela deviendrait presque la banlieue ». Voilà qui est fait à présent.

Au cours de ma vie d'étudiante, j'ai voyagé un peu partout en Europe, j'ai vu des paysages magnifiques, luxuriants, verts, d'une beauté incomparable. Et pourtant, dans mon cœur, le Demavend reste le pays le plus beau du monde, le paradis perdu de mon enfance. Parfois, les soirs d'été, je repense à cette époque et, si je ferme les yeux, je revois clairement, comme si c'était hier, la verte vallée telle qu'on la contemplait du haut de la colline, avec tout au bout le bouquet d'arbres sous lesquels Mimi et moi échangions nos rêves et confidences, le saule pleureur à l'ombre duquel père s'asseyait pour lire, les méandres argentés de la rivière serpentant en contrebas, s'élargissant en un lagon bleu devant le barrage, l'or liquide de la source étincelant parmi les peupliers, le chant du rossignol invisible, le cri du *morghe-haq* – l'oiseau de vérité – tandis que la lune se levait…

Il fut décidé que je partirai en Europe en compagnie d'une amie qui se rendait à l'université en Allemagne. Mon père me murmura des prières à l'oreille et tint le coran au-dessus de ma tête lorsque je franchis le seuil de la porte. Ma mère, tante Ashraf, tante Batoul, Zahra et Ali, tous vinrent m'accompagner à l'aéroport. En ce temps-là, celui-ci n'avait rien de l'immense centre de transit international qu'il est devenu plus tard – c'était juste une piste avec un petit terminal comprenant deux salles. Le terminal était plein rien qu'avec les passagers de mon vol, tous en partance pour l'Europe, et leurs familles. J'aperçus à l'autre bout Pari, l'amie avec qui je voyageais : elle pleurait. Et, soudain, je me rendis compte de ce qui se passait : je quittais les miens pour la première fois de ma vie ; j'allais dans un pays étranger, peuplé d'étrangers ; j'allais être très seule, ma famille et mes amis allaient me manquer terriblement… mes joues ruisselaient de larmes, je me cramponnai à ma mère. Elle aussi pleurait à chaudes larmes. Avec son intuition coutumière, elle savait exactement pourquoi j'étais bouleversée.

– Ne pars pas ! souffla-t-elle doucement. Qu'est-ce que cela peut faire ?

Mais je n'ai pas osé ! Quelle déception cela eût été pour mes amies qui m'avaient toutes encouragée ! et mes professeurs ! Je n'avais tout simplement pas le courage de reculer. Tout mon avenir s'est joué à cet instant de lâcheté. Désormais, il me faudrait être très courageuse pour le rattraper.

Les passagers furent appelés à embarquer. Je m'arrachai des bras de ma mère. J'ignorais alors quel mal j'allais désormais devoir me donner ne fût-ce que pour obtenir de la part d'autres personnes si ce n'est le dixième de cet amour qu'elle me prodiguait sans rien exiger en retour, sans que je lui eusse rien demandé ; cet amour, je le laissais derrière moi, je l'abandonnais sans réfléchir. Je regardai par le hublot au moment du décollage ; nous fîmes le tour des montagnes, et je ne vis plus rien que des nuages.

Douze heures plus tard, j'atterrissais à Paris.

REMERCIEMENTS

Je tiens à remercier tous ceux qui m'ont aidée dans la rédaction de ce livre. Ma gratitude va en particulier à Michael Sagalyn et Jane Turnbull pour l'intérêt qu'ils m'ont témoigné dès l'origine, à Sue Freestone pour ses encouragements, à Claude Roy et à Loleh Bellon pour leur hospitalité à Paris. Par-dessus tout, je suis profondément reconnaissante à Nicholas Guppy, mon ex-mari, qui fut pendant toutes ces années un guide patient et irremplaçable.

GLOSSAIRE

aberou :	honneur, dignité
abi :	bleu (littéralement : couleur d'eau)
achoura :	fête religieuse (10 moharram) : anniversaire du martyre de l'imam Hussein
alem :	savant, érudit
aga :	sire, maître, saint homme ou tout simplement monsieur, selon le contexte
andaroun :	appartement des femmes dans les demeures traditionnelles
aqd :	contrat de mariage
aref :	soufi, adepte du soufisme
arous :	mariée, belle-fille
bagh :	verger ou jardin, généralement doté d'une petite cahute de payans
baj :	tribut, commission, taxe
bazarcheh :	petit bazar de quartier
bazari :	marchand du bazar
biroun :	appartement des hommes dans les demeures traditionnelles
chopoq :	pipe à long manche
dallak :	employé(e) du hammam chargé(e) de faire laver et masser les clients
dash :	forme populaire dérivée de *dadash*, désignant le frère dans la langue populaire
dastgah :	gamme modale de la musique persanne
farangi :	européen, européenne (le mot, à l'origine désigne les Français)
ghaleh :	fort, forteresse, maison communale où logent des paysans
hadith :	paroles du Prophète

haft-sin : plat traditionnel du Nouvel An se composant de sept aliments dont le nom commence par la lettre *s*
hadji : titre donné à celui qui a effectué le pèlerinage à La Mecque
haq : vérité, droiture, justice, équité
joub : petit canal ouvert creusé dans les rues pour l'évacuation des eaux
kadkhoda : chef de village, maire d'une petite ville
kaltac : lourde pierre cylindrique que l'on roule sur les toits en torchis après les chutes de neige pour les consolider
kalyan : narguilé, pipe à eau
kamancheh : violon droit
karan : unité monétaire représentant le dixième d'un *touman*
khanoum : terme de respect désignant la dame
korsi : petite table basse recouverte d'un tapis et abritant un brasero qui diffuse la chaleur et autour duquel on s'assoie en hiver
louti : personnage louche, bandit, pillards, mais qui possède néanmoins son code de l'honneur
machdi : forme contractée de *machhadi* ; titre donné à celui qui a été en pèlerinage à Machhad, lieu de sépulture de l'imam Riza, huitième des douze imams de la secte chiite
mahram : homme ayant acquis une légitimité et étant considéré suffisamment proche de la famille pour que les femmes n'aient plus besoin de se voiler devant lui
maktab : cours élémentaire
moharram : premier mois du calendrier lunaire islamique
monajat : prière du ramadan
mourid : disciple, adepte
mujtahed : mollah de haut rang qui est habilité à interpréter la sharia et à rendre justice dans les tribunaux religieux
najeeb : modeste, pudique, virginale
najis : impur, que l'on ne doit pas toucher
noql : sorte de dragées
norouz : littéralement « jour nouveau » ; jour de l'an persan, le 21 mars, à l'équinoxe de printemps
pahlavan : athlète
parou : pelle de bois à long manche que l'on utilise pour dégager la neige
rayat : paysan ne possédant pas sa terre, et dont la condition est proche de celle du serf

riazat : ascétisme
rou-hosy : théâtre populaire persan
sabzi : graines de blé ou de lentille germées
safa : sérénité
seyyed : descendant du Prophète, par son gendre, l'imam Ali
sharia : loi islamique
scheikh : maître soufi, c'est un mollah qui ne descend pas du Prophète et porte le turban blanc au lieu du turban noir des seyyed
sherbet : boisson sucrée à base d'essence de fruits et d'eau
sigheh : épouse ou concubine temporaire
sorna : clairon persan
souzani : petit tapis brodé
taarof : échange rituel de civilités au cours duquel les deux interlocuteurs se témoignent mutuellement estime, respect et déférence
taharat : pureté
takieh : théâtre en plein air dans lequel se donnaient les représentations du *tazieh*
talabeh : littéralement « celui qui cherche la connaissance » ; étudiant en théologie
tanour : four en terre
tareke-donya : personne qui renonce au monde
tasua : fête religieuse (9 moharram) ; veille du martyr de l'imam Hussein
tazieh : théâtre sacré mettant en scène le martyr de l'imam Hussein, troisième imam de la secte chiite et petit-fils du Prophète
touman : unité monétaire équivalent à quelques centimes
zurkhaneh : littéralement « maison de force » ; institution traditionnelle où se pratiquent des sports collectifs comportant des rituels spécifiques et soumis à certaines règles morales et éthiques

TABLE

Le cheval au bandeau *13*
Hadji Mahmoud *15*
L'histoire de Dash Jafar *18*
Hadji Seyyed Mohammad *23*
Amineh – la deuxième femme *32*
Hadji Ali-Baba *36*
La lignée de Hadji Ali-Baba *41*
Kazem *57*
Voyages *66*
Le mariage *72*
La sage-femme aveugle *79*
La première maison *87*
Notre maison *91*
Le jardin *97*
La domesticité *105*
Ali se marie *111*
La rue *116*
Les voisins *128*
Le prince Afsar *142*
Schéhérazade *150*
Le Jour nouveau *161*
Princesse *174*
La petite musique de nuit *185*
Le malade imaginaire *194*

A cause du cinéma… 206
Arous, la mariée des mariées 218
Le ramadan 227
Norouz – le Nouvel An 236
Le cabinet du Docteur Hippocrate 245
L'amitié 259
A la campagne 269
Dernières années 285

Remerciements 293
Glossaire 295

Cet ouvrage
réalisé pour le compte des Éditions Phébus
a été mis en pages par In Folio,
reproduit et achevé d'imprimer
en mars 2009
dans les ateliers de Normandie Roto Impression s.a.s.
61250 Lonrai
N° d'imprimeur : 09-1061

Imprimé en France

Dépôt légal : avril 1999
ISBN : 978-2-8594-0585-4